1　初音蒔絵道具

3代将軍徳川家光の娘千代姫が尾張徳川家2代光友に嫁ぐ際に持参した嫁入り道具で、「初音」の名は、『源氏物語』「初音」の帖の歌の内容を意匠としていることによる。貝桶（手前右）をはじめ、厨子棚・黒棚・書棚、化粧道具や遊戯具など、贅を尽くした婚礼調度は、武家の家格を象徴するものであった。

2　大石内蔵助父子像

赤穂浪士大石内蔵助・主税父子の木像。大石大三郎（内蔵助の三男）の依頼により、江戸三田の仏師屋甚兵衛が製作したもの。

3　江戸城松の廊下の下絵
赤穂浪士討ち入りの契機となる刃傷事件が起きた江戸城の大廊下は、襖に描かれた絵から「松の廊下」と呼ばれた。

4　謡初図屏風

謡初とは、正月３日の夜に新年はじめて謡曲を謡う儀式のこと。大広間中段に着座した将軍のもとに御三家ほか大名らが集い、酒宴を催した。江戸幕府成立以前から徳川氏の年中行事として行われており、後年には、初期の謡初に参加していたことが大名たちにとって幕府との結びつきを示す証しとなった。

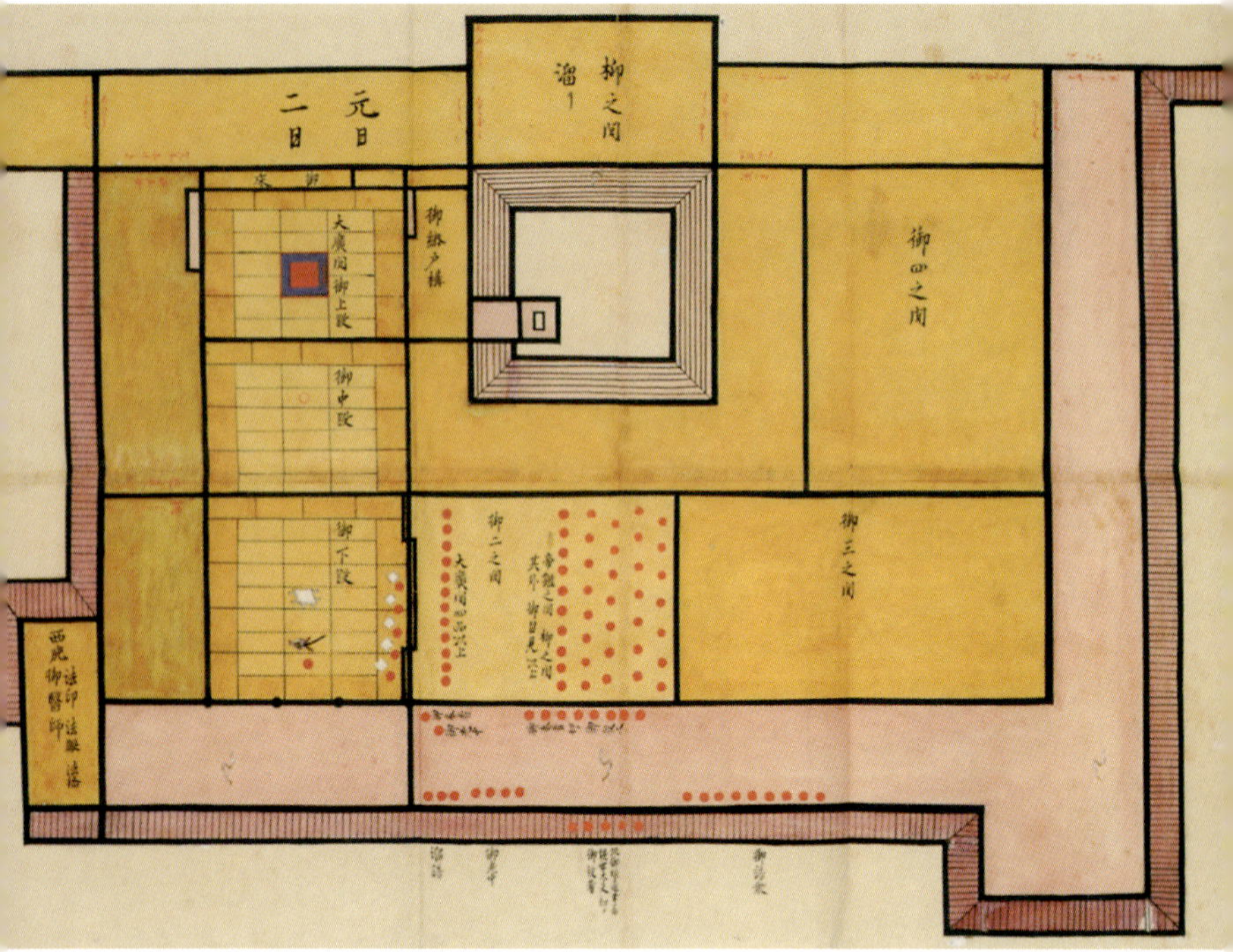

5　大広間年頭

肥後熊本藩主（54万石）細川氏の年頭御礼の図。安永9年（1780）作成。細川氏は外様国持大名であり、正月2日に、江戸城本丸御殿の大広間で「独礼」により将軍へ謁見した。図によれば、下段之間の下から3畳目に餝太刀を置き、本人は下より2畳目に座って謁見している。また、呉服台は下から5畳目に置かれている。これは、細川家の極官の少将の格式を示す。少将は当時の藩主重賢の官位でもある。本文5章2節「年始御礼」の項参照。

深井雅海

日本近世の歴史3

綱吉と吉宗

吉川弘文館

企画編集委員

藤田覚
藤井讓治

目　次

図版目次

〔口絵〕

〔挿図〕

〔表〕

養子将軍の時代—プロローグ

本書が対象とするのは、五代綱吉《つなよし》・六代家宣《いえのぶ》・七代家継《いえつぐ》・八代吉宗《よしむね》の四人の将軍の時代である。年代からみれば、延宝《えんぽう》八年（一六八〇）より延享《えんきょう》二年（一七四五）までの六五年間となる。それぞれの将軍在職期間は、綱吉二九年間・家宣四年間・家継三年間・吉宗二九年間であり、おおむね綱吉と吉宗の時代ということになる。

ところで、江戸時代の政治史については、古くから、善政と悪政とが交替して現れる「善政悪政交替史観」、あるいは、緊張と弛緩が交互に現れるという「一張一弛史観」ともいうべき理解がある。この理解によると、「善政」「緊張」に当たるのが、享保・寛政・天保の三大改革であり、「悪政」「弛緩」に当たるのが、元禄・田沼・大御所（家斉）の各時代となる。しかし、政治の改革を行う者は、前の政治を悪政と激しく批判して、改革政治の正当性を主張するのが常である。したがって、「極端にいえば、悪政とは改革担当者により下された評価にすぎないともいえる」（藤田覚『近世の三大改革』）。筆者も、「三大改革論」という立場はとらない。むしろ、享保期のみならず、「悪政」とされる元禄時代にも、「改革」や建て直しが行われていたとする見方に立つものである。

また、この六五年間を一言で特色づけるとすれば、「養子将軍の時代」といえる。すなわち、将軍の実子は七代家継のみで、あとの綱吉・家宣・吉宗は全員養子である。したがって、六五年間のうち、三年間を除く六二年間（九五％）は、養子将軍が権力を握っていた時代ということになる。ここで、加賀《かが》金沢藩《かなざわはん》の家老を勤めた今枝民部《いまえだみんぶ》直方の言葉を紹介しよう（享保《きょうほう》二年「享保革命略志」〈加越能文庫蔵〉、大石学「享保改革の歴史的位置」）。

延宝ト享保ハ継世ノ革命ナリ、文照公《ぶんしょうこう》ヲ御養君トシテ譲（護）持シ給フト、有章公《ゆうしょうこう》ノ御相続ハ革命ノ内ニテモ順道ナレハ、延宝、享保トハ一同ニ不レ可レ称者乎

今枝は、延宝八年（一六八〇）の綱吉と享保元年（一七一六）の吉宗の将軍家相続を「革命」と述べている。綱吉は傍系親族（前将軍の弟）による初めての将軍家相続、吉宗は将軍家と異なる血統からの将軍家相続であるので、そのことを「革命」と捉えたものと思われる。これに対し、「文照公」＝家宣の場合は、綱吉が将軍在職中に養子として入っているので、「順道」と称したのであろう。

しかし、綱吉・家宣・吉宗は、将軍家の養子になる前、家門大名であったという共通点がある。つまり、綱吉は上野《こうずけ》国館林《たてばやし》城主（二五万石）、家宣は甲斐《かい》国甲府《こうふ》（正しくは府中《ふちゅう》）城主（三五万石）、吉宗は紀伊《きい》国和歌山《わかやま》城主（五五万五〇〇〇石）であった。そして三人とも、江戸城に入るとき、相当数の家臣を引き連れて幕臣とした。その数は、御目見え以上の旗本に限っても、綱吉旧臣が五二八人、家宣旧臣が七七六人、吉宗旧臣が一一四人、計一四一八人に達する。享保七年（一七二二）の旗本は五二〇〇

五人（『吹塵録《すいじんろく》』・『乙巳雑記』）とされているので、かかる新参旗本はその二七％を占める存在となる。

こうした大量の新参旗本の誕生は、旧来の旗本に様々な影響を与えたものと思われる。しかも三人の将軍は、それぞれの政権の中枢に彼らを抜擢した。綱吉政権の側用人《そばようにん》牧野成貞《まきのなりさだ》・柳沢吉保《やなぎさわよしやす》、家宣政権の側用人間部詮房《まなべあきふさ》、侍講新井白石《あらいはくせき》、吉宗政権の御側《おそば》御用取次有馬氏倫《ありまうじのり》・加納久通《かのうひさみち》などは、そうした新参幕臣であった。またそれに止まらず、新将軍は、勘定方役人などの財務吏僚にも彼らを登用したのである。

では、三人の将軍はかかる新参幕臣を使ってどのような政治を行おうとしたのであろうか。その主要課題は、幕府財政の再建であろう。幕府の財政は、主に、直轄領からの年貢収入と、佐渡《さど》相川《あいかわ》・但馬《たじま》生野《いくの》・石見《いわみ》大森《おおもり》などの金銀山からの収入により成り立っていた。初期には、この金銀山の採掘が盛んで、財政はきわめて潤沢であった。初代家康《いえやす》死去の遺金は、金銀だけで一九〇万両余にのぼり、尾張《おわり》・紀伊両家に三〇万両ずつ、水戸《みと》家に一五万両を配分、残りを久能《くのう》の蔵に納めた。寛永《かんえい》九年（一六三二）二代秀忠《ひでただ》没後の家光《いえみつ》への遺金は三三〇万両余、大名・旗本らに三二万両他を分配しても、二六七万両余が残ったという。また三代家光期には、一一回の日光《にっこう》社参、寛永一一年の上洛、島原《しまばら》の乱の鎮圧、日光東照宮《とうしょうぐう》の大造替などの多額の出費が行われたにもかかわらず、その死後、一族に金銀五二万両を分与しうるほど財政は豊富であった。

ところが、寛永以後、技術的限界により金銀採掘量は激減していく。たとえば、佐渡金銀山の江戸上納銀高は、元和《げんな》七～九年（一六二一～二三）には年間六〇〇〇貫目《かんめ》前後であったが、一七世紀半ばから末頃（家綱《いえつな》～綱吉時代）は一〇〇〇貫目台、もしくはそれを下回るようになった。但馬生野銀山では、寛永一一年（一六三四）の江戸上納銀高は一二〇〇貫目を維持していたが、綱吉時代初期の天和《てんな》四年（一六八四）には三五六貫目余に減少している。また石見大森銀山でも、寛永元年に一二〇〇貫目の灰《はい》吹銀《ふきぎん》上納高があったとされるが、元禄《げんろく》年間（一六八八～一七〇三）には四〇〇～六〇〇貫目程度まで減っている。かくて、家綱時代末期の延宝四年（一六七六）には二〇万両の財政不足を生じ、綱吉は前将軍遺金の分配を廃止したという（大野瑞男『江戸幕府財政史論』など）。

右にみた鉱山からの大減収により、幕府は直轄領からの年貢収入に頼らざるをえなくなった。このことが、綱吉以降の政権に、農政を中心とする改革や建て直しを行わせる要因になったといえよう。

一　経済の発展と綱吉の将軍就任

1――経済の発展と元禄文化

農業生産の進展

大名などの領主は、関ヶ原《せきがはら》の戦い以前においては、戦争によって武功《ぶこう》を上げ、その恩賞により領地を拡大してきた。しかし、平和な時代になると、かかる意味での領地の拡大は望めなくなった。そこで領主たちは、領内にある原野や荒地などを耕作地に変えることで、実質的な領地の拡大を図った。こうして、幕府や大名などの領主は、百姓や職人などを大量に動員して、大規模な耕地化を行った。かくて、全国の田畑面積は、江戸時代初頭の約一六四万町歩《ちょうぶ》から、一八世紀初め、つまり綱吉《つなよし》時代後期には、二九七万町歩に激増したという。ところが、かかる開発による耕地拡大も、当時の技術では限界に近づきつつあった。すると、今度は同じ田畑の面積から少しでも生産力を高めようと、農具や肥料の改良、農書の普及がなされた。つぎに、それをみよう。

幕藩制社会の特質の一つは、幕府と藩による封建国家が、農村の自給自足的な小農経営＝本百姓経営を基盤に編成されていることである。つまり、検地を通して石高《こくだか》所持者と認められた本百姓は、村落の内部で自給自足的な生産・生活を営む一方、幕府や大名などの領主に対して封建的地代＝米を主体にした現物年貢を負担していた。したがって、領主財政の基本は、本百姓が納める年貢に支えられており、田畑の生産力が上がれば、それだけ多く年貢を収奪できることになる。また本百姓にとっても、生活に若干余裕ができる可能性がある。かかる意味から、田畑の生産力の向上は必要なことであった。

綱吉時代初期の天和《てんな》期（一六八一～八三年）に著された農書に、「百姓伝記」がある。この書は小農技術、つまり本百姓経営に必要な技術を叙述したものである。これによると、鉄製の鍬《くわ》が耕作用具の中核に位置づけられている。すなわち、田の起こし方が浅いと稲の成育が悪く、田の水持ちも悪い、また、表土と下層土とを反転させないと地味《ちみ》が豊かにならないし、除草作業にも手間がかかる、として鍬による深耕を勧める。零細な耕地を単婚小家族で耕作するには、鍬による耕作が作業能率を高め、作物の成育にも効果を発揮するというわけである。また、肥料の確保とその使用法にも強い関心が払われている。つまり、馬屋での厩肥《きゆうひ》の作り方、便所の作り方、塵《ちり》・芥《あくた》の利用法、湯殿《ゆどの》の湯や屋根の煤《すす》まで肥料として利用することを奨励する。施肥の仕方については、腐熟の程度を適度に維持するために作業順序に配慮すること、土質に応じて肥料の種類をかえること、肥料を実入りの肥と成育の肥に分けて使用せよ、などと細かい。さらに、大豆の根瘤《こんりゆう》に肥効があることに注意を喚起し、本田の稲作には、元肥にも追肥にも大豆を使用するように、としている。

右にみた「百姓伝記」は三河《みかわ》・遠江《とおとうみ》の東海地方で著されたものであるが、この他に、出雲《いずも》地方の「田法記《でんぽうき》」（岸崎佐久治《きしざきさくじ》著、天和二年〔一六八二〕）、会津《あいづ》地方の「会津農書」（佐瀬与治右衛門《させよじえもん》著、貞享《じょうきょう》元年〔一六八四〕）、紀伊《きい》の「地方の聞書」（大畑才蔵《おおはたさいぞう》著、元禄《げんろく》年間〔一六八八～一七〇三〕）、それに宮崎安貞《みやざきやすさだ》の「農業全書」（元禄一〇年〔一六九七〕）などの農書が、綱吉時代に出現している。このうち、刊本として流布したのは「農業全書」だけである。その他の農書は、いずれも写本として伝わり、著された場所が、一七世紀後半の経済的発展の中心地（京・大坂）から遠く離れた地方であること、これらの地方は小農＝本百姓の自立が進行しつつある地域であること、が共通している。

一方、当時先進地といわれた大坂周辺農村では、すでに四代将軍家綱《いえつな》時代の寛文《かんぶん》～延宝《えんぽう》期〔一六六一～八〇年〕に、小農生産の一般的な成立をみた。この地域の農業では、肥料として干鰯《ほしか》などの金肥を使い、揚水《あげみず》には竜骨車《りゅうこつしゃ》、脱穀には千歯《せんば》扱《こき》、選別過程では唐箕《とうみ》・千石簁《せんごくどおし》などが使用されている。つまり、他の地域と比べて、肥培管理過程・脱穀調整過程での肥料や揚水具・農具などの技術が進歩していたのである。かかる小農経営の繁栄は、大都市大坂と結びつくことにより可能であった。大坂周辺の農民たちは、農産物を大坂へ販売し、代わりに干鰯や農具などを購入した。このような社会的条件に支えられて、大坂周辺の小農経営は、最高度の技術水準を実現した。そして、こうした高い技術は、一八世紀初期＝綱吉時代後期から徐々に各地に伝播していったのである（高埜利彦『日本の歴史13　元禄・享保の時代』、葉山禎作編『日本の近世　4生産の技術』）。

幕府と藩の財政は、それぞれ領内の村々から徴収した年貢米を領内外で売りさばき、換金することにより成り立っていた。したがって、大量の米をさばける場所がなくてはならない。それが、商人や手工業者など、農民以外で飯米を買う人がたくさん集まっている大都市、つまり三都と呼ばれた江戸・大坂・京都である。江戸はもちろん、大坂・京都も幕府の直轄地であった。なかでも大坂は、東廻り・西廻り航路の開発によって大量の商品輸送のスピード化が可能となり、めざましい発展をとげた。すなわち、東廻り航路は太平洋岸を南下した大型船が、いったん伊豆《いず》下田《しもだ》まで南下し、改めて北上して江戸湾に入る方法、西廻り航路は、酒田《さかた》港から瀬戸内《せとない》海《かい》経由で大坂に大量の米を直接輸送する方法である。共に、幕府から幕領米を大量かつ迅速に輸送することを命じられた河村瑞賢《かわむらずいけん》が、寛文一一年（一六七一）と翌一二年に、開通に成功した。瑞賢は、綱吉時代の元禄一一年（一六九八）三月、川々普請《ふしん》の功労などにより、幕臣に取り立てられた。

商品流通の展開と大坂

かくて、大坂には領主米や商人米の他、各地の商品も送られ、大坂は全国の商品の一大集散地となった。七代家継《いえつぐ》時代の正徳《しょうとく》四年（一七一四）の幕府調査によれば、一年間に一一九種類の商品が大坂に移入され、その総銀額は銀二八万六五六一貫《かん》四一一匁《もんめ》となる。これを銀六〇匁＝金一両で換算すると、金四七七万六〇〇〇両に達する。じつに、おびただしい数の商品が大坂に運び込まれたことになる。しかも、これらには、「蔵物《くらもの》」と呼ばれる諸大名の送り荷物は含まれず、農民が商品生産し、商人の手を介して流通した「納屋物《なやもの》」と呼ばれた商品だけの額であった。このうち、大坂移入品の第一位は納屋米＝商人米で、銀四万八一三貫目、石高では二八万二七九二石である。この他、広汎な地域の年貢米も大坂に集中し、その領主米は一一二万三〇七〇石に及ぶ。つまり、両者を合わせると、一四〇万石ほどの米が大坂めがけて送り込まれたことになる。当時大坂の人口は約三八万人であり、これほど大量の米は消費しきれない。大坂に入った米は、米市場で取引され、畿内《きない》その他に売りさばかれたのである。

米以外の移入品では、銀高で菜種《なたね》が最も多く、これに材木・干鰯・白木綿《しろもめん》・紙・鉄などが続く。移入銀高二〇位までの品目は、衣食住の生活必需物資と、加工品原料の二種類に大きく分かれる。すなわち生活必需物資は、米・大豆・小麦・胡麻《ごま》・塩魚・生魚・塩・砂糖などの食品類、材木・掛木（薪）などの木材類、木綿・白木綿・木綿綛《かせ》（綿糸）などの衣類原料、加工品原料は、菜種・綿実などの灯油原料、鉄・銅などの金属製品原料である。一方、移出品で銀高二〇位までをみると、移入した原料を加工した物と、醸造された物が多く含まれている。加工した物は、菜種油・綿実油・胡麻油などの灯油、万《よろず》鉄道具・鍋・釜などの金属製品、古手《ふるて》（古着）・縞木綿・白木綿・繰綿《くりわた》などの衣類および原料、醸造された物は、醬油・酒などの食品類である。

寛文・延宝期には、まだ畿内や三河《みかわ》などの一部の限られた地域の特産品であった木綿その他の商品作物は、元禄期以降全国的な生産の展開をみせ、多量の商品が流通する状況となった。そして、かかる商品の多くは全国から大坂に運ばれ、一大消費都市である江戸や各地に供給された。まさに大坂は、

「天下の台所」となったのである。（高埜利彦「元禄の社会と文化」『日本の時代史15』、林玲子編『日本の近世5商人の活動』）。

三貨と両替商

江戸時代の貨幣は金・銀・銭の三種類があり、いうまでもなく幕府が鋳造権を握っていた。この貨幣も、寛文・延宝期以降ほぼ全国的に行きわたるようになっていた。日常生活では銭が流通していたが、高額の取引は、大坂を中心とする西国では銀貨、江戸を中心とする東国では金貨によって決済されることが多かった。また既述したごとく、幕府や諸藩は、領主米の多くを大坂へ運び、米市場を通じて貨幣となったものを江戸へ送る必要があった。通常は、宿駅《しゆくえき》制度に依存する陸上輸送を行っていたが、日数もかかり、大金を運ぶには不便であった。一方、大坂や京都など上方《かみがた》から江戸へ向けて各種商品が送られるようになり、その代金として貨幣が上方へ運ばれる必要があった。こうした上方と江戸との間の逆方向の貨幣の流れを結びつけたのが、為替手形《かわせてがた》である。両替商が間に入って手形で取引を行うことにより、正金を遠路輸送する手間がはぶけるようになった。そして、かかる為替手形を扱うような両替商は本両替と呼ばれた。

越後屋《えちごや》呉服店として知られる三井《みつい》家が、両替商に加入したのも綱吉時代であった。まず天和三年（一六八三）五月、江戸本町《ほんまち》一丁目にあった店を駿河町《するがちよう》に移した際、呉服見世《みせ》だけでなく、両替見世も設けた。呉服店に比べると両替店の規模は小さかったものの、支配人・奉公人も別の所属にしたことにより、越後屋呉服店とは別個の金融業者三井が誕生した。二年後の貞享二年（一六八五）には、両替店は同町内の向北側に移転した。ついで翌三年秋、京都新町通六角下ル町《しんまちどおりろつかくくだ》の西側にある家屋敷を入手し、そこに伊勢《いせ》から本拠を移した三井家当主高利《たかとし》が居宅を定めるとともに、その一角に京両替店を設けた。京都は近世初期には金融の中心地であったが、一七世紀末頃、つまり元禄初年頃、大坂がそれに代わり新しい中心地へと成長していった。そこで三井は、元禄三年（一六九〇）、大坂高麗橋《こうらいばし》一丁目に土地を購入し、ここに呉服店・両替店を開いた。かくて三井は、江戸・京都・大坂の三都に両替店を持つことにより、一流の金融業者となる基盤を築いたのである。

幕府は、西国や日本海側地域にある直轄領から収納した年貢米については、大坂に送ることが多かった。ここで換金して幕府の金蔵に納めていたが、この金銀を江戸に送るに際し、諸大名と同じように、為替手形による送金方法をとることを考えた。元禄三年六月、江戸両替町・駿河町の両替商たちは、全員町年寄方へ呼び出され、町奉行からの申し渡しが伝えられた。それは、幕府がこの度、大坂金蔵にある金銀の為替による送金御用を申し付けることになったので、希望者は申し出るように、とのことであった。これに応じたのは、三井を含む一二人の本両替商である。彼らは、翌四年二月、老中の認可のもと、勘定頭宅で為替御用を正式に命じられた。このやり方は、大坂金蔵から銀を受け取った両替商が、六〇日（のちに九〇日）限りに金子《きんす》で江戸の幕府金蔵に上納する（銀から金への両替はそのときどきの大坂の相場で行う）というもので、幕府は手数料を払う代わりに長期の運用期間を認めたのである。つまり両替商は、幕府の御用金であることを示したうえで、これを大坂や京都で貸し付け、利息を得ることができた。この貸付金は、幕府の公金を一時期利用したものであるため、幕府により手厚く保護された（林玲子編『日本の近世　5商人の活動』、同上著『江戸と上方　人・モノ・カネ・情報』）。

右にみたごとく、寛文・延宝期から元禄期、つまり家綱時代後期から綱吉時代にかけての経済の発展により、幕府や諸藩も、民間に依存しつつ、新たな対応をとらざるをえなくなっていたといえよう。

元禄文化

元禄文化は、すでにみた、農村における商品生産の発展と、それを基盤にした都市町人の経済的成長を背景に展開した。したがって、町人が文化の主体的な担い手であり、庶民の生活・心情・思想などを主題として、それが出版物や劇場のなかに表現されたことに特徴があるといえよう。

出版業者や出版物も、元禄期に飛躍的な増加をみせる。出版業者は、初期にはそのほとんどが京都の書店によって占められていたが、徐々に江戸や大坂の書店が増加してくる。すなわち、江戸の書店は、明暦《めいれき》期（一六五五～五七年）までに一〇軒、万治《まんじ》・寛文《かんぶん》期（一六五八～七二年）に二六軒、延宝期（一六七三～八〇年）に五八軒、元禄期（一六八八～一七〇三年）に八〇軒が知られる。また大坂の書店は、寛文期には一〇軒にすぎなかったが、延宝・天和期には二六軒、元禄期には六二軒と、とくに元禄期の増加が目立つ。これに比例して、出版物も増加傾向をみせる。万治二年（一六五九）の約一六〇〇点から、元禄五年（一六九二）には約七二〇〇点、同九年には約七八〇〇点と、激増している。出版界のこのような活況は、木版印刷術の進歩にもよるが、基本的には読書人口の急増によるものといえる。

つまり、経済の発展により、読書にも目が向けられる余裕のある階層が増えている証拠でもあろう。

書籍の種類も、従来からの仏書・日本古典・漢籍類の他、元禄期には、庶民の日常生活に必要な知識をあつめた重宝記や、新しい現世的な小説が出版されるようになった。なかでも、大坂の井原西鶴《いはらさいかく》は、当時の町人生活を写実的に描写した浮世草子《うきよぞうし》をつぎつぎに著し、多数の読者を獲得した。その浮世草子は全部で二〇編、好色物では『好色一代男』『好色一代女』、町人物では『日本永代蔵《にっぽんえいたいぐら》』『世間《せけん》胸算用《むねさんよう》』『西鶴織留《おりどめ》』、雑話物では『西鶴諸国ばなし』などが代表的な作品である。そのうち『日本永代蔵』は、金持ちになるためのノウハウを記したものである。そこには、堅固・才覚・始末・分別・堪忍《かんにん》・正直などの徳目が、勤労の実践倫理として示されている。西鶴は、銀一〇〇〇貫目以上を長者、銀五〇〇貫目以上を分限者《ぶげんしゃ》と述べているが、当時このような長者や分限者が多数輩出した。たとえば、先述した三井高利の元禄七年の遺産は銀四八七五貫目、金にして八万一二五〇両にのぼった。西鶴の作品は、当時の町人の実態を反映したものであり、しかも、町人の金かせぎという営利活動を明快に肯定していた。彼らの浮世草子は、京都・大坂など都市の町人だけでなく、商品生産の発達した畿内農村の富農・富商層にも愛読されたのである。

つぎに、歌舞伎についてみよう。歌舞伎などの興行は、初めは公許を必要としなかったが、幕府の芸能統制が整えられるなかで、町奉行が公認する「名代《なだい》」と称する興行権を取得しなければならなくなった。かかる興行制度は、寛文期に入って整備されるが、江戸と上方では相違がみられた。江戸では名代・座元《ざもと》・芝居ともに一人の持主に相続されており、たとえば、中村座《なかむら》は勘三郎《かんざぶろう》、市村座《いちむら》は羽左衛門《うざえもん》が役者として興行権を持って世襲的に興行を運営してきた。ところが上方は、「京・大坂は名代・座元・芝居等皆持主別也」といわれたように、直接興行にあたる座元が、興行ごとに芸団を編成して名代を借り、劇場と契約を結ぶという形をとった。こうした名代が、寛文期から元禄期にかけて利潤を生むものとして売買の対象になると、歌舞伎の商品化も一層深化し、役者評判記が刊行されてくる。とくに、延宝二年（一六七四）の『野郎評判蚰蚰《げじげじ》』あたりからしだいに演技の批評が多くなり、元禄期末頃までに四三点もの評判記が刊行された。これは、歌舞伎の流行とともに、その質的な発展を物語る。かかる演技の向上は、多幕物の発生や花道の設置など劇場の整備といっしょに進行した。元禄期には、劇場全体を屋根でおおう大劇場建築も出現した。

また元禄期の歌舞伎界には、東西に名優があらわれた。坂田藤十郎《さかたとうじゅうろう》は、役者の子として生まれ、延宝六年（一六七八）大坂での『夕霧名残の正月』によって名をあげた。この島原の名妓夕霧の悲恋物語は、藤十郎の生涯の中心的な演目となった。零落した男が紙子《かみこ》姿に身をやつして昔馴染《むかしなじみ》の遊女を訪れるという遊里の場が「傾城《けいせい》ごとの狂言」として好まれ、藤十郎はその傾城買の和事の名優として登場してくるのである。一方、江戸の市川団十郎《いちかわだんじゅうろう》は、俠客唐犬十右衛門《きょうかくからいぬじゅうえもん》と親交のあった菰の重蔵《じゅうぞう》の子として生まれ、延宝元年（一六七三）一四歳のとき『四天王稚立《おさなだち》』の坂田金時《さかたきんとき》として初舞台をふみ、のちに「荒事」という演技術を大成した。演目には、自作の『兵《つわもの》根元曾我』など曾我五郎《そがごろう》を演じたものが多く、その五郎が超人間的なふるまいをみせる荒事芸である。この演目で団十郎が不動明王となって登場したときには、成田《なりた》近在からの見物客が多く、団十郎は、後日成田不動に礼参りして、このときから屋号を成田屋と称したという。曾我物は、江戸歌舞伎の重要な演目としてのちのちまで継承された。

歌舞伎は、芝居小屋での観劇にとどまらず、声色《こわいろ》の流行や役者絵の刊行など、広く町人生活のなかに根をおろしていったのである（竹内誠『大系日本の歴史10　江戸と大坂』、赤井達郎「元禄期の都市生活と民衆文化」）。

2——綱吉の将軍就任と家臣の幕臣化

家門大名徳川綱吉

徳川綱吉は、三代将軍家光《いえみつ》の第四子として正保《しょうほう》三年（一六四六）正月に生まれた。家光四三歳のときの子である。母は側室お玉《たま》の方、家光死後は桂昌院《けいしょういん》と呼ばれた。その出自には諸説があり、京都二条《にじょう》家の家士北小路《きたこうじ》宗正《むねまさ》の娘とも、京都堀川《ほりかわ》の八百屋の娘ともいう。いずれにしてもその親族は、綱吉が将軍となったあと大名に取り立てられた。すなわち、弟の本庄《ほんじょう》（北小路から改姓）宗資《むねすけ》は常陸《ひたち》国笠間《かさま》五万石、その孫本庄宗長《むねなが》は越前《えちぜん》国高森《たかもり》二万石、兄の孫本庄道章《みちあき》は美濃《みの》国岩滝《いわたき》一万石と、それぞれ大名となった。まったく、桂昌院のおかげといえよう。

綱吉の幼名は、徳松《とくまつ》という。徳松は宮参りや髪置の儀を終えたあと、慶安《けいあん》元年（一六四八）九月、江戸城内の三の丸御殿に移った。ついで同四年四月六歳のとき、兄の長松（のちの綱重《つなしげ》）とともに、駿《する》河《が》・甲斐《かい》・上野《こうずけ》・信濃《しなの》・近江《おうみ》・美濃六ヵ国のうちで、賄料として一五万石ずつを与えられた。同月、父家光が没して長兄家綱が四代将軍に就き、徳松は、将軍の子から将軍の弟となった。以後、徳松は二歳ちがいの兄長松と何事も「同格」に扱われた。たとえば、翌慶安五年正月一日、江戸城中での年頭の儀式に、二人は将軍の弟として最初に謁見している。つまり、将軍家綱は黒書院に出御し、長松・徳松がそれぞれ年頭の礼を述べて太刀目録を献上、将軍が盃を飲んだのち、長松が頂戴して御前に差し上げ、これを徳松が頂戴、二人は退出した。その後、将軍は白書院に移り、御三家以下の年頭御礼が行われた。二人は、将軍にとって、御三家よりも身近な存在であったことがよくわかる。

慶安四年一二月（または承応《じょうおう》元年（一六五二）三月）からは一ツ橋《ひとつばし》内の屋敷に移り、承応二年八月、将軍家綱が右大臣に昇進した際、徳松は従三位左近衛中将《さこんえのちゅうじょう》・右馬頭《うまのかみ》に叙任され、家綱の一字を与えられて、松平右馬頭綱吉と名乗った。明暦三年（一六五七）正月、大火により屋敷が焼失して以降は、その年の九月に新たに造営された神田の屋敷に移った。そして、寛文元年（一六六一）閏八月、一六歳のとき、一〇万石を加増されて二五万石となり、上野国館林《たてばやし》城主に就いた。さらに同年一二月、参議に任じられたため、館林宰相《さいしょう》（宰相は参議の唐名）と称された。

以後、将軍家を相続する延宝八年（一六八〇）五月までの約二〇年間が、綱吉の館林藩主時代ということになる。しかし綱吉は、おそらくただの一度しか館林を訪れていない。寛文三年四月、将軍家綱が日光《にっこう》に参詣した際、綱重・綱吉も五月に参詣した。綱吉は、四日に出発して参詣をすませたのち、帰路の途中九日に館林に入城して数日間滞在し、一五日には江戸に戻っている。記録されているのはこれだけである。これでは、果たして綱吉のことを藩主と呼んでいいかどうかも疑問である。しかも、後述するごとく、家臣・奉公人の約八割は、綱吉の江戸屋敷にあたる「神田御殿」に勤務していた（図1参照）。綱吉は、館林藩主としてよりも、神田御殿の主《ぬし》としての性格のほうが強かったといえよう（塚本学『徳川綱吉』）。かかる意味からも、綱吉は、まさしく将軍の弟として遇されていたといえる。

なお、既述したように、綱吉は当初松平姓であったが、館林城主に就いた頃から徳川姓を名乗るようになったものと思われる。ただし、この点の確認は今後の課題としておきたい。

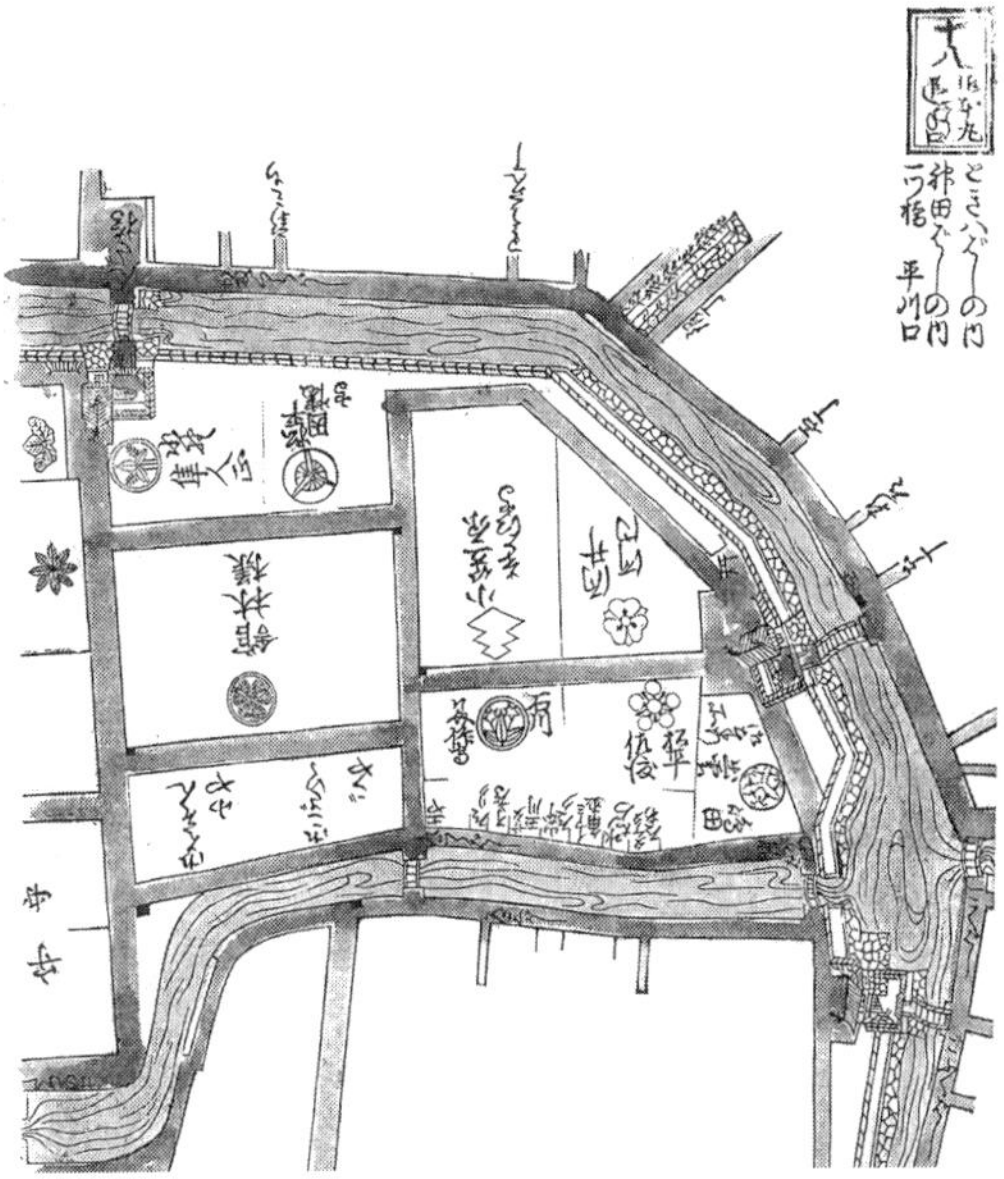

図1　延宝8年（1680）の『江戸方角安見図』に見える「館林様」屋敷（神田御殿）
(朝倉治彦編『江戸方角安見図』東京堂出版、1975年)

神田御殿家臣

館林藩主徳川綱吉は、すでにみたように、その領知がある館林には一度しか訪れておらず、江戸屋敷にあたる神田御殿《かんだごてん》の主人としての性格が強かった。また、家臣の後年の系譜にも、「神田の館において常憲院殿《じょうけんいんでん》（綱吉）につかへ」と記されており、館林家中という意識はみられない。したがって本書では、綱吉の家臣を一括して神田御殿家臣と呼ぶことにする。

では、この神田御殿家臣はどのように形成されたのであろうか。『徳川実紀』により、綱吉に対する家臣付属の状況をみてみよう。

○正保三年（一六四六）正月八日――綱吉江戸城にて誕生、幼名徳松。
○同年六月五日――幕臣の子弟五名、小性《こしょう》となる。
○同年八月七日――幕臣四名、抱守《だきもり》となる（のち神田御殿用人）。
○慶安元年（一六四八）三月一四日――幕臣二名（書院番頭・小十人《こじゅうにん》頭）付属（のち神田御殿家老）。
○同年三月二五日――幕臣四名、抱守となる（のち神田御殿用人）。
○同年三月二七日――幕臣一〇名付属。
○同年九月二五日――幕臣三五名付属。
○同年九月二六日――幕臣五名付属。
○同年九月二八日――徳松、三の丸御殿に移る。このとき、女中を含め二四〇名余の家来が従っている。

○慶安四年四月三日――徳松（六歳）、厨料《くりやりょう》（賄料）一五万石を給う。
○同年九月二九日――長松（綱重）・徳松へ七四名付属。その他幕臣の子弟一五〇名召し出されて付属（半数が徳松に付属したとすると、一一二名となる）。
○承応二年（一六五三）六月三〇日――代官四名付属。
○同年八月一九日――徳松（八歳）元服、松平右馬頭綱吉と改める。
○明暦三年（一六五七）九月二八日――綱吉、神田御殿に移徙。
○万治三年（一六六〇）五月一日――幕臣一名（新番頭）、家老となる。その二男も付属。
○寛文元年（一六六一）閏八月九日――綱吉（一六歳）、上野国館林城二五万石を給う。
○同年閏八月一一日――幕臣三名（小性組組頭・先手頭・小十人頭）、家老となる。幕臣一名（先手頭）、館林城代となる。
○同年閏八月二二日――家老・城代の二男も付属。
○寛文二年一〇月三日――幕臣八名付属。
○寛文三年八月二五日――幕臣一名（先手頭）、館林城代となる。
右にみたように、綱吉が誕生した五～七ヵ月後には、すでに小性と抱守が付けられており、その後館林城主となった頃までに、幕府から三八〇名近い家臣が付属していることがわかる。すなわち、綱吉家臣団＝神田御殿家臣は、幕臣ならびに幕臣の子弟を中核に形成されたのである。ことに、藩政や

表1　上野館林城主徳川綱吉の家臣・奉公人（「分限帳」による）

家臣の区別＼年代		寛文3～4年（1663～64）	延宝7～8年（1679～80）	家臣の区別＼年代		寛文3～4年（1663～64）	延宝7～8年（1679～80）
神田御殿勤務者	人名明記	500人	617人	館林在邑者	人名明記	22人	52人
	その他	625人	1351人		その他	268人	491人
小　計		1125人	1968人	小　計		290人	543人
				合　計		1415人	2511人

註　深井雅海『徳川将軍政治権力の研究』、同「東京国立博物館所蔵『館林様分限帳』について」により作成。女中職は除外した。

表2　徳川綱吉家臣の前歴

前　　歴		人数（%）
幕府付属	幕臣	89（19）
	幕臣の子弟	204（44）
新規召抱え	もと大名家臣	29（6）
	綱吉の縁故者	10（2）
	土豪・浪人・不明	137（29）
合　　計		469（100）

註　深井雅海『徳川将軍政治権力の研究』により作成。

国許支配の要《かなめ》となる家老や館林城代には、幕府番方の頭級《かしらきゅう》の人材が抜擢されている。しかし、幕府からの付属家臣約三八〇名が、綱吉家臣の総数を示すものではない。

綱吉家臣団の全貌を示す史料としては、国立公文書館所蔵の「館林分限帳」と東京国立博物館資料館所蔵の「館林様分限帳」が現存している。前者は、綱吉が館林城主になって間がない寛文三～四年（一六六三～六四）頃、後者は、延宝七～八年（一六七九～八〇）頃、つまり、綱吉が将軍家を相続する一年以内の状況を示し、それぞれ一四一五名、二五一一名の家臣・奉公人を数えることができる（表1参照）。このうち、御目見え以上の家臣の前歴を調べたのが表2である。幕府からつけられた家臣が六三％を占め、残りが新規召抱えであることがわかる。他に、もう二点特色が見出せる。一つは、綱吉の江戸屋敷である神田御殿に勤務する者が、家臣・奉公人の約八〇％と圧倒的多数を占めていることである。これは、寛文期・延宝期とも変わらない（表1参照）。領知は、館林城代以下少人数で支配されていたことになり、大名としてはかなり特殊といえよう。二つ目は、地方知行取の家臣がきわめて少ないことである。寛文期は二四名（一・七％）、延宝期には二九名（一・二％）しかいない。したがって、ほとんどの家臣・奉公人は、俸禄を綱吉の直轄地から支給される蔵米取である。

このように、大部分の家臣・奉公人が主君綱吉の生活空間である神田御殿に勤務し、俸禄も蔵米から支給されていることは、強い主従関係が生まれる要因になったものと思われる。

綱吉の将軍就任

四代将軍家綱は、延宝七年（一六七九）の冬から病気がちであったが、翌八年三月末頃病状が悪化した。その後も、少し回復したり、また悪化したりを繰り返していたが、そうした折の五月六日、綱吉は呼び出しをうけて江戸城に登城し、家綱から直接、世継ぎがいないので養子にするとの上意をうけた。同時に、翌日には在府の諸大名から御礼言上をうけること、西の丸の準備ができしだいそこに移ること、綱吉の嫡子徳松（当時二歳）に館林家を相続させるので、領知・家臣はそのままであること、を伝えられた。このうち、徳松についての指示は、家綱の病気が回復すれば実子誕生の望みがあること、また大奥に家綱の子を妊娠中の女中がいる可能性があったためと思われる。つまり、綱吉には当初中継ぎ的な相続が期待されており、家綱の実子が成長すれば将軍職をその子に譲る申し合わせがなされていたことを推測させる。

また、家綱にとって、弟の綱吉がいちばん近い近親者であるにもかかわらず、後継者になるのが簡単に決まらなかったことが、「宮将軍擁立説」のような風説を生んだ。これは、当時幕政の実権を握っていた大老の酒井《さかい》忠清《ただきよ》が、鎌倉幕府での北条氏の例にならって、自分が執権として権勢をふるうため、京都から有栖川宮幸仁親王《ありすがわのみやさちひと》を迎えて将軍にしようとしたというものである。しかし、当時の江戸幕府の政治体制からみても、宮将軍の擁立は実現性が乏しく、酒井忠清が右のような主張をしたのかも疑わしい（塚本学『徳川綱吉』、福田千鶴『徳川綱吉』）。

綱吉の将軍家相続決定は、初めての養子相続ということもあってすんなりとはいかなかったようであるが、その後は順調に推移した。翌五月七日、綱吉は江戸城二の丸御殿に移り、そこから本丸御殿に入って、家綱から、家康《いえやす》の陣刀という本城正宗《ほんじょうまさむね》の刀・来国光《らいくにみつ》の脇差を与えられ、正二位権大納言《ごんだいなごん》に任じられた。権大納言は、将軍世子が任命される官職である。ついで二の丸御殿に帰り、甥の甲府綱豊《こうふつなとよ》、御三家はじめ家門・溜詰大名より祝詞をうけた。翌八日、いったん快方に向かったかにみえた家綱の病状は悪化し、同夜に没した。九日には、大老酒井忠清が、諸大名・幕臣に大葬のことを告げ、大納言殿つまり綱吉に忠勤を尽くすべき旨の遺命を伝えた。家綱の葬儀は、五月二六日に上野寛永寺にて行われた。

綱吉は、二の丸御殿で精進生活を送っていたが、六月二九日に精進落しとなり、その後秀忠《ひでただ》・家光・家綱の廟に参詣したのち、七月一〇日、二の丸を出て本丸御殿に移った。これに伴い、綱吉夫人（信子《のぶこ》）・鶴姫《つるひめ》・お伝《でん》の方・桂昌院も、神田御殿を出て本丸御殿大奥へ入った。そして二一日から三日間、代替わりの祝儀が行われ、八月二三日に将軍宣下の儀式があり、綱吉は、公式に征夷大将軍に任命された。当時三五歳であった。

家臣の幕臣化

綱吉が、延宝八年七月一〇日に江戸城本丸御殿へ移った際、これに従って幕臣となった者は、神田御殿家臣のうち、家老牧野備後守成貞《まきのびんごのかみなりさだ》と小性七名・小納戸《こなんど》九名・医師五名の他、膳奉行・奥数寄屋坊主・台所役人など数十名に過ぎなかった。したがってこの時点では、ほとんどの家臣は、館林家を相続した徳松の家臣、つまり陪臣のままであったことになる。

その後も、若干名の神田御殿家臣が綱吉の側近＝幕臣に登用されている。すなわち、同年八月一八日には同御殿の勘定頭石原政勝《いしはらまさかつ》・留守居山口光久《やまぐちみつひさ》両名、一一月三日には小性組組頭美濃部《みのべ》貞恒《さだつね》・小十人頭永井《ながい》佐五右衛門《さごえもん》・徒頭《かち》太田資昌《おおたすけまさ》・小性組番士柳沢保明《やなぎさわやすあきら》（のちの吉保《よしやす》）・同美濃部茂清《しげきよ》の五名が、それぞれ小納戸に任命された。それ以外の家臣は、一部が徳松付きの小納戸に移動したり、綱吉の母桂昌院付きの広敷役人に任命されたりしたものの、大部分はそのまま神田御殿に勤務していた。

一方、館林家の当主徳松は、一一月二七日には西の丸御殿へ移って、「若君」と称することになった。つまり、綱吉から将軍家継嗣《けいし》に命じられたのである。これは、四代家綱遺児懐胎の可能性がなくなったことによる処置と思われる。この動きに合わせて、神田御殿家臣も江戸城西の丸に移った。しかし徳松は、館林家当主の地位も解かれなかったため、その家臣は、将軍の世嗣《よつぎ》付きであると同時に館林家の家臣でもあるという、二重の性格を帯びていたことになる。あるいは、西の丸勤務という点では同じであるものの、職制のうえでは世嗣付きと館林付きとに分割されていた可能性もある。

いずれにしても、徳松は天和三年（一六八三）閏五月二八日に五歳で死亡したため、同年六月一九日、西の丸側衆と徒・坊主を除く家臣団は、すべて無役の小普請に入れられた。ここにおいて、神田御殿家臣は最終的に幕臣団に編入されたのである。この人数は、『寛政重修諸家譜』に掲載された者、すなわち御目見え以上の旗本に取り立てられた者だけでも、五二八名（家数では四八八家）に達する。先述したごとく、綱吉が将軍家を相続するほぼ一年以内の状況を示す「館林様分限帳」には、二二五一一名の家臣・奉公人が登録されている（表1参照）。その一部は、綱吉によって相続時に放逐されたようであるが、二〇〇〇名近い御目見え以下の大部分も、御家人に編入されたものと考えられる。

老中格の側用人牧野成貞

神田御殿家臣のうち、最初の側用人に抜擢されたのが牧野成貞である。成貞は、神田御殿の家老を務めた儀成《のりなり》の二男として寛永一一年（一六三四）に生まれ、万治三年（一六六〇）七月、父の知行のうち二〇〇〇石を与えられて綱吉に勤仕することになった。のち、五〇〇石を加えられて奏者役、寛文一〇年（一六七〇）三月には家老となり、また五〇〇石加増、一二月に従五位下備後守に叙任された。延宝八年（一六八〇）七月、主君綱吉が江戸城本丸御殿に移ったとき、これに従って幕臣に取り立てられ、側衆に就任した。同年一〇月一万石加増（計一万三〇〇〇石）、天和元年（一六八一）一二月一一日には、将軍綱吉から新設の側用人に任命され、従四位下に叙された。翌二年正月二万石加増、さらにその翌三年九月にも二万石を加えられ（計五万三〇〇〇石）、下総国関宿《しもうさせきやど》城主となった。貞享二年（一六八五）一二月侍従に昇り、老中と同じ格式を与えられた。そして元禄元年（一六八八）四月、綱吉が初めて成貞の屋敷に御成《おなり》したとき二万石加増、七万三〇〇〇石を領することになったものの、同八年一一月に隠居した。

成貞が側用人に登用された同じ日、老中の堀田正俊《ほったまさとし》が大老に昇進している。これは、将軍綱吉が堀田・牧野の二人を中心に政治を行おうとしたことを示す。つまり、表向きの政治は堀田、内々の政治は牧野を取り次ぎ役とし、同時に、行政機構＝「表」の管理は堀田、将軍の生活空間＝「奥」の管理は牧野に担当させる、という綱吉の意志表示と思われる。

側用人牧野の職務のうち、内々の政治における取り次ぎ役については、田中暁龍氏の研究（「京都所司代土屋政直と貞享期の朝幕関係」）によりその一端が明らかとなる。貞享三〜四年（一六八六〜八七）頃京都所司代に在職していた土屋《つちや》政直《まさなお》は、朝廷内の改革を行うにあたり、その現状や自分の考えなどを知らせる書状を、老中の大久保《おおくぼ》忠朝《ただとも》・阿部《あべ》正武《まさたけ》・戸田《とだ》忠昌《ただまさ》らに送っている。その数は一〇一通に達しているが、うち二九通は、側用人牧野との連名である。この連名の書状は、将軍綱吉に直接報告したり、その意向を伺う内容を含んでいたものと思われる。すなわち土屋は、将軍にも知ってもらいたい内容の書状には牧野の名前を加えて、その取り次ぎ行為に期待したのである。

一方、側用人牧野による、将軍の生活空間＝「奥」の管理については、福留真紀氏が明らかにしている（「綱吉政権前期の側用人」）。すなわち牧野には、側衆・小性・小納戸・桐之間番・次番など「奥」に所属する者に対し、人事や処罰を申し渡す事例が多くみられるという。また牧野は、日光門跡や桂昌院・将軍正室・鶴姫など将軍の家族に対する上使を務めたり、病気・天候見舞いの奉書を発給したりしていた。これらは、「奥」の長官としての側用人の職務に係わるものと考えられる。

しかし、肝心の日常的な政務の取り次ぎ、つまり将軍の命を大老・老中に伝達し、大老・老中よりの上申その他を将軍に伝える職務については、史料的な問題もありその実態はほとんど明らかになっていない（なお、後述するごとく、服忌令は、牧野が将軍の上意を大老堀田に伝え、制定の準備が始まっている）。

柳沢吉保と勘定方役人

神田御殿家臣のうち、二番目の側用人に登用されたのが、有名な柳沢吉保である。吉保は、万治元年（一六五八）に生まれ、初名を房安《ふさやす》・保明と称した。父安忠《やすただ》は当初幕臣であったが、のち綱吉に付属して神田御殿の勘定頭を務め、知行一六〇石・廩米三七〇俵をうけた。保明は延宝三年（一六七五）に家督を相続して小性組の番士を務め、同八年主君綱吉の江戸城本丸入りに伴い、一一月幕臣に加えられ、小納戸に任命された。したがって、保明が綱吉の側近となったのは、幕臣編入後のことになる。とくに出世の糸口となったのが、天和元年（一六八一）六月三日、学問好きの綱吉の弟子に命じられたことである。

貞享二年（一六八五）一二月、従五位下出羽守《でわのかみ》に叙任。元禄元年（一六八八）一一月には、若年寄上座の側用人に昇進して一万二〇三〇石の大名に取り立てられ、同三年三月にも二万石加増、一二月に従四位下に叙された。ついで同七年正月には七万二〇三〇石を領し、武蔵《むさし》国川越《かわごえ》城主に任命され、一二月侍従に任じ、老中格に昇った。そして、同一一年七月左近衛少将に任じられて老中より上席（俗にいう大老格）となり、一四年一一月には松平の家号を許され、綱吉の諱《いみな》の一字を与えられて、松平美濃守吉保と改めた。さらに、宝永《ほうえい》元年（一七〇四）一二月には、綱吉が甲斐国甲府《こうふ》城主徳川綱豊《とくがわつなとよ》（のちの六代将軍家宣《いえのぶ》）を継嗣と定めたときの功労により、その旧領であった甲斐・駿河両国のうち一五万一二〇〇石余を与えられたが、翌二年三月駿河国の領知を甲斐国のうちに移されて山梨《やまなし》・八代《やつしろ》・巨摩《こま》三郡一円を領することになった。甲斐は、従来徳川一門にしか与えられたことがない枢要の地であり、

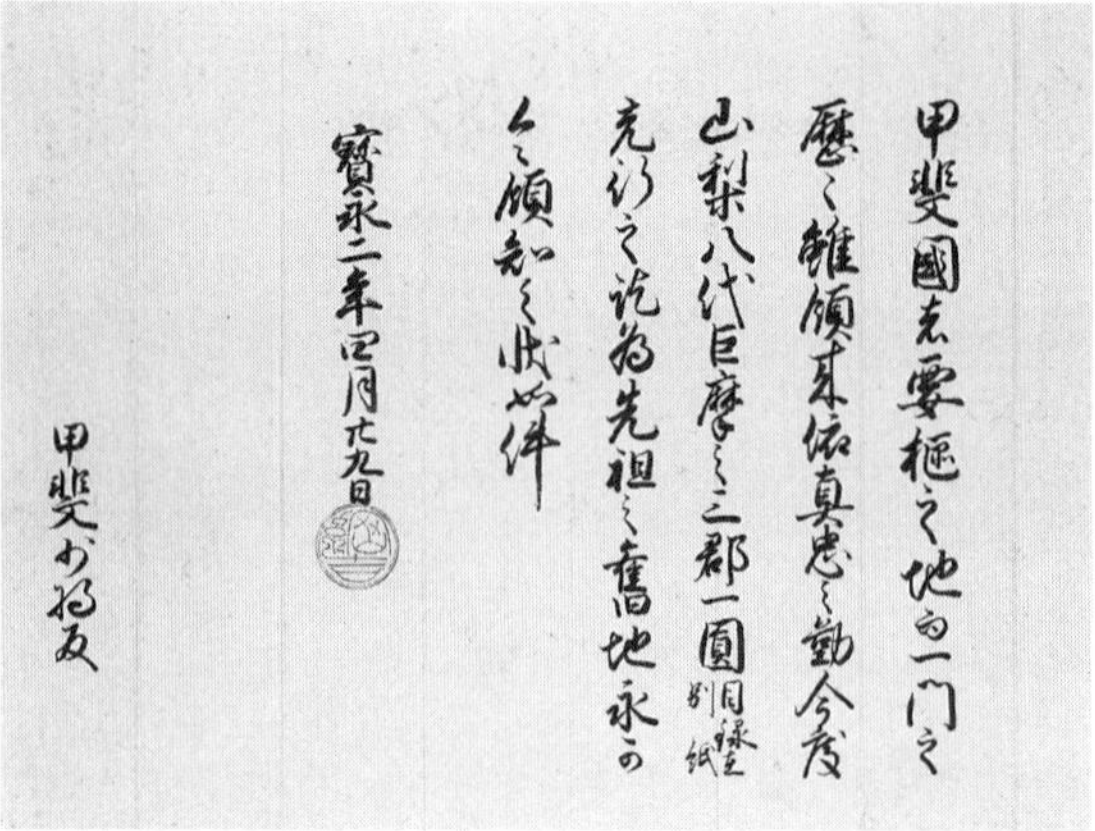

図2　宝永2年徳川綱吉領知宛行朱印状

このことをみても、綱吉がいかに吉保を信頼していたかがよくわかる（図2参照）。

このように吉保は、五〇〇石余の陪臣から一五万石余の大名、そのうえ老中より上席の側用人にまで出世して大きな権勢をふるえる地位に就いた。しかし注意すべきは、側用人はあくまで将軍と老中・若年寄の取り次ぎを行う存在であって、老中・若年寄のように、実務役人を直接指揮する役職ではないということである。したがって、吉保が実務役人に直接影響を及ぼすには別の手立てが必要となる。この点については、幕府財政の要を握る勘定方役人の動向を中心にみてみよう。

神田御殿家臣のうち勘定方役人は、他の家臣同様、綱吉の将軍就任に伴って幕臣団に編入され、同じ勘定方役人に配置された。徳松が没した天和三年（一六八三）当時、勘定役には三二人、代官には六人が在職している。元禄元年（一六八八）に側用人に就任した吉保は、彼らを主な施策に起用した。たとえば元禄七年九月、関東一〇ヵ国の幕領の村々に、三人ずつ三組計九人の勘定役が検分のために派遣されているが、そのうちの五人は神田御殿旧臣であった（「勘定衆幕領村々見分ニ付廻状」）。

表3　神田御殿出身者が勘定組頭に占める割合

部局＼年代	元禄7(1694)	元禄12(1699)	宝永2(1705)
御殿番	2人	2人	2(1)人
関東方	5(2)人	5(3)人	5(2)人
上方	5(1)人	5(3)人	5(2)人
計	12(3)人	12(6)人	12(5)人

〔(　)内が神田御殿出身者〕

註　深井雅海・藤實久美子編『江戸幕府役職武鑑編年集成』5・6巻、『寛政重修諸家譜』により作成。

そして、同年一二月に老中格となって幕政の実権を握った吉保は、家柄の低い荻原重秀《おぎわらしげひで》を勘定頭に、神田御殿出身者を勘定組頭に、積極的に登用した。すなわち、二年後の元禄九年、荻原は勘定頭に昇進し、家禄も二〇〇〇石に加増された。また同じ年、神田御殿出身の勘定組頭は、一気に倍増して定員一二人のうち六人を占めるに至り、その後も、吉保が側用人を辞任する宝永《ほうえい》六年(一七〇九)まで定員の半数、もしくは半数近くを占めていたのである。しかもその勘定組頭は、一般の幕府財政を総轄する「御殿番(詰)」、それぞれに所属する代官を指揮・監督して年貢徴収、幕領支配にあたる「関東方」、「上方」の三つの部局に均等に配置されている(表3参照)。これはまさに、幕政の実権を握った柳沢吉保が、財政に長じた荻原重秀と、自分と同じ神田御殿出身の勘定組頭を用いて勘定所を支配しようとしたことを示しているといえよう。

二　元禄期の政治と社会

1――元禄政治の展開

武家諸法度の改正

武家諸法度は領国支配者である大名を統制する法として成立し、代々の将軍は、就任後にこれを諸大名に公示することを慣例とした。五代将軍綱吉《つなよし》は家綱《いえつな》時代の法度をほとんど全条項にわたって改訂したが、なかでも第一条に「文武弓馬の道、専ら相嗜《あいたしな》むべき事」とあったのを、「文武忠孝を励し、礼義を正すべき事」に改定したことは注目される。つまり、武士に要求されることが、武道から「忠孝」や「礼義」に変わり、主君に対する忠義や父祖につかえる孝、そして礼儀が平和な時代にふさわしい支配論理になったのである（高埜利彦『日本の歴史13 元禄・享保の時代』）。とくに、諸大名を従わせる論理が武力から儀礼に変わり、「儀礼による統治」に転換した意味は大きい。また、旗本・御家人に対しては、これまで諸士法度が適用されてきたが、綱吉のときから武家諸法度に統合され、ここで同法度は、大名と徳川《とくがわ》幕臣団のすべてを対象とすることになった。これについては、朝尾直弘氏が「全国の大名をも旗本・御家人とおなじく主従制の原理によって包摂しようとした」と評価しており、将軍独裁をさらに強化しようとしたことを物語る（朝尾直弘「将軍政治の権力構造」）。

図3は、綱吉が天和《てんな》三年（一六八三）七月二五日に武家諸法度を発布した際の「座席図」である。綱吉は当日の朝、本丸御殿「奥」の御座之間で尾張《おわり》・紀伊《きい》・水戸《みと》の御三家、甲府《こうふ》綱豊《つなとよ》・金沢《かなざわ》藩主松《まつ》平《だいら》（前田《まえだ》）綱紀《つなのり》の挨拶をうけたのち、「表」の大広間に出御し、中段之間に着座している。下段之間東に大老堀田《ほった》正俊《まさとし》・老中阿部《あべ》正武《まさたけ》、それに図には見えないものの側用人の牧野《まきの》成貞《なりさだ》、西に老中大久保《おおくぼ》忠《ただ》朝《とも》・戸田《とだ》忠昌《ただまさ》が座り、その後方（図の左側）には国持大名や譜代大名が並んでいる。そして、中段之間西の縁頬《えんがわ》に若年寄の堀田正英《まさひで》・秋元喬知《あきもとたかとも》、儒者の林信篤《はやしのぶあつ》・人見《ひとみ》宜郷《よしたか》、下段之間西の縁頬に溜詰大名・京都所司代・雁之間詰大名などが控えていた。また、二之間・三之間にはその他の大名、縁頬には諸役人が座っていた。かくして、大名・諸役人の将軍への拝謁がすんで綱吉が「奥」へ入ったのち、儒者林春常《しゅんじょう》信篤が西の縁頬から中段之間に出座し、諸大名に武家諸法度を読み聞かせて行事が終了した。翌二六日には、同じ林信篤が諸役人に法度を読み聞かせている。

では、かかる法度は大名家の家臣にはどのように伝達されたのであろうか。ここでは、山本博文氏が萩《はぎ》藩毛利《もうり》家の事例を明らかにしているので、それをみよう（山本博文『江戸時代の国家・法・社会』）。武家諸法度の写しは、大目付の高木《たかぎ》守勝《もりかつ》から萩藩邸に届けられ、この条目を家来中にも聞かせるようにとの指示があった。萩藩では二九日、まず江戸家老をはじめとする重立った家臣を藩邸の御殿に召

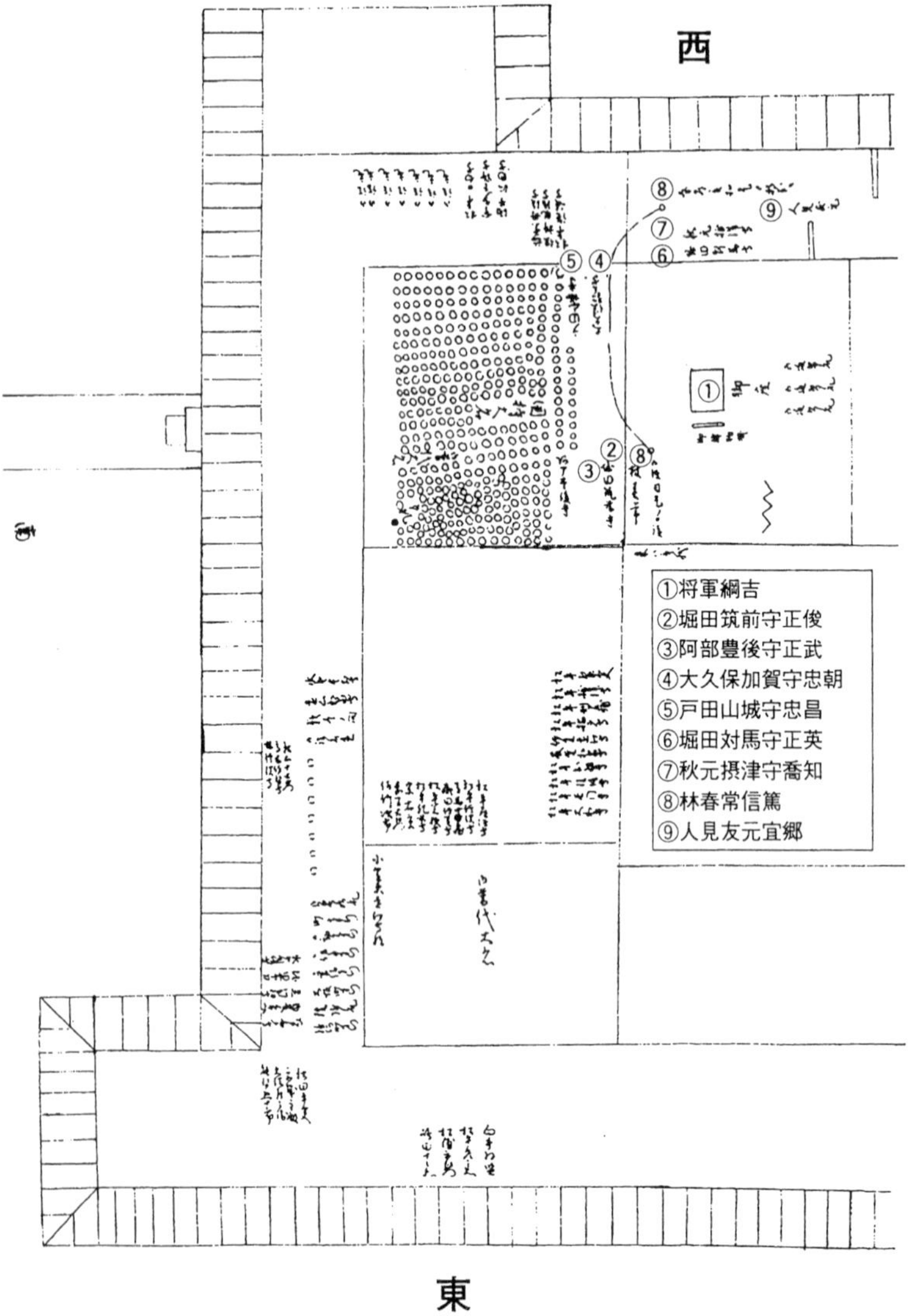

図3　5代将軍綱吉の武家諸法度発布の際の座席図
（「常憲院様御代御条目被仰出候御座席図」名古屋市蓬左文庫蔵）

し出して読み聞かせ、その他の家臣へは、それぞれの組頭から読み聞かせるようにと命じた。一方、国元に対しては使者が派遣されることになり、楢崎長兵衛《ならざきちょうべえ》という家臣が選ばれて、法度の写しを持参した。このとき楢崎は、藩主毛利吉就《もうりよしなり》から国元の留守居家老へ宛てた書状を所持しており、そこには、「一門中其外諸士へ申しわたさるべく候」との文言が記されていた。藩主の直状で法度の読み聞かせを命じているところに、幕府の指示を重く受けとめていたことがうかがえる。

大名の改易・減封

綱吉の政治は、初期の「天和の治」と、中期以降の「側用人《そばようにん》政治」に分けられる。「天和の治」の第一の特色は、「賞罰厳明」にあるといわれる。つまり、賞と罰が厳格ではっきりしていたという意味であるが、綱吉政権の場合、とくに処罰に厳しかった。これは、大名の改易・減封を前後の時代と比較してみると明らかである（表4参照）。すなわち、綱吉政権による改易・減封は四六家、没収高は一六一万石に及び、一年平均でみても、前後の政権の二倍に達している。

こうした大名処分には、綱吉の個人的性格や気まぐれによるものも含まれていると思われるが、そ

表4　大名の改易・減封表

将軍	年代	没収数 家	没収数 万石	一年平均 家	一年平均 万石
家綱	一六五一〜一六八〇	二六	八〇	〇・八六	二・六
綱吉	一六八〇〜一七〇九	四六	一六一	一・六	五・七
家宣・家継	一七〇九〜一七一六	五	一八	〇・七	二・五
吉宗	一七一六〜一七四五	一二	三一	〇・四	一・〇

註　辻達也『享保改革の研究』により作成。

こに政治性があることを明らかにしたのが辻達也氏である（「天和の治について」）。まず四六件のうち、「無嗣」・刃傷・「発狂」など綱吉でなくても処分はやむをえないと思われるものが一七件ある。こちらは、譜代八件、外様九件と、ほぼ半々である。残る二九件を、処罰理由別、譜代・外様の別に分類してみると、つぎのようになる。

イ　役職・勤務に関する過失または不興……譜代六件、外様四件

ロ　お家騒動・相続争いとその連坐……譜代六件、外様三件

ハ　素行不良……譜代二件

ニ　藩政不良……譜代二件

ホ　その他……譜代五件、外様一件

すなわち、綱吉の賞罰厳明策に関係があると思われる処分については、譜代大名のほうが圧倒的に多く、二一件（七二％）を占めている。とくに藩内の事情や大名自身の素行について、譜代に対して干渉が厳しかったことは明らかである。この点は、たとえ徳川一門といえども容赦しなかった。越後《えちご》高田《たかだ》藩（二六万石）のお家騒動による処分についてみよう。藩主松平光長《まつだいらみつなが》は、家康《いえやす》の二男秀康《ひでやす》の孫にあたり、御三家につぐ名門である。このお家騒動は延宝《えんぽう》七年（一六七九）に発生し、家老筆頭として藩政を主導していた小栗美作《おぐりみまさか》の一派と、その美作に主家横領の野望があるとした光長の異母弟永見《ながみ》大蔵《おおくら》・家老荻田《おぎた》主馬《しゅめ》らの反対派が、二派に分かれて抗争した事件である。この事件は、同年一〇

月に幕府評定所で審理が行われ、永見大蔵は萩藩、荻田主馬は松江《まつえ》藩にお預けとなり、いったん落着した。これは、光長の従兄弟で姫路《ひめじ》藩主の松平直矩《まつだいらなおのり》が大老酒井《さかい》忠清《ただきよ》らと相談のうえ進めた処分という。ところが天和元年（一六八一）春に、綱吉が将軍代替わりの諸国巡見使を派遣した際、その報告などにより、高田藩の紛争を改めて審理する必要を知った。そこで綱吉は、評定所に小栗美作や永見大蔵・荻田主馬などを呼び出して再度審理させたうえ、同年六月二一日、江戸城本丸御殿大広間に御三家や在府の譜代大名らを召し出し、自ら騒動を親裁した。その結果、松平光長は改易、小栗美作父子は切腹、永見大蔵・荻田主馬は八丈島に流罪となったのをはじめ、関係者多数が罰せられた。江戸城での詮議終了のとき、将軍綱吉は、「これにて決案す。はやまかり立て」と大声を発した。その場にいた人々で、震え恐れない者はいなかったという（「常憲院《じょうけんいん》殿御実紀」同日条）。綱吉の親裁が、徳川一門や譜代大名に与えた恐怖心は甚大であった。

かくして、初めての養子将軍である綱吉は、かかる賞罰厳明策の推進を通じて一門・譜代層を圧迫し、幕府政治の主導権を握ったのである。

大老堀田正俊

綱吉の初期の政治を、身近で支えたのが牧野成貞とすると、「表」＝行政機構の長官として支えたのは堀田正俊である。正俊は、寛永《かんえい》一一年（一六三四）、三代将軍家《いえ》光《みつ》の寵臣加賀守正盛《かがのかみまさもり》の三男として生まれ、翌一二年家光の命により春日局《かすがのつぼね》の養子となった。同一八年世子家綱《いえつな》付きの小性《こしょう》に就き、二〇年春日局が没したため、その采地三〇〇〇石を与えられた。慶安《けいあん》四年（一六五一）、父正盛の領知より一万石を分与され、従五位下備中守《びっちゅうのかみ》に叙任。万治《まんじ》三年（一六六〇）奏者番に就任、寛文《かんぶん》一〇年（一六七〇）若年寄に進み、延宝七年（一六七九）老中となり、従四位下に叙された。この間、たびたび加増をうけて四万石。翌八年侍従に昇り、天和元年（一六八一）五万石を加えられて下総《しもうさ》国古河《こが》城主となり、筑前守《ちくぜんのかみ》に改めた。さらに同年一二月一一日、少将に進み、大老職を命じられた。翌二年にも四万石を加増されて、すべて一三万石を領した。

正俊は、家綱時代末期の老中であるにもかかわらず、新将軍綱吉から九万石を加えられて大老に抜擢された。綱吉の側近中の側近牧野成貞でさえ七万石の加増であることを考えれば、正俊がいかに優遇されたかがわかる。それに対し、家綱時代の大老酒井忠清は、延宝八年一二月九日に免職となった。この両者の待遇面における較差が、既述した「宮将軍擁立説」を生んだともいえる。すなわち、酒井忠清が有栖川宮《ありすがわのみや》を世継ぎにしたいと述べたとき、他の老中が同意するなか、堀田正俊一人これに反対して「正しき御血脈の公達」＝綱吉の継嗣《けいし》を主張し、皆を服させたという（「常憲院殿御実紀」巻一、延宝八年五月の「世に伝ふる所」）。この説によると、綱吉が将軍になれたのは正俊のおかげということになる。綱吉は、その功績を認め、正俊を抜擢したというわけである。

しかし、先述したごとく、酒井が宮将軍の擁立を唱えたかどうかも疑わしい。酒井が大老を免職になったのは、「多病の故」（『徳川実紀』）である。実際、酒井忠清は病気がちであり、免職の翌日、綱吉は忠清の嫡子忠明《ただあき》（忠挙《ただたか》）を面前に招き、忠清が油断なく養生するようにと念入りに伝えたという

（福田千鶴『酒井忠清』）。一応、円満な退職であった。ただ、綱吉が将軍専制権力を確立するうえで、前代に、将軍に代わって権勢をふるっていた酒井忠清を免職にする必要があったことは確かであろう。また、堀田正俊が、綱吉の継嗣決定を主導したかどうかは不明であるものの、堀田家には、綱吉の将軍職継承を認めたといわれる「家綱遺言状」が伝えられており（堀田正久『堀田家三代記』）、何らかの働きをした可能性は残る。

いずれにしても、将軍綱吉が、江戸城大手門前にあった酒井忠清の屋敷を堀田正俊に与えたこともあり、権力者の交代を世間に強く印象づけることになった。

農政重視と代官の処罰

綱吉が行った政治は、生類憐みの令の発令もあり、一般的には悪いイメージが定着している。しかし綱吉は、将軍家を相続した直後から、政治を改革したいという意欲にあふれていた。その動きを、『徳川実紀』により経過順にみてみよう。

代替わりの祝儀が行われた直後の延宝八年（一六八〇）七月二五日、綱吉はまず大目付・目付、翌二六日には寺社奉行・町奉行・勘定頭の三奉行に「面命」している。この「面命」の内容は不明であるが、三奉行と大目付・目付は行政の中心的な存在であり、綱吉はその現状と問題点を把握しようとしたものと思われる。ついで、その翌月の八月五日、信頼する老中堀田正俊に農民統治を専管すべきことを任じ、七日には堀田と勘定頭を御前に召して、近年幕府領の農民が疲弊・困窮していると聞いているので、仁政を施し、衰耗させないようにと命じた。さらに同一六日、綱吉は、堀田正俊の下に京都町奉行二人・勘定頭四人を付属し、計七人で幕府領統治の政務を協議・執行させることにして、このことを代官にも令した。このように、特定老中に専管事項を設けたり、協議機関を設置したりしたのは、初めてのことである。これは、将軍職に就任する前のことであり（将軍宣下は八月二三日）、綱吉の農政改革にかける熱意を読みとることができる。

そして同じ年の閏八月三日、堀田の名で、代官の服務規程七カ条が布達された。それは、以下のような内容である。民は国のよりどころとなる大切なものであるので、代官はつねに民のつらく苦しい思いをよく察し、空腹で凍えることがないようにすること。代官は、つねに身を慎み、民の農業の様子を詳しく把握し、年貢などは念を入れて申し付けること。代官は、配下の手代にすべてを任せないで、自身で勤めることが大切である。代官はいうまでもないことであるが、手代などに至るまで、支配所の民を私用に使わず、また金銀米銭を民と貸借してはならない。支配所の堤防・道路・橋などはつねに心にかけ、普請《ふしん》は大破になる前に行い、百姓たちが争論状態になったときは、軽いうちに依怙《えこ》贔屓《ひいき》なく処理をすること。代官所を引き継ぐときは、年貢の未進（未納）分などを残さないようにすること。

かかる服務規程が出されたことは、右のようなことがなされていなかったことを物語る。代官は、いうまでもなく、幕府財政収入の根幹をなす幕府領の支配を行い、そこから年貢収取にあたる役職である。したがって、彼らをいかに有効に働かせるかが、財政問題に直結していた。そこで、このような服務規程が発令されたわけであるが、年貢の未進問題はそれだけでは解決しない。そのため、天和元年（一六八一）二月一八日、勘定役四人に命じ、すべての代官の未進会計の調査を行い、さらに、翌天和二年六月一四日には勘定吟味役を新設して、佐野《さの》正周《まさちか》・国領《こくりょう》重次《しげつぐ》両名をこれに任命し、勘定頭の補佐と、勘定方諸役人の執務監督にあたらせた。

これらの結果と思われるが、綱吉の治世二九年間に三四人（辻達也氏の研究による、森杉夫氏によれば五一人）の代官が処分されている。元禄《げんろく》一五年（一七〇二）の代官は六〇人であるから、この処罰数がいかに多かったかがわかる。とくに注目されるのは、父祖以来の代官と年貢滞納を処罰理由とする者が過半を占めていることである。これは、古くから何代にもわたって代官を務めてきた家に、徐々に年貢未進が累積していったことをうかがわせる。こうして処分された代官の代わりに、綱吉の神田《かんだ》御殿《ごてん》出身の代官などが新たに任命された。このことは、従来領主と農民の間に介在した年貢請負人的性格をもった代官から、徴租官僚的な代官へ切り換えられ、幕府が直接的に農民を掌握するに至ったことを意味する（辻達也「天和の治について」、森杉夫「代官所機構の改革をめぐって」）。

堀田の死と元禄初年の処罰

天和期に、綱吉の下で農政を主導していた大老の堀田正俊は、貞享《じょうきょう》元年（一六八四）八月二八日、江戸城本丸御殿で、若年寄稲葉《いなば》正休《まさやす》に突然刺殺された。稲葉も、駆けつけた老中たちにその場で殺害されたため、なぜ稲葉が堀田を殺さねばならなかったのか、理由は不明である。しかし、堀田はしだいに綱吉との間がうまくいかなくなっていたともいわれており、綱吉にとって、堀田の死は好都合であった可能性が高い。いずれにしても、その死により、農政改革は一時中断された。また、これまでに処分された代官が七人にすぎないことから、あまり大きな成果はあがらなかったものと推測される。貞享四年六月二一日に、ふたたび勘定組頭に総代官の会計検査を命じていることも、そのことを裏付けるものであろう。そして、ここから三年の間に行われた代官処分が一七人（五〇％）と最も多く、この期間は、幕臣団全体に対する処罰からみても、画期的な時期にあたるのである。つぎに、そのことをみよう。

綱吉の幕臣に対する処罰は、大名と同じく非常に多い。御目見え以上の旗本に限っても一一〇〇人に及び、これは、全旗本のうち五人に一人が処罰をうけた計算になる。処罰理由はさまざまであるが、勤務不良が最も多く、これに代官に対する「贓罪《ぞうざい》・年貢滞納」を加えた二者が綱吉政権の政治性を物語る。この二つの理由により処罰された者は、四三六人に達する。これを年代順にみると、貞享四年〜元禄三年（一六八七〜九〇）に集中しており、一七一人（約四〇％）を占める。ただ元禄三年は医師の処罰が大部分であるので、これを除くと、貞享四年〜元禄二年の三年間に実務役人に対する処罰が集中していることが分かる。しかも注意すべきは、側用人・若年寄・寺社奉行など大名就任の在職者も、この時期に処分されていることである。

表5は、貞享四年〜元禄二年における主な役職の処罰についてみたものである。同表によると、この三年間に、側用人三人・若年寄一人・寺社奉行三人・勘定頭五人・勘定吟味役一人・納戸《なんど》頭四人・

大目付二人・目付一人が処分されている。ことに、勘定頭と納戸頭は総入れ替え、側用人・若年寄・寺社奉行・勘定吟味役・大目付なども在職者の半数が免職となっている。この他、側衆・小性・小納戸などの将軍側近役人一四人、勘定・金奉行・賄頭・代官などの財政・民政役人七〇人も罷免されている。彼らの処罰理由は、史料用語によれば、おおむね「奉職無状《ほうしょくむじょう》」である。したがって、職務上、とくに落ち度があったわけではない。にもかかわらず、免職となった。

では、こうした大量処罰はいかなる政治的意図によって断行されたのであろうか。まず注意すべきは、かかる処罰が大老堀田正俊の没後、側近の柳沢保明《やなぎさわやすあきら》（のちの吉保《よしやす》）を側用人に登用する時期に行われたことである。すなわち、元禄元〜二年の間に、側用人四人のうち牧野成貞を残して三人が解任され、新たに柳沢保明をはじめとする五人が任命されたことは、綱吉が神田御殿時代の家臣であった牧野成貞・柳沢保明両名による「側用人政治」を確立しようとしたことを示すものであろう。そのためには、これからの将軍親政体制＝側用人政治体制を支えてくれる側近役人・監察役人・財政ならびに民政担当役人に粛清のメスを入れ、奉公の志が薄い者は排除し、新たに綱吉の意の

表5　貞享4〜元禄2年における主な役職の処罰

職名＼年代	貞享4 (1687)	元禄元 (1688)	元禄2 (1689)
側用人		1/4	2/5
若年寄			1/2
寺社奉行	2/4	1/3	
勘定頭	3/3	2/3	
勘定吟味役	1/2		
納戸頭		4/4	
大目付	2/3		
目付			1/13

註　深井雅海「綱吉政権の賞罰厳明策について」により作成。なお、処罰人数の分母は、在職者の総数を示す。

ままに動く有能な役人を登用する必要があった。とくに貞享四年に、綱吉が最も重視した財政・民政担当機関の長官である寺社奉行・勘定頭、監察役人である勘定吟味役・大目付の大半を解任していることは、「天和の治」から「元禄側用人政治」へ転換するための体制内改革の役割を果たしたものと思われる（深井雅海「綱吉政権の賞罰厳明策について」）。

側用人政治

元禄・宝永《ほうえい》期（一六八八〜一七一〇年）の政治は、一般的に「側用人政治」といわれる。つまり、専制君主綱吉のもとで、二人の側用人＝牧野成貞・柳沢保明（のち吉保）が政治の主導権を握っていたとされる。とくに柳沢については、自身が正徳《しようとく》期幕政の立役者の一人であった新井《あらい》白石《はくせき》が、『折りたく柴の記』の中で、「老中みな〳〵其門下より出て、天下大小事、彼朝臣《かのあそん》（柳沢）が心のまゝにて、老中はたゞ彼朝臣が申す事を、外に伝へられしのみにして、御目見などいふ事も、僅に一月がほどに、五、七度にも過ず」と述べる。

白石は、柳沢が老中政治を主導していたと指摘しているわけであるが、現在のところ、その実態が十分に解明されているわけではない。ここでは、老中の御用部屋の記録により、柳沢の職務権限の一端をみよう。すでに「老中格の側用人牧野成貞」の項でも述べたとおり、側用人の第一の職務は、将軍と老中・若年寄の間にあって、日常的な政務の取り次ぎを行うことである。この取り次ぎ行為は、①政務に関し、将軍の上意を老中などに伝達する機能と、②老中などよりの伺いの取り次ぎを行い、将軍の決裁を伝える機能とに分かれる。さらに柳沢の場合、③老中合議へ参画する機能もみられる。

以上の三つの機能を御用部屋の記録から抽出すると、①の伝達機能を三件、②の伺いの取り次ぎ機能を四件、③の老中合議への参画機能を七件、見つけることができる。

これらの内容を一件ずつみてみよう。まず伝達機能については、「一万石以上の面々へ加増や所替えを行う際には、たとえ判物（将軍が花押を据えた文書）の格であっても今後は朱印状を発給する」との将軍の上意を、柳沢が元禄七年（一六九四）五月一日、老中へ伝達していることがわかる。また、伺いの取り次ぎ機能に関しては、元禄一五年閏八月に発令された相対済《あいたいすま》し令の決定過程により柳沢の役割が判明する。すなわち、評定所一座より提出された伺書を、老中の稲葉正通《いなばまさみち》が、柳沢を通じて将軍へ上申し、決裁が出たあと下げ渡されている。老中合議への参画機能については、元禄一四年二月、対馬《つしま》藩主宗《そう》対馬守より朝鮮人参の代銀の立て替えを依頼してきた件につき、老中上座の側用人柳沢保明・老中・老中格の側用人松平輝貞《まつだいらてるさだ》の三者が合議をしたのちに将軍の耳に入れて、三万両を対馬藩に融通することを決定したことがわかる。御用部屋の記録により、日常の政務に柳沢が係わっていたことが具体的に明らかとなったが、注意すべきは、一四件が特別な案件ではないことである。したがって、現在のところ史料的制約から他の例を摘出できないものの、こうした職務は日常的に行われていたものと思われる。

右の職務のなかで重要なことは、柳沢が、将軍の意志の伝達役であるとともに、将軍の名代として老中層の合議にも加わり、その結果を一人で将軍に報告することである。ここに、柳沢が老中政治の主導権を握る要因があったといえよう。この柳沢の政治力、あるいは将軍への影響力に期待して、大名などが幕府にさまざまな請願を行う際の裏工作を依頼することがあった。つぎに、それをみよう。これについては、堀新・岡崎寛徳・福留真紀氏などの研究がある。堀氏は、備《び》前《ぜん》岡山《おかやま》藩主池田《いけだ》綱政《つなまさ》が元禄九年一二月、侍従から少将へ昇進したとき、柳沢に対して官位昇進運動を行い、成就した過程を、藩側の史料から解明している（「岡山藩と武家官位」）。また岡崎氏は、貞享四年に改易となった、下野《しもつけ》烏《から》山《す》藩主那須《なす》資徳《すけのり》が、元禄一三年に旗本として取り立てられ、翌年に知行一〇〇〇石を与えられた際、資徳の実父陸奥《むつ》弘前《ひろさき》藩主津軽《つがる》信政《のぶまさ》が柳沢に対し那須家再興を働きかけ、それが奏功したことを明らかにしている。信政は、柳沢が側用人に就任した元禄元年頃から接触を持ち始めたという（「那須家再興・昇格運動と津軽信政・柳沢吉保」）。そして福留氏は、肥後《ひご》熊本《くまもと》藩主細川《ほそかわ》綱利《つなとし》など多くの大名より、自筆の書状が、柳沢本人のみならず、柳沢家家老藪田《やぶた》重守《しげもり》に送られたことを明らかにし、その分析から柳沢の政治権力が大名側に高く評価されていたことを指摘した（「諸大名からみた柳沢吉保の政治権力」）。

　しかし、かかる柳沢の政治力・影響力は、将軍と老中など幕閣との取り次ぎ役という職掌から限界がある。したがって、柳沢が実務役人に直接影響力を及ぼすには別の手立てが必要となる。これを補ったのが、すでに指摘した、柳沢と同じ神田御殿出身者の勘定方役人などへの配置であった。

幕府財政の窮乏と貨幣改鋳

江戸幕府は、初期にはかなり巨額の金銀を蓄えていた。三代家光のときに、日光東《にっこうとう》照宮《しょうぐう》の造営など多大の出費をしているが、なお十分なゆとりがあった。四代家綱時代、明暦《めいれき》の江戸大火の災害復旧にかなりの支出がなされたが、寛文元年（一六六一）頃には、天守閣の下にあった金蔵にまだ三八〇万両残っていたという。ところが、寛文期以降に大名・旗本の困窮が始まり、幕府に拝借金を願い出たりしたため、家綱の晩年には財政が窮屈になっていた。五代綱吉が、将軍就任の恒例であった日光東照宮の参詣を中止したのも、当時財政が窮迫していたことを物語る。そのため、先述した農政改革などを実施したわけであるが、その一方で綱吉は、寺社造営などに散財したので、幕府財政は赤字に転落している。

藤田覚氏が紹介した、元禄七年（一六九四）「御蔵入高並御物成元払積書《おくらいりだかならびにおものなりもとばらいつもりがき》」という史料をみると、その状況がよくわかる。これによると、幕府領から納められる年貢米は一四六万石、金額にして一一六万五五〇〇両、対する歳出は一二七万四五五〇両、一〇万五四〇〇両の赤字となる（ただし、概数のため計算は一致しない）。赤字に転落した理由を、一〇年前の財政と比較することにより探ると、とくに作事支出が二二万四六〇〇両の増加と突出しており、赤字の主な原因が、寺社造営などの作事であることが裏付けられる。藤田氏は、右の史料が、改鋳益金による財政補塡を主目的とした貨幣改鋳令を実施に移す前の評議資料ではないかと推測している（「元禄期幕府財政の新史料」）が、まさに元禄八年の貨幣改鋳が、幕府財政の赤字補塡に目的があったことは明らかである。しかし、実際に発令された法令によると、別の目的もあったようなので、その内容をみよう。

同年八月に発令された法令には、つぎのようにみえる（『御触書寛保集成』一七五七号）。

一、金銀極印古く成り候につき、吹き直すべき旨これを仰せ出さる、かつ又、近年山より出候金銀も多くこれ無く、世間の金銀も次第に減し申すべきにつき、金銀の位を直し、世間の金銀多く成り候ため、此度これを仰せ付けられ候事

まず冒頭に、「金銀極印古く成り候につき」とあるように、慶長《けいちょう》金銀は、極印（品質保証や偽造防止のために印影や文字を押したもの）だけでなく、貨幣自体が長期間の使用により損傷しつつあった。とくに小判には、切れ・割れのできた切れ小判や、量目の減った軽目小判などが多く、貨幣流通に支障をきたすほどであったという。つぎに、「近年山より出候金銀も多くこれ無く、世間の金銀も次第に減し申すべきにつき」とあるごとく、全国鉱山からの金銀産出は、金については慶長期（一六一〇年頃）、銀については寛永《かんえい》期（一六四〇年頃）を頂点として下降をたどり、ことに、綱吉時代前期の天和～元禄初期（一六八一～九二年頃）は衰退期にあたり、幕府は鋳貨資材の確保に苦慮していた。他方、経済発展に伴う貨幣流通量は増加傾向にあった。したがって通貨供給の減少は、しだいに深刻化しつつあり、幕府は貨幣数量の増大を図る必要に迫られていた。初めての貨幣改鋳には、こうしたやむにやまれぬ事情もあったのである。

では、かかる改鋳の発案者は誰なのか。すでに寛文期（一六六一～七二年）に、金銀改役後藤庄三郎《ごとうしょうざぶろう》

が小判師たちと相談のうえ、慶長金に銀を加えて増鋳する貨幣改鋳の建議を幕府に対し行ったが、時の老中土屋《つちや》但馬守《たじまのかみ》に退けられたという。ついで元禄五年（一六九二）八月、今度は銀座年寄四人が、勘定頭松平重良《まつだいらしげよし》・稲生正照《いなおまさてる》、勘定吟味役荻原重秀《おぎわらしげひで》・諸星忠直《もろほしただなお》らに、慶長銀に銅を加えて増鋳するよう意見具申を行っている。結局、これらの意見が幕府に採用されたものと思われる。そして、金銀貨の改鋳は元禄八年九月から実行に移されたが、その前月、勘定吟味役荻原重秀を所管として、執行にあたる特別チームが結成された（表6参照）。これをみると、勘定組頭三人のうち二人、勘定四人のうち二人が柳沢と同じ神田御殿旧臣であり、彼らが中枢を占めていたことがわかる。

改鋳は、それまでの良質であった慶長金銀を、質の低下した元禄金銀に鋳直して始めた。すなわち、慶長小判の純度八四・二九％を元禄小判の純度五七・三六％に、慶長銀の純度八〇％を元禄銀の純度六四％に、落として発行した。ここで注意すべきは、元禄金の品位が三二％の引き下げであったのに対し、元禄銀は二〇％の引き下げでしかなかったことである。このことが一般に知られて、急速に銀高の傾向を示すようになり、金一両に銀五〇匁《もんめ》とする従来の金銀公定相場をくずすことになった。この銀貨の高騰は、金貨を主たる

表6　元禄8年（1695）の貨幣改鋳の執行担当者

役職名	氏　名
勘定吟味役	荻原彦次郎
勘定組頭	◎正木藤右衛門 ◎平岡一右衛門 保木弥右衛門
勘定	◎杉岡弥太郎 ◎小宮山友右衛門 古川武兵衛 内山新右衛門

（◎印が神田御殿出身者）

註　深井雅海『徳川将軍政治権力の研究』により作成。

通貨とする幕府にとっても財政上不利であったため、元禄一三年一一月、幕府は九〇年ぶりに公定相場を金貨一両＝銀貨六〇匁に改定した。しかし、銀貨はその後も全国的な不足が続いたため、金貨は、不人気ながら関西方面をはじめ全国的に流通を拡大していった。

右のような通貨事情にあって、元禄金は一三四一万二四八四両余、元禄銀は三二万六〇四六貫目《かんめ》が国内流通に供せられたことになる。これは、慶長金銀の国内流通高に比べれば、大ざっぱにみて金貨は、一・三倍、銀貨は二倍強になるという。こうした元禄金銀の鋳造素材については、最初は幕府手持ちの金銀をあてたものの、主たる鋳貨素材として期待したのは、いうまでもなく市場流通の慶長金銀である。その回収高は、新井白石によれば、慶長金は八八二万四〇〇〇両余、慶長銀は二八万七〇〇〇貫余であったという。つまり、市場に流通していた約八〇％の慶長金銀が回収されたとみられ、幕府の元禄金銀流通政策は、一応所期の目的を達したものと考えられる。また改鋳益金は、これも新井白石によると、五〇〇万両に及ぶという。しかし、後述する元禄一六年の南関東大震災による幕府の出費は大きく、この益金もたちまちに費消され、宝永の初期（一七〇四、五年頃）には財政は逼迫状態に立ち戻ったという（土屋喬雄・山口和雄監修、日本銀行調査局編『図録　日本の貨幣3　近世幣制の展開』）。

幕府による新検地と地方直し

先述したとおり、綱吉政権は、譜代大名などの改易・減封処分を行うことによって政治の主導権を握り、また、世襲代官を処罰することにより代官の吏僚化を進めた。注意すべきは、かかる処罰の目的がそれだけではなかったことである。すなわち幕府は、大名や代官の処分後、その領知や支配所に検地を施行し、打ち出し（石高《こくだか》の増加分）を行っている。大名・代官ごとに例を示そう。

天和二年（一六八二）に改易された越後高田藩主松平光長の表高は二六万石であったが、改易後の新検地により、その総石高は三六万二五〇六石余に達した。幕府は新検地後、相模小田原《さがみおだわら》藩主稲葉正佳《いなばまさよし》を旧領知と同じ一〇万二〇〇〇石で高田へ転封させた。つまり、新検地後の差額二六万石余が、幕府の直轄地になったわけである。もちろん、実質的な打ち出しは一〇万二五〇六石余であるが、検地を改易・減封ごとに行えば、幕府領はかなり増加したことになる。

つぎに代官の場合をみよう。元禄元年（一六八八）に免職となった代官大久保平兵衛《おおくぼへいべえ》は、下総椿《しもうさつばき》新田を三人の元締によって支配していた。しかし、元締同士が不和となり、その一人が江戸に出訴したことにより、元締の隠田などが二〇〇〇町歩《ちょうぶ》以上あることが判明した。幕府はこれらの隠田をすべて没収する一方、厳格な検地を行った。また幕府は、処罰をうけた代官のみならず、現職代官の支配所でも検地を施行している。たとえば、伊奈半十郎《いなはんじゅうろう》支配所では、元禄八年、その支配地とはまったく関係のない大名の家臣によって検地団が編成され、検地を強行している。その結果、たとえば武蔵世田谷《むさしせたがや》周辺の幕領村々では、平均して正保期（一六四四～四七年）の二・三倍の村高となった。これをみても、厳しい打ち出しが行われたことがうかがえる。しかも、こうした検地は、元禄一〇年の地方直しに関連して関東一円で施行されたのである。

江戸幕府は、元禄一〇年七月二六日、これまで蔵米五〇〇俵以上を支給してきた旗本に対して、それと引き替えに地方《じかた》=知行地を与える旨の法令を発した。これが、いわゆる「御蔵米地方直し令」である。ついで八月一〇日には、新知行地からの収税は翌元禄一一年より行うこととし、さらに同月一二日には、知行地と蔵米とを併せ給せられている者に対して、蔵米がどのように少額（たとえば、蔵米五〇俵と知行四五〇石を給された者）でも、知行地と合わせて原額五〇〇石以上であれば、蔵米地方直しの対象になる旨を申し渡した。つまりこれは、原額五〇〇石以上の旗本の俸禄をすべて地方知行に統一しようとしたことになる。こうして、発令から一年を経た元禄一一年七月三日、蔵米地方直しは一応完了して、翌四日に知行所の書き出しが与えられた。対象となった旗本は約五五〇人、彼らにいままで支給されてきた蔵米高は約三四万俵、したがって、ほぼ同額の新知行地が与えられたことになる。その地域は、関東八ヵ国が主体であったが、なかには三河《みかわ》・遠江《とおとうみ》・丹波《たんば》・近江《おうみ》にまで及んでいる。

では、かかる新知行地の元の領主は誰であったのか。本来なら、旗本の蔵米は幕府の米蔵から支給されたものであるので、新知行地もすべて幕府領から与えるべきであろう。しかし、そうはならなかった。じつは、この蔵米地方直しの知行割りと並行して、大規模な旗本知行地の割り替えが行われていたのである。つまり、蔵米地方直しとはまったく関係のない旗本が多数、この時期に、いままで支配してきた知行地の一部または全部を、上知→代知割りという形で割り替えられている。その数、約二〇〇人、なかでも三〇〇〇石以上の旗本が五七人と多く、三分の一近くを占める。判明した知行割り替え石高（一三〇人分）だけでも約二一万石に及び、その七〇%は、関東の知行地を上知され、代知を中部・近畿地方に宛がわれている。そして幕府は、既述した幕府領だけでなく、上知した旗本領にも検地を施行したのである。

このことは何を意味するのであろうか。まず第一に、江戸に隣接する地域と生産性の高い地域を幕府領として確保すること、第二に、広大な山林や多額の運上金がある地域も幕府領に編入すること、第三に、年貢米を江戸に運んで旗本に配分する経費の節減、第四に、旗本の領主権を制限し（三割五分を基準とする年貢徴収権に限定）、旗本を吏僚予備軍とすること、などの目的があったものと考えられている。

蔵米地方直しが終了したのちの元禄一一年七月一二日、執行担当者への褒賞が行われた。そのメンバーは、表7のとおりである。勘定頭の荻原重秀を除く八人のうち六人（七五%）が、神田御殿旧臣である。元禄八年の貨幣改鋳の場合に比べ、神田御殿旧臣の重要施策担当者への占有化が、よりいっそう進んでいることがうかがえる（所理喜夫「元禄期幕政における『元禄検地』と『元禄地方直し』の意義」、大舘右喜「元禄期幕臣団の研究」、深井雅海「元禄

表7　元禄10年（1697）の地方直しの執行担当者

役職名	氏　　名
勘定頭	荻原近江守
勘定組頭	◎辻六郎左衛門
勘定	◎石井次大夫
	◎長谷川甚兵衛
	◎守山岡右衛門
	◎稲葉与一右衛門
	◎大岡孫八郎
	金井源四郎
	岩出与左衛門

（◎印が神田御殿出身者）

註　大舘右喜『幕藩制社会形成過程の研究』により作成。支配勘定は省略

期旗本知行割替の一考察」）。

なお、藤田覚氏が紹介した「御取箇辻書付」によると、綱吉が将軍に就任した延宝八年（一六八〇）の幕領石高は三二六万二二五〇石余、年貢量は九四万二五九〇石余であったが、地方直しが行われた元禄一〇年（一六九七）の幕領石高は四三四万六五〇〇石余、年貢量は一三八万六四〇〇石余となっており、単純比較すると、この一七年間に、幕領石高で一〇八万四二五〇石、年貢量で四四万三八一〇石余増加している。その後も増減はあったものの、幕領石高で四〇〇万石前後、年貢量で一二五万石前後を維持している（「江戸時代前期の幕領石高・年貢量に関する新史料」）。かかる幕領・年貢量増加の背景には、すでに指摘した世襲代官の処罰を伴う農政改革、新検地による打ち出し、蔵米地方直しなどの成果があることは明らかであろう。そしてこれは、こうした一連の地方対策を主導した勘定頭荻原重秀と、神田御殿旧臣を中心とする勘定所役人の努力が実った結果といえよう。

寺社の造営・修復と東大寺再興

将軍綱吉とその生母桂昌院《けいしょういん》は、神仏に深く帰依《きえ》していた。したがって、綱吉政権期には寺社の造営や修復が非常に多く、大野瑞男氏の調査によると一〇六件に及ぶ。これを費用の面からみると圧倒的に日光山が多く、続いて伊勢《いせ》神宮《じんぐう》・熱田《あつた》神《じん》宮《ぐう》・春日《かすが》社《しゃ》・鎌倉鶴岡八幡宮《かまくらつるがおかはちまんぐう》・駿州浅間社《すんしゅうせんげんしゃ》・久能山《くのうさん》東照宮・石清《いわし》水《みず》八幡宮の順番となる（「元禄期における幕府財政」）。こうした費用が、幕府の財政を圧迫したことはすでに指摘したとおりである。

しかし、造営が幕府に余剰金をもたらした例があるので、杣田善雄氏の研究によりみてみよう。それは、東大寺《とうだいじ》の大仏殿再興である。東大寺大仏殿が、永禄《えいろく》一〇年（一五六七）松永久秀《まつながひさひで》の兵火により焼失して以来、百数十年間、大仏はむき出しのまま風雨にさらされていた。貞享元年（一六八四）、東大寺大喜院の僧公慶《こうけい》は、大仏殿再興の勧進を始めた。彼は、まず江戸に出府して、幕府寺社奉行に大仏修復のための諸国勧進を願い出た。しかし、幕府の後援による勧進許可（御免勧化《かんげ》）は得られず、志ある者に相対で働きかける勧進（相対勧化）が許された。以後、公慶は勧進活動を精力的に続ける一方、大仏の修補事業を開始し、それは六年を要して、元禄四年（一六九一）二月末に完成している。また大仏殿については、とりあえず仮殿を建設し、翌五年三～四月には大仏開眼供養を行うことができた。この大仏修補および仮殿建設に要した費用は約一万二〇〇〇両に達しているが、そのほとんどは公慶の勧進活動によって調達されたものであった。

開眼供養の翌月から、公慶は本格的に大仏殿の再建活動に取りかかった。大仏殿再建は、資金の面からいっても大仏修補よりはるかに大事業であり、結局幕府に頼らざるをえない。元禄六年二月、公慶は知足院《ちそくいん》（のち護持院《ごじいん》）隆光《りゅうこう》の取り持ちにより、同院において初めて将軍綱吉に内々に拝謁する機会を得た。ついで同月、綱吉生母の桂昌院から金子《きんす》の寄進を受け、八月には側用人柳沢保明よりの奉書をもって初めて江戸城への登城が許された。さらに、翌元禄七年からは将軍への年頭御礼の御目見えが許された。かかる厚遇を経て、同年一〇月、桂昌院の実弟常陸笠間《ひたちかさま》藩主本庄宗資《ほんじょうむねすけ》から呼び出され、柳沢保明のもとへ参上するよう指示された。一一月柳沢を訪れると、老中よりの命として、諸大名衆への遠慮のない勧化の許可が伝達され、「勧進之状」を下賜された。ここにおいて、公慶の勧進行為は、従来の相対勧化から御免勧化に転化したのである。その効力は、さっそく現れた。すなわち公慶は、誰に遠慮することなく、江戸の諸大名・旗本屋敷に「勧進帳」を持参して回り、さらに、幕府の行政機構や町機構を通して、勧化触流しや勧化金の取り集めなどに便宜が図られるようになった。しかし、幕府の後押しによる御免勧化でも限界があった。つまり、奈良時代の大仏殿の規模の一一間四方を造営するには金一八万両が必要であるにもかかわらず、元禄一〇年九月段階では勧化金・拝領金を合わせても一万両ほどしか集まっていなかったのである。

かかる現実を前に、公慶はさらにいっそう幕府へ依存せざるをえなくなった。また幕府にとっても、大仏殿再建成就は、綱吉政権の威信に係わる問題と認識されるようになった。そこで幕府は、この再建を国家的事業として取り組むことにして、勘定頭荻原重秀が実質的に主導していくことになった。したがって、大仏殿見積り書の作成から用材入札までが、荻原のもと幕府勘定所の差配によって進行している。その結果、経費が勘定所の予想を超えた金高（先述の一八万両余）に達したため、事業規模の縮小を図らざるをえなくなり、一一間四方を七間四方に修正し、予算規模を一〇万両に減じた。そしてこの費用は、全国の農民に課せられることになった。すなわち、幕府領約四〇〇万石に対し、一〇〇石につき金一分の割合で勧化金を上納させると、これが一年で一万両、これを元禄一二年から一六年までの五年間にわたって五万両を集める。一方、大名・旗本・寺社領などの私領にも、高一〇〇石につき金一分、こちらは元禄一四・一五年の二年間にわたって課せられた。大名領だけで八万七五〇〇両、万石以下を含めれば一〇万両を超す計算となる。つまり、大仏殿再建費用をすべて差し引いても、幕府の手元には余剰金が生まれていたことになり、これは、当初から荻原が意図していた可能性が高いといえよう。

こうして資金の目処《めど》も立ち、大仏殿の普請は着々と進み、宝永五年（一七〇八）に完成した。なお、私領への勧化金賦課については、老中たちは当初「中〻以重キ御事也」と、否定的な見解を示していた。それゆえ公慶は、元禄一三年一二月、護持院隆光らを介して桂昌院に頼み、桂昌院から柳沢保明へ働きかけがなされ、大名領に対しての高割賦課が実現したという。ここに、桂昌院および側用人柳沢保明（吉保）の、将軍綱吉に対する影響力の強さを垣間見ることができる（杣田善雄「元禄の東大寺大仏殿再興と綱吉政権」）。

2―生類憐みの令と赤穂事件

生類憐みの令

生類憐みの令は、綱吉時代に発せられた悪法として有名である。日本の歴史上生類愛護の趣旨を含む政策は少なくないが、綱吉時代に発令された同趣旨の一連の政策をとくに生類憐みの令と称し、この名称で総括した一つの法令が存在したわけではない。古くから、綱吉が母桂昌院の尊崇する僧隆光から、子を得たいと思うなら殺生を慎み、生類憐みを心がけ、とくに綱吉が戌《いぬ》年生まれであるので、犬を大切にするよう進言されたことが発令の動機になったといわれるが、根拠のある説ではない。生類憐みの令が最初に発令されたのは後述するごとく貞享二年（一六八五）、隆光が江戸の知足院別院に入ったのは翌貞享三年であり、それまでは大和《やまと》国の長谷寺《はせでら》にいたので、右の説は成り立たない可能性が高い。むしろ、綱吉は、将軍就任当初より儒学や仏教の教えによる人心教化を意図し、就任三年目の天和二年（一六八二）五月、諸国に立てた高札で、忠孝を奨励し、夫婦兄弟仲よく、召し使いなどを憐れむよう命じているので、生類憐みの令の発令もその同一線上に位置づけることができる。

その始期については諸説があるが、貞享二年七月に発せられた将軍の御成《おなり》先で犬・猫をつなぐに及ばずとの触が最初とされる。ついで、九月に馬の筋のべの禁止、一一月に幕府台所での鳥類・貝類・海老の使用禁止が令せられた。とくに馬の筋のべの禁止令は、当時流行していた、馬の体の筋を延ばすという「拵馬《こしらえうま》」を、馬の保護のために一掃しようとしたもので、全国的に公布された。しかも、法文の中に見える「向後《こうご》堅く御制禁仰せ出され候者也」の文言を、藩でも厳しく受けとめていた。出《で》羽庄内《わしょうない》藩では、この法令の伝達経路がわかる。それによると、藩の留守居が老中戸田忠昌の屋敷で法令を受け取り、それを国元に伝達し、国元では家中や領内町村の寺社まで支配役所を通じて触れ回し、鶴ヶ岡町の奉行所では、大庄屋・惣肝煎に対して、馬喰《ばくろう》を職業とする者がいる五人組から連判手形を提出するように命じていた。また出羽秋田《あきた》藩では、この法令を「此度《このたび》は強く仰せ出され候」との認識のもとに家臣や領内村々に徹底させ、薩摩鹿児島《さつまかごしま》藩でも、領内だけでなく、琉球《りゅうきゅう》国へも通達していた。

かかる生類憐み令は、貞享四年から強化された。大舘右喜氏が作成した「生類憐愍政策関係記事数一覧」によれば、前年に四件であった関係記事が、貞享四年には一八件と急増しており、このことを裏付ける。右の記事によると、対象とされた生類はとくに鳥・犬・牛馬であったことがわかる。江戸町中のすべての飼犬の数・毛色などを帳簿に記すよう命じたのも、この年二月である。しかも、一一日に老中たちが出した法令に心得違いがあるとして、綱吉は二一日に再度触れさせている。その心得違いとは、もし犬が行方不明になった場合は捜し出すに及ばずとしていたものを、徹底的に探すように命じ、替え玉により数合わせでごまかすことなく、人々が「生類あわれみ」を心がけるように厳命した。綱吉の意図を正確に把握できなかった老中たちは、その怒りにふれて拝謁を止められた。

ついで、同年四月に発令された法令から、綱吉が生類憐み令を出した思惑がみえる。すなわちこの法令では、捨子を養育すること、野犬に食物を与えること、などを述べたのち、「犬ばかりにかきらす、総じて生類人々慈悲の心を元といたし、あわれみ候儀、肝要に候事」と結んでいる。つまり、綱吉が求めていたのは、人々が生類に対し「慈悲の心」、いつくしみあわれむ心を持ち、それを行動に移すことであった。この法令は、「生類憐み」の趣旨を掲げて全国に公布されたものとしては、最初のものといわれる。

そして元禄七年（一六九四）一〇月一〇日には、老中たちが、江戸城本丸御殿黒書院溜之間に諸役人を召集して、「生類憐み」の趣旨に関する申し渡しを行った。それは、つぎのようなものであった。以前から仰せ出されていた生類憐みのことは、将軍の深いお考えがあってのことである。それは、政道のためにも、下々の者まで「仁心」、めぐみいつくしむ心を持てば、間違ったことにはならない。もし間違ったことを行った者がいた場合でも、正直に申し上げてほしいとのお考えからでもある。生類を憐れむことも、他聞をはばかったり、内心の伴わない偽善的な態度や仁心を装った行為をしなければ、かかる法令を出さなくても、自然に政道もたつものである。この心がけを同役とも相談し、部下・家来・領民などにも申し含めてほしいと命じた。つまり生類憐み政策は、綱吉が国家を統治するうえでの要《かなめ》の政策と位置づけていた。そのため、綱吉は没年までその発令にこだわり続けたものと思われる。

しかし、将軍綱吉がかかる理想的な社会を求めたとしても、人々はかえって反発するだけであろう。たとえば、その前年の元禄六年九月二九日、綱吉を諷刺する非合法文書を作成した犯人として、百人組之頭近藤登之助《こんどうのぼりのすけ》組与力筑紫《ちくし》新助の弟、筑紫門右衛門《もんえもん》が捕らえられ、翌七年三月一一日、江戸市中引き回しのうえ斬罪に処せられた。このときは、犯人探索のため、江戸市民のうちじつに三五万三五八八人の調書がとられたという。幕府の執念をみる思いである。ただ多くの一般の民衆にとっては、生まれた狗犬を捨て、飼犬を市中に放して家に籠るのが現実的な抵抗であった。そのため、江戸府内外には野犬が横行し、しかも狂犬病の流行をもたらし、幕府も放置できない状況に追い込まれた。

こうして、幕府は、喜多見《きたみ》・四谷《よつや》・大久保《おおくぼ》・中野《なかの》などに犬小屋を造り、野犬の収容につとめた。なかでも、最も大規模であったのが中野の犬小屋である。同犬小屋は元禄八年一一月に完成し、このときの広さは一六万坪、一〇万匹の犬が収容されたという。犬小屋の奉行に任命されたのは、小納戸の落合通富《おちあいみちとみ》と石原安種《いしはらやすたね》、つまり、将軍側近役人の小納戸が奉行を兼任していたのである。綱吉の犬に対する思い入れをうかがうことができる。この犬小屋は、その後も拡張工事が行われ、元禄一〇年四月には周辺道路も含めるとおよそ二九万坪余にもなった。また、元禄八年一二月頃の記録によると、中野の犬小屋には八万二〇〇〇匹余の犬が収容され、一年間の費用は金九万八〇〇〇両余にのぼり、これはすべて江戸町人から徴収されていたという。この他、江戸周辺農村は、犬小屋の普請や修復のため、高一〇〇石当たり一石の割合で「犬扶持」を賦課されていた。まさに、民衆は経済的にも多大な迷惑を被っていたわけである。

かくして、生類憐みの令を通じ、全人民が慈悲の心や仁心をもつようにという、いわば理想的な社会を実現しようと試みた綱吉は、人民の反抗をうけるたびに処罰を繰り返す悪循環に陥り、その理想は行き詰まった。しかし、江戸の町のあちこちにいた野犬を犬小屋に収容したことで、子供などが襲われるという殺伐とした状況がなくなったのは事実であろう。また、捨子や行旅病人などの社会的弱者を救済しようとする面があったことも確かであり、捨子・捨牛馬禁令は、以後も長く幕法として生き続けたのである（塚本学『生類をめぐる政治』、大舘右喜「生類憐愍政策の一齣」、根崎光男『生類憐みの世界』）。

服忌令

生類憐みの令と同じ時期に服忌《ぶっき》令という法令が出された。これは、近親者の死に際して喪《も》に服すべき期間を定めた法のことである。服は喪服、忌は期間を意味する。幕府では、すでに三代家光の頃から、東照大権現および将軍に穢《けがれ》を及ぼしてはならないということを本質とする服忌制度が始まってはいたが、公布はされていなかった。綱吉は、この服忌制度を整備させ、公布したのである。

すなわち、綱吉の世子徳松《とくまつ》の法事終了直後の天和三年（一六八三）六月七日、当時服忌令が混雑しているので改めたいという将軍綱吉の上意が、側用人牧野成貞を通じて大老堀田正俊に伝えられ、制定の準備が始まった。堀田は、儒者の林信篤・人見《ひとみ》宜郷《よしたか》・木下順庵《きのしたじゅんあん》、神道方の吉川惟足《よしかわこれたり》に、「儒家・神道の服忌令書付」をさし出すように命じ、さらに「伊勢服忌令」は山田《やまだ》奉行桑山貞寄《くわやまさだより》、「日光服忌令」は寛永寺の役僧、「禁裏御用の服忌令」は京都所司代の稲葉《いなば》正往《まさゆき》を通じて手に入れ、これらに従来幕府が用いていた服忌制も加えて、林信篤らに検討させた。こうして幕府の服忌令ができあがり、貞享元年（一六八四）二月三〇日に御三家と甲府家に、三月に諸大名と交代寄合に伝達された。

つぎに、その服忌令の一部をみてみよう。

一父母　　忌五〇日　　服一三ヵ月

一祖父母　　忌三〇日　服一五〇日
一夫　　　　忌三〇日　服一三ヵ月
一妻・嫡子　忌一四日　服九〇日
一兄弟姉妹　忌二〇日　服九〇日

右にみたごとく、父母が亡くなった場合には五〇日間は出仕ができず、一三ヵ月（閏月は除く）喪に服すことになる。したがって、幕府役人の場合、忌中期間は勤務を行わず、月代《さかやき》も剃らず、なまぐさものも食べない。しかし、長期間のため職務に支障を来たすことになり、ある程度の日数が過ぎたところで「忌御免」が命じられた。また服中の場合、将軍が寺社に参詣するときは、供奉できないだけでなく、還御《かんぎょ》までは将軍に御目通りできなかった。

では、将軍が死亡した場合の服忌はどのようになっていたのであろうか。その場合、将軍の親族は服忌令の規定に従って服忌をうけるが、それ以外の者については規定がない。しかし、服忌に代わるものとして、他の法令により将軍の喪に服すことを強いた。それが、鳴物停止令と、月代を剃ることを禁ずる「月代停止令」とでもいうべきものである。まず「月代停止令」からみよう。これは、幕府の場合、原則として将軍・世子・大御所の死去に際し、武士を対象に発令された。つまり、将軍などの死に対し、悲しみのあまり身だしなみをする気力もなく、月代や髭《ひげ》をのび放題にしている状態を強制する法令である。したがって、穢を忌むというよりも、主君への礼としての性格が強いものであった。そのため、月代が禁止される期間は、将軍などとの遠近や、役職・家格などにより差が設けられていた。綱吉死去の場合、同心以下は死後一一日目、御目見え以下は一五日目、外様大名・旗本無役などは三一日目、譜代大名・諸役人・諸番士などは三四日目、御三家は三五日目に月代を剃ることを許された。将軍に近く、格式の高い者ほど、禁止される期間が長いことがわかる。つぎに、鳴物停止令をみよう。こちらは、庶民も含めた天下一般に出された法令であり、歌舞音曲などの音を止める命令である。これは、将軍の死による政治的危機に対する秩序回復のための政策、つまり、政治・社会の秩序が維持された状態をもたらすため、武士および民衆に、静謐《せいひつ》と慎みを命じた法令とされる。綱吉の場合、没した宝永六年（一七〇九）正月一〇日に法令が出て、三月一日から鳴物が許された。

服忌令は、親族間の服忌日数の格差を厳格にすることによって家族親族秩序を、また、「月代停止令」は、武士の格式の違いに基づいて、月代停止の期間を決めることにより身分秩序を、それぞれ明確にしてその維持強化を図る目的があった。そして、それと同時に、鳴物停止令も含め、将軍の権威を高める意図もあったといえよう（林由紀子『近世服忌令の研究』）。

刃傷松の廊下と赤穂事件

元禄一四年（一七〇一）三月一四日、江戸城本丸御殿松之大廊下において、播磨《はりま》赤穂《あこう》五万三〇〇〇石の城主浅野《あさの》内匠頭長矩《たくみのかみながのり》は、高家筆頭吉良上野助義央《きらこうずのすけよしなか》へ刃傷に及んだ。この変事は、赤穂浪士討ち入りの契機になった事件として有名である。ここでは、刃傷の現場に居合わせた幕府留守居番梶川与惣兵衛頼照《かじかわよそべえよりてる》の日記や目付の多門伝八郎重共《おかどでんはちろうしげとも》の記録などにより、事件発生の状況をふりかえってみよう。

この日は、将軍の年賀の使いに対する答礼として勅使・院使が下向し、儀式が執り行われる最後の日にあたり、白書院（以下図4参照）で将軍が両使に面会することになっていた。梶川は、両使への御台所（綱吉正室）からの使者を務めることになっていたが、上役の留守居松平主計頭より、吉良からの知らせとして御使の刻限が急に早まったことを告げられた。そこで詳細を聞きたいと、吉良を捜しに大広間の後ろを通って大廊下のほうへ行き、角柱の辺りから見れば、大広間寄りの部屋（松之大廊下の右側）の障子ぎわに、勅使馳走役浅野内匠頭、院使馳走役伊達《だて》左京亮《さきょうのすけ》、白書院寄りの部屋（同上）に大勢の高家衆の姿が見えた。

坊主の一人に吉良を呼びに行かせたところ、吉良は老中の呼び出しに応じていたためその場にいなかった。つぎに坊主を通して浅野を呼び、立ち話をしたのち、浅野は元の位置に戻った。その後、吉良が白書院のほうから戻ってくるのが見えたので、ふたたび坊主に呼びに行かせた。双方歩み寄り、大廊下の角柱より六、七間（約一〇・八〜一二・六メートル）のところで出会い、立ち話をした。そのとき、「この間の遺恨覚えたるか」と声をかけて吉良に後ろから切り付ける者がいた。見ると浅野内匠頭である。吉良が眉間と背中を切り付けられてうつ向きに倒れた直後、梶川は浅野に飛びつき組み伏せた。

その直後、目付部屋に、松之大廊下で喧嘩が起きたとの知らせが入った。目付の多門伝八郎が、さっそく同僚とともに飛び出して出向いたところ、梶川がまだ浅野をねじ伏せたままであった。多門た

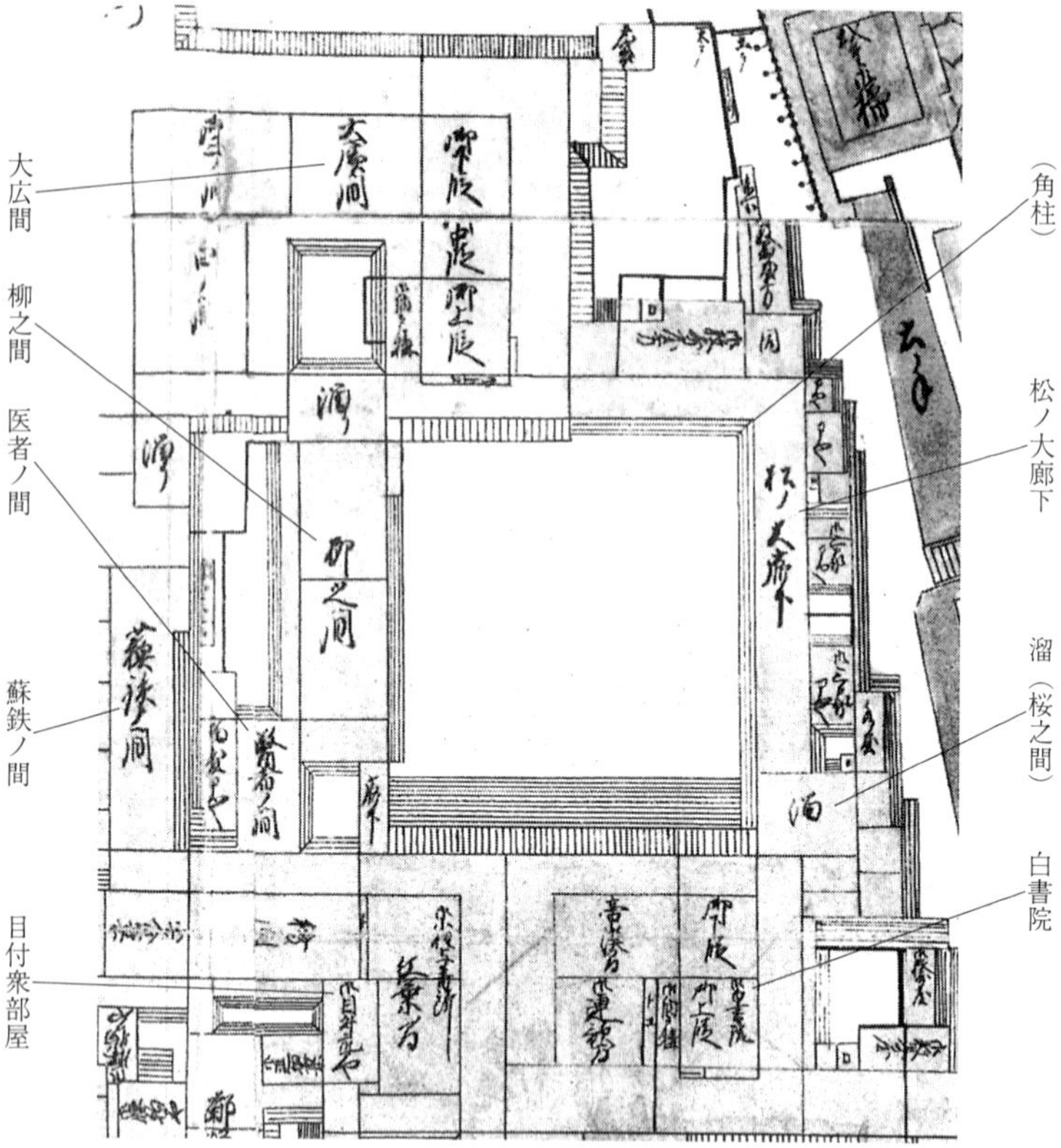

図4　綱吉時代の松の大廊下付近図（宝永2〜3年〔1705〜06〕頃）
（「江戸城御本丸御表御中奥御大奥総絵図」東京都立中央図書館特別文庫室蔵）

ち目付四人は浅野の身柄を受け取り、大広間の後ろの間へ連れていった。そこから、柳之間の暗がり東の方敷居際、さらに蘇鉄之間の隅に屛風で仕切って移し、目付四人が代わる代わる付き添った。一方吉良は、同役の高家二人に抱えられて桜之間の方へ逃れ、ついで、浅野と同じ蘇鉄之間の北の隅へ移され、目付が付き添っていた。その後、檜之間医師溜（医者之間）において、目付による取り調べが行われた。これに対し、浅野は、「一己の宿意（かねてからのうらみ）をもって前後を忘れてしたことである。いかようのお咎めに仰せ付けられようとも御返答できる筋はない」と答えた。また吉良は、「拙者には何の恨みをうける覚えもなく、浅野の乱心とみえる」と述べた。このことは、目付から直接老中に報告され、老中より側用人柳沢保明に伝えられた。

梶川与惣兵衛の証言と目付による浅野・吉良両人からの事情聴取が終わって、幕府の処断が決まった。すなわち、浅野については、陸奥《むつ》一関《いちのせき》藩主田村右京大夫建顕《たむらうきようのだいぶたてあき》にお預けのうえ、その身は切腹となり、即日執行された。他方、吉良はお構い無しとなった。喧嘩両成敗にならなかったのは、吉良が「所がらをわきまえて手向かいしなかった」ためと思われる。

かくて、赤穂浅野家は改易となった。その一年一〇ヵ月後の元禄一五年一二月一五日、よく知られているように、赤穂浪士四七士が主君の仇討ちのため本所の吉良邸に討ち入った。上野介は元禄一四年一二月に隠居し、当時の当主は孫の左兵衛《さへえ》義周《よしちか》であった。吉良の屋敷は面積二五五〇坪、本屋の建坪三八八坪余、家臣の長屋の建坪は四二六坪、本屋の部屋数だけでも四〇ばかりあったという（図5

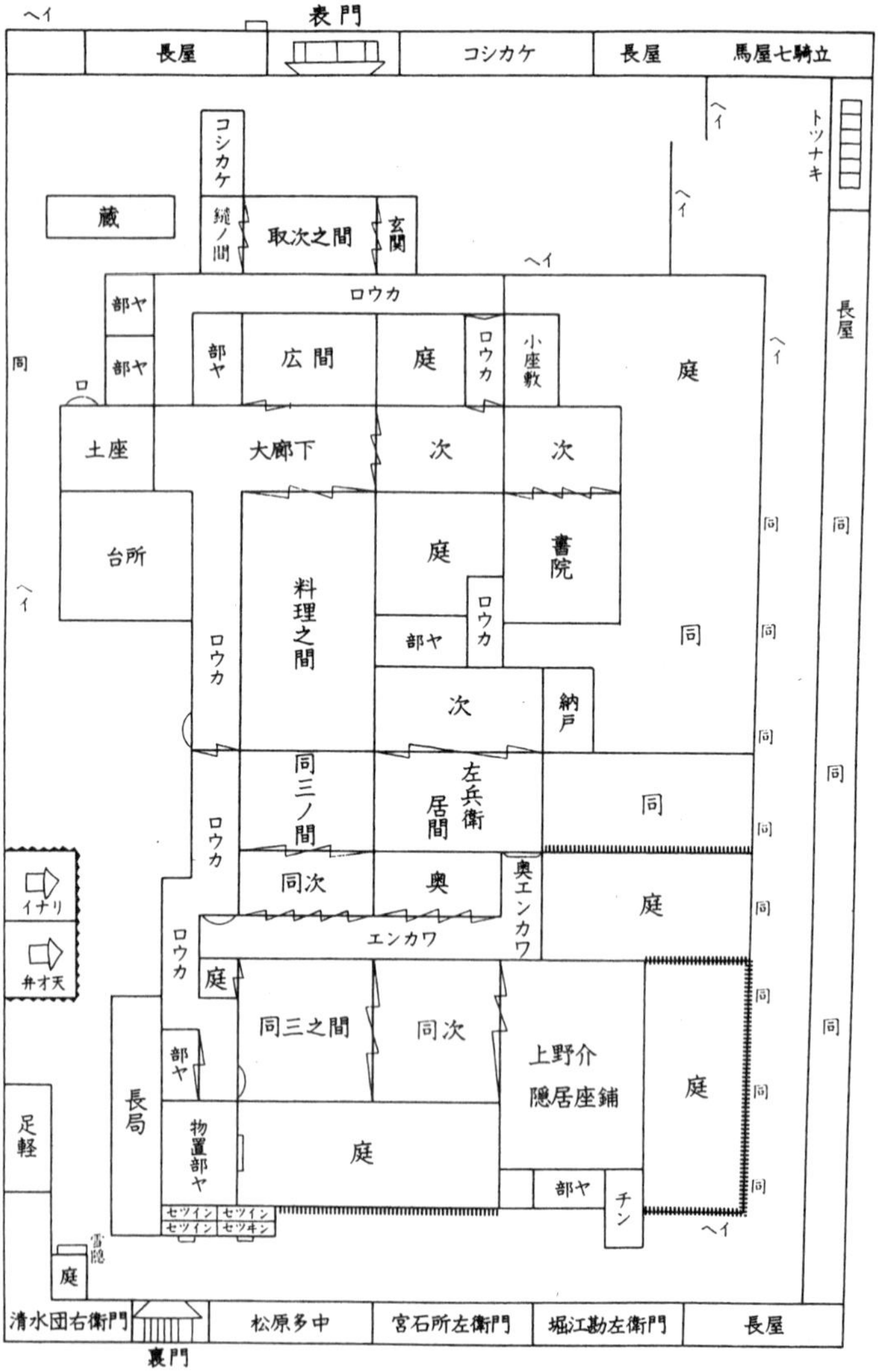

図5　本所吉良邸屋敷図
(『忠臣蔵』第1巻［兵庫県赤穂市、1989年］197頁の図より引用)

参照)。当日屋敷にいた者は、家臣・奉公人だけでも一五〇人に及ぶ。

赤穂浪士は、一五日寅の上刻(午前三時半頃)、吉良屋敷の脇で二手に分かれ、表門からは大石内蔵助《おおいしくらのすけ》を将とする二三人、裏門からはその長男大石主税《ちから》以下二四人が討ち入った。浪士たちは、長屋から吉良の者たちが出ないよう各戸口を固めたため、多くの者が外へ出られず閉じ込められた。その数は一〇一人。ほとんどが中間などの奉公人である。また、逃亡したとみられる者四人。残りの四五人が、吉良方の死傷者である。内訳は死者一七人、負傷者二八人、侍身分で死傷をまぬかれた者はわずかであり、大半は、寝ていて起き上がったところを切られた者である。そうしたなか、活躍したのが中小姓の山吉新八郎《やまよししんはちろう》である。彼は、長屋から脇差だけをもって飛び出し、竹塀を飛び越えて座敷の庭に飛び込んだ。そこで近松勘六《ちかまつかんろく》ら浪士三人と出会った。山吉は、近松と泉水で切り合って数ヵ所かすり傷を負わせ、もう一人も切り伏せるところであったが、他の一人が山吉の後ろから槍で突きかかったため、それをよけたところ、また別の一人が来て、鬢先《びんさき》から口の脇まで切られて倒れた。しばらくして立ち上がり、奥へ入ったところでまた浪士二人にかかられて、左兵衛の居間横の座敷で倒れたという。また吉良家の当主左兵衛は、上野介などと一緒に逃げたが離れ離れになり、その後浪士の不破数右衛《ふわかずえ》門《もん》と出合って戦い、手負いをうけて逃げ、上野介の居間で倒れた。脇から肩にかけてよほどの傷をうけたという。

こうした激闘も終わり、抜き合わせる者がいなくなっても、上野介は見つけられなかった。そこで、浪士の吉田忠左衛門《よしだちゅうざえもん》が捕らえた者に寝床まで案内させたところ、そこにもいなかった。しかし、寝床はまだ温かかったので、そんなに遠くへは行っていまいと、さらに手分けして捜すと、台所の炭部屋と思われる小部屋に気づいた。戸を打ち破ったところ、中に二、三人いる様子で、皿や茶わん・鉢・炭などを投げてきた。中にいたのは、用人の須藤専右衛門《すどうせんえもん》・鳥居理右衛門《とりいりえもん》、中小姓の清水一学《しみずいちがく》であったという。清水は、少々戦って討ち取った。そのあと、須藤・鳥居の両人が同時に飛び出してきたので、方々立ち回って散々戦った末、ようやく討ち取った。鳥居は頭を二つに割られ、両人の刀はささらのごとくであったという。この三人を切り伏せたあと、さらに奥を捜すと、物陰に何者かが見えた。浪士の間重次郎《はざまじゅうじろう》が一槍突いたところ、脇差を抜いて出て来た。その者を、武林唯七《たけばやしただしち》が一刀のもとに切り捨てた。捕らえていた表門の番人二人にこれを見せたところ、上野介に相違ないと答えた。そこで、一番槍を付けた間重次郎に上野介の首をとらせ、上野介の白小袖に包んだ。

かくて、赤穂浪士たちは本望を遂げた。吉良側の死傷者が四五人にのぼったのに対し、赤穂浪士側は寝込みを襲い、しかも鎖帷子《くさりかたびら》などの着込みを着ていたため軽微にとどまった。数人が軽い傷を負った程度である。明け六つ（六時）前、浪士たちは人数を確かめ、吉良屋敷の裏門から引き払い、歩いて主君内匠頭の墓がある芝泉岳寺《しばせんがくじ》へ向かった。このとき、元足軽の寺坂吉右衛門《てらさかきちえもん》は自分の意志で姿を消したようである。一行が五つ半時（午前九時）頃泉岳寺に到着した際には、寺坂はいなかった。途中、吉田忠左衛門と冨森助右衛門《とみのもりすけえもん》は、「浅野内匠家来口上」をもって大目付仙石伯耆守久尚《せんごくほうきのかみひさなお》のもとに出頭し、「公儀のお裁きに身をゆだねる」旨申し出た。仙石は江戸城に登城し、老中へ報告した。また、吉良家よりの届け出をうけて派遣された検使目付も、帰城して検使の報告を行った。これらの情報を整理したうえ、老中全員が将軍綱吉に謁見して報告し、浪士たちの処分を請うた。綱吉は、忠節の士が出たことを大いに喜び、ゆっくり処分を考えるため、当分大名にお預けとするよう命じた。

老中評議の結果、肥後熊本細川《ほそかわ》家・長門府中《ながとふちゆう》毛利家・伊予松山《いよまつやま》松平家・三河岡崎水野《みかわおかざきみずの》家の四大名にお預けとすることが決まり、当日月次《つきなみ》御礼日のため出仕していた大名たちを松之大廊下に呼び出し、大目付の仙石が老中からの指示を伝えた。こうして、赤穂浪士四六士のうち、大石内蔵助以下一七人は芝高輪《たかなわ》の熊本藩下屋敷、吉田沢右衛門《よしださわえもん》以下一〇人は麻布《あざぶ》の府中（長府）藩中屋敷、大石主税以下一〇人は芝三田《みた》の松山藩中屋敷、間瀬孫九郎《ませまごくろう》以下九人は芝三田四国町の岡崎藩中屋敷に預けられた。預け人とはいえ、義士ということもあり、各藩でも丁重に扱ったという。浪士たちの処分はなかなか決まらなかったが、一ヵ月半後の翌元禄一六年二月四日、各藩邸で切腹を仰せ付けられた。なお、一方の吉良家は、この度の仕方不届きとして改易となり、左兵衛は信濃高島《しなのたかしま》（諏訪《すわ》）藩に預けられた（『忠臣蔵』第一巻〔兵庫県赤穂市〕）。

太平の世に、四七人もの武士が一団となって、主君のための仇討ちを計画し、苦難のすえ見事に成功させたという赤穂浪士の討ち入り事件は、江戸の庶民の注目を集め、数多くの作品が作られた。事件より八年後の宝永七年（一七一〇）には、歌舞伎の「鬼鹿毛無佐志鐙」「太平記さざれ石」「硝後太平記」、浄瑠璃の「碁盤太平記」「鬼鹿毛無佐志鐙」などがつぎつぎに脚色上演され、その後も多くの作品が生まれた。ことに、寛延《かんえん》元年（一七四八）に大坂竹本座で初演された、人形浄瑠璃の「仮名手本忠臣蔵」は大成功を収め、浄瑠璃や歌舞伎で繰り返し上演されて、芝居の独参湯《どくじんとう》（起死回生の妙薬）と呼ばれた。そして、この作品の大ヒットが、赤穂浪士の事件そのものをも、「忠臣蔵の事件」と呼ばせることになったのである。

綱吉の武家屋敷御成

「将軍家御成」、つまり、将軍の外出先として定められていたのは、上野の寛永寺と芝の増上寺《ぞうじょうじ》、および城内（西の丸の北側）にある紅葉山《もみじやま》である。寛永寺と増上寺は将軍家の菩提寺であり、紅葉山には東照宮と二代将軍秀忠《ひでただ》以下の廟が設けられていた。将軍は、歴代将軍の命日には自身で、もしくは名代を立てて菩提寺や紅葉山に参詣したのである。それ以外の外出先には、個人差が認められる。

綱吉の場合には、武家屋敷と寺院に御成するのが特徴といえる。なかでも武家屋敷が多く、一四六回に及ぶ。その内訳をみると、牧野成貞・柳沢保明（吉保）・松平輝貞《まつだいらてるさだ》の三人の側用人が一一二回（七六・七%）を占める。とくに柳沢邸への御成が多く、五八回（全体の四〇%）に達する。元禄四年（一六九一）から宝永五年（一七〇八）までのほぼ毎年、綱吉は複数回御成しており、柳沢への信頼を物語る。三人の側用人以外では、綱吉の母桂昌院の実弟である本庄宗資《ほんじょうむねすけ》邸への一一回の御成が目に付く。他は、甲府綱豊（のちの六代将軍家宣《いえのぶ》）家、尾張・紀伊・水戸の御三家、加賀金沢藩主前田家、老中邸などへの御成が一、二回ずつである（佐藤豊三「将軍家『御成』について（八）」）。

では、柳沢邸への御成の状況をみてみよう。綱吉が初めて柳沢邸へ御成したのは、元禄四年三月二二日である。柳沢は、御成御殿を造営して綱吉を迎えた。図6は、その御殿図である。この御殿図と柳沢の日記「楽只堂年録《らくしどうねんろく》」などにより、御成の様子をみよう。綱吉は、午前九時すぎ、若年寄の内藤《ないとう》正親《まさちか》・加藤明英《かとうあきひで》などを従え、御成御殿に着いた。柳沢は、熨斗目《のしめ》・長袴を着用し、老中の大久保忠朝・阿部正武・戸田忠昌・土屋政直《つちやまさなお》、側用人牧野成貞とともに、御成門の外で出迎えた。老中たちは、熨斗目・半袴である。綱吉は御成玄関より入り、中御殿の上段に着座した。まず熨斗の授受があり、のち柳沢は拝領物を下賜された。そのとき、老中と牧野は三之間に列座して挨拶をした。柳沢の母・妻・娘・家臣などへの賜り物は、御次（二之間）にて、老中戸田忠昌が柳沢へ申し渡し、終わってのち、柳沢が将軍の御前に出て御礼を申し述べた。

ついで、綱吉は西の御成座敷（西御殿）へ移った。柳沢からの献上品は、三之間に並べられた。綱吉が上段に出御した際、柳沢は御礼を申し述べ、奏者番の朽木稙昌《くちきはやまさ》が献上品の披露を行った。柳沢の母・妻・娘などからの献上品も披露された。つぎに、曾禰権大夫《そねごんだゆう》など家臣三人の御目見えが、奏者番朽木の披露により行われた。献上品が下げられたのち、ふたたび綱吉は上段に出御し、雑煮と吸物が出された。柳沢が相伴をして、盃を下賜された。肴の替えのとき、綱吉は手づから、差していた伯耆安綱《やすつな》の刀を柳沢へ与えた。柳沢は来国光《らいくにみつ》の刀と茶壺を献上した。披露は、側用人の牧野が行った。綱

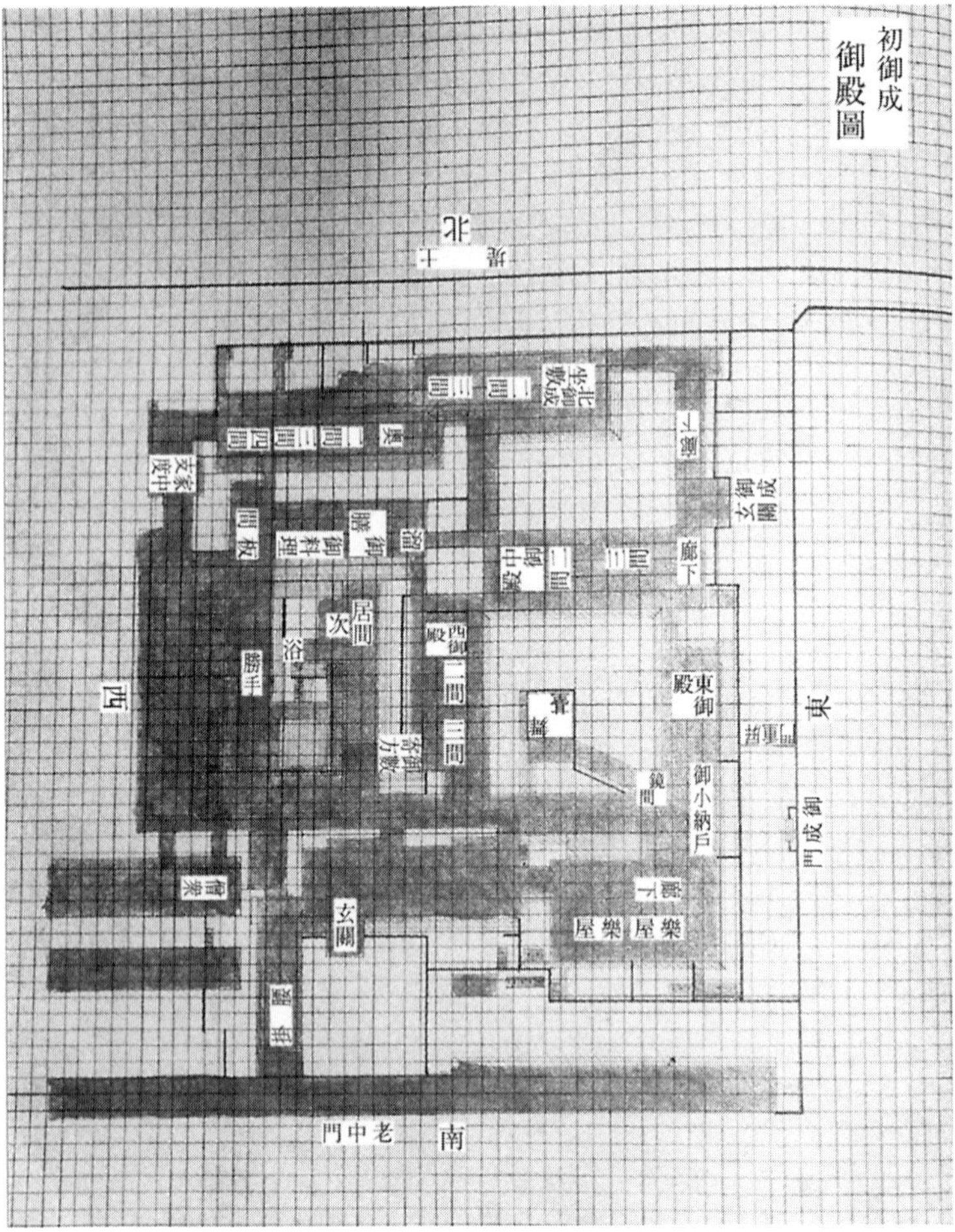

図６　綱吉の柳沢邸への御成御殿図

（『史料纂集　楽只堂年録』第１巻［八木書店、2011 年］64 頁の図より引用）

吉は、盃を長男安暉《やすてる》（五歳、のちの吉里《よしさと》）に下賜し、さらに、手づから来国俊《らいくにとし》の脇指を与えた。

つぎに、綱吉は北の御成座敷へ移動した。そこで、柳沢の母と妻・二人の娘が謁見した。また、次男の俊親《としちか》も召し出され、これも手づから青江直次《あおえなおつぐ》の脇指を下賜された。それより綱吉は、西御殿の上段に座り、大学の三綱領の一節を講釈した。聴講したのは、老中四人・側用人二人・若年寄三人・側衆・柳沢の一族六人・知足院隆光などの僧侶七人である。柳沢やその家臣七人も、綱吉の上意により講釈を行った。

これが終わると、綱吉は東の御成座敷（東御殿）に入り、舞台で能が催された。綱吉自ら、難波・橋弁慶・羽衣・是界・乱を舞ったという。拝見したのは、老中・側用人・知足院隆光・林大学頭・柳沢の一族・家臣などである。終了後、綱吉は西の御成座敷（西御殿）に移り、三汁一菜の料理を食した。このときも、柳沢や母・妻・子供にさまざまな品物を下賜した。ついで、綱吉は数寄屋（数寄方）に入り、手前の茶を柳沢に与えた。そして、日が暮れる前に機嫌よく本丸御殿に還御したという（「楽只堂年録」元禄四年三月二二日条、『徳川実紀』の同日条）。

将軍綱吉の御成のときには、贈答儀礼に始まり、綱吉の好みである講釈や能が催されたことがよくわかる。かかる行為を通じて、君臣の絆《きずな》がより深まったといえよう。

地震は、幕末の安政《あんせい》二年（一八五五）一〇月二日に発生した「安政大地震」が有名であるが、マグニチュードの大きさでは、綱吉時代の元禄一六年（一七〇三）と宝永四年（一七〇七）に起きた地震のほうがそれを上回っていた。すなわち、安政地震は推定マグニチュード六・九であるのに対し、元禄地震は八・二、宝永地震は八・四であり、両地震は江戸時代を通して、嘉永《かえい》七年（一八五四）発生の地震につぐ巨大地震ということになる。

元禄・宝永の大地震

元禄地震の震源地は千葉県白浜《しらはま》沖の伊豆大島《いずおおしま》近海、元禄一六年一一月二三日の午前二時頃に発生し、房総《ぼうそう》半島の南端安房《あわ》で震度七、小田原・熱海でも震度七、江戸では震度五〜六、東京湾・相模湾の周辺各地で震度五以上の強震であったという。ときの権力者柳沢吉保もその日記「楽只堂年録」に、「今暁の地震武蔵・相模・安房・上総《かずさ》・下総・伊豆・甲斐七箇国にかゝれり、其中にてもわきてつよきは安房・相模にて、相模の小田原は城崩て火起り、寺院民家残すくなく亡ひぬ」「同時大波東南の方より安房・上総・下総・伊豆・相模の海浜に入て民家を漂流し、田畠を蕩亡す」と記し、とくに被害が大きかったのは安房・相模両国であること、房総の海浜は津波が襲って被害が拡大したことを指摘している。また、一二月二八日条の日記には、「今日まて地震止す、千余度に及べり」と、一ヵ月以上も余震が続いていることを述べる。

地震学者宇佐美龍夫氏の調査によると、元禄大地震による死者一万三六七人のうち、房総の死者は六五三四人（六三％）、潰れた家二万二四二四軒のうち房総分は九六一〇軒（四三％）にのぼるという。

これをみても、この地域の被害が甚大であったことがわかる。柳沢の日記には、各地の大名・旗本・代官から報告された被害状況も記載されているが、そのなかに「高浪ニて損亡」「津浪ニて損亡」と書かれたものが非常に多く、津波による被害が大きかったことを裏付けている。その一つをみてみよう。

酒井《さかい》壱《い》岐守《きのかみ》知行所安房国安房郡・平郡の内地震津浪ニて損亡
　高四百六拾石四斗弐升八合
　　平郡本郷村
一潰家八拾六軒内 六拾七軒浜方津浪ニ取れ 拾九軒岡方地震ニ潰ル
一死人男女百六拾人内 百五十五人浜方津浪ニて死ス 五人岡方地震ニて死
一猟船大小三十八艘流失猟網道具共ニ
一田四反八畝八歩砂理波欠永荒
一畑弐反六畝五歩山崩永荒
一怪家人男女九拾壱人、損牛拾二疋
　（以下略）

酒井壱岐守（忠与《ただとも》）は、書院番頭を務める五〇〇〇石の旗本であり、知行所は上総・安房両国の内にあった。右の史料は、その内の一つ安房国平郡本郷村四六〇石余の被害状況をみたものである。潰れ家八六軒の内六七軒（七八％）、死者一六〇人の内一五五人（九七％）が津波による被害であり、その影響の大きさをうかがうことができる（野中和夫編『江戸の自然災害』、東京大学地震研究所編『新収日本地震史料』二巻別巻）。

一方、宝永地震は宝永四年一〇月四日の午後二時頃と翌五日の午前六時頃に発生している。「皇年代略記」に「死者三万余人、前代未聞也」と記されるほどの大地震であった。しかし、「諸国地震年代記」には大坂だけで死者は二万九九八一人とあり、史料によって被災者の数はまちまちである。また被害地も、東北・関東・中部・東海・近畿・中国・四国・九州とほぼ全国に及んでおり、被災者と被害をうけた家屋や田畑などは膨大な数になるものと思われる。まさに、未曾有の災害であった可能性が高い（小鹿島果編『日本災異誌』、東京大学地震研究所編『新収日本地震史料』三巻別巻）。

富士山の大噴火

宝永四年（一七〇七）一一月二三日、富士山が大噴火を起こした。前月から噴火の前触れともいうべき地震は続いていたが、噴火が始まったのは巳《み》の刻（午前一〇時頃）、五合目付近の東南斜面から爆発し、焼け石や砂・灰が大量に噴き上がり、北西の風に乗って、駿河《するが》国東部・相模国・武蔵国の村や町に降り注いだ。降灰は一二月九日に収まったが、鳴動は翌年まで続いたという。

噴火による被害が最も大きかったのは、富士山東麓の須走《すばしり》村（現在の静岡県駿東《すんとう》郡小山《おやま》町）であった。この村は駿河国と甲斐国の国境にあり、富士参詣の東側の登山口として賑わっていた。当時人口は四

○○人ほど、耕地は畑だけであったため、人々の暮らしは、馬を使った交通労働や、宿泊代などの富士参詣に伴う収入によって成り立っていた。噴火はこの村を直撃し、落下した焼け石などにより三七戸が焼失した。また残りの家なども、深い砂に埋もれた。この積砂量は、駿河国駿東郡の内では須走村が最も多く九尺（二・七メートル）、比較的少ない用沢《ようさわ》村でも四尺四寸（一・三三メートル）という深さであった。相模国足柄《あしがら》郡の山間部で二尺一、二寸から三、四尺（六四〜七三センチ位）、現在の藤沢市や横浜市の辺りでも一尺（三〇センチ）ほど積もったという。このように、家屋敷から田畑・用水、野山に至るまで深い砂に覆われたため、村人たちの生活・生産基盤は大きく破壊された。

かかる災害に対し、幕府や藩はどのように対応したのであろうか。つぎにそれをみよう。幕府は、二日後の一一月二五日、徒《かち》目付三人と小人目付六人からなる見分役人を現地に派遣し、彼らは一二月五日に江戸へ帰り、状況を報告している。また、領内が被災地となった小田原藩でも、噴火直後に役人が須走まで赴いている。しかし、幕府も藩もこの時点で救済を施した形跡はない。そこで相模国足柄郡の村々は結束し、宝永五年正月、幕府に対しては田畑の砂除けを、藩へは食い扶持米の支給を求め、大挙して江戸に出訴する行動を起こした。藩は出訴を思いとどまるように説得したが、村人たちは納得せず、村役人が江戸へ向かった。その途中、江戸から来た藩主の名代に会い、二万俵の御救い米支給の約束をとりつけた。さらに田畑の砂除け費用を要求するため品川まで来たとき、家宝の刀を売ってでも田畑の砂除けに尽力する、力が及ばない場合は幕府に救助を願い出る、という藩主の意向が伝えられ、村役人たちはようやく帰村した。御救い米二万俵のうち一万俵は、このあと村々に分配された。しかし、後述するごとく被災地が幕領に編入されたため、御救い米の残りは支給されないままになった。

一方、幕府が富士山噴火に対する施策を打ち出したのは、宝永五年の年が明けてからであった。まず正月一六日、被災地の領主たちに、春の耕作前に砂をかたづけるよう領民に申し付けること、領民を飢えさせないようにすること、などを通達した。ついで翌閏正月三日、武蔵・相模・駿河三ヵ国のうち、領知の管理ができないほどの被害にあった私領は、村替えをすると発表した。これにより、小田原藩は高にして五万六三八四石余、相模・駿河両国の村々を上知され、代わりに美濃《みの》・三河・伊豆・播磨《はりま》国などに領知を与えられた。

そして四日後の閏正月七日には、復興金を集めるため諸国高役金令が触れ出された。これは、全国の幕領、大名・旗本領から石高一〇〇石につき金二両を徴収するというものである。こうして集められた高役金は、金四八万八七七〇両余と銀一貫八七〇匁余にのぼる。これを銀六〇匁＝一両換算にして合計すると、金にして約四八万八八〇〇両が上納されたことになる。このうち、実際に被災地救済に使われたことがはっきりしているのは、六万二五〇〇両余りにすぎない。勘定頭・荻原重秀の言によると、高役金のうち、一六万両が被災地復旧に使われ、二四万両は江戸城北の丸の御殿造営の費用として残しておいたという（新井白石『折りたく柴の記』）。いずれにしても、かなりの金額が幕府の財政

表8　正徳2年（1712）「村況報告書」にみる戸口・馬数の変化

村名	家数	村にある家	引越した家	人数	村にいる人	他所へ出た人	馬数	残った馬	売られた馬
用沢	74	44	30	429	153	276	104	13	91
棚頭	25	13	12	155	75	80	40	7	33
阿多野新田	13	9	4	118	65	53	20	2	18
大御神	39	20	19	241	111	130	60	4	56
上野	46	34	12	250	161	89	65	10	55
上野新田	5	3	2	33	22	11	9	0	9
中日向	22	14	8	198	50	148※	50	3	47

註　松尾美恵子「富士山噴火と浅間山噴火」の表9より引用。
※内25行方不明。

補塡にあてられた可能性が高い。したがってこの諸国高役金も、東大寺大仏殿再建のために徴収された勧化金と同様な顚末をたどったことになる。

つぎに、村々の復興の状況をみよう。最も被害が大きかった須走村へは、右の高役金から家屋の再建資金として、焼失した家三七戸に一坪につき金一両ずつ、壊れた家三九戸に一坪につき金二分ずつが与えられた。かかる助成金により、村人は家を再建し、暮らしは元に戻った。耕地はまだ砂に覆われていたが、宝永六年の年貢は納めており、復旧が順調に進んだことをうかがわせる。ところが、近隣の村の復興は順調ではなかった。飢え人の数は増える一方であった。例えば、噴火直後より飢え人扶持の支給を受けていた棚頭《たながしら》村の場合、支給対象は当初一三戸、四〇人前後であったが、幕領編入後の宝永五年三月から五月にかけては全戸二五戸、一五〇人に及んでいる。飢え人扶持も、一日一人米一合というわずかなものであった。暮らしの立たなくなった村人の中には、先祖伝来の土地を手放す者も出ている。例えば、同村の弥五右衛門は、翌宝永六年、本田畑六反と野畑四畝一六歩を金一分二朱という安値で売却している。こうした状況は、六代家宣時代に入ってさらに悪化した。正徳二年（一七一二）作成の棚頭村など七ヵ村の村況報告書によると、各村とも戸口・馬数の減り方が著しい（表8参照）。棚頭村や大御神村では戸数が半減し、用沢村の人数も噴火前の三分の一ほどに減少している。家族で他所に移ったり、出稼ぎで村を出た者がいかに多かったかがわかる。

かかる状況が改善されるのは、八代吉宗《よしむね》時代の享保《きょうほう》期（一七一六年以降）になってからである（松尾美恵子「富士山噴火と浅間山噴火」、『小山町史』第七巻　近世通史編）。

三　正徳の治

1――家宣の将軍就任と家臣の幕臣化

家門大名徳川綱豊

甲府《こうふ》藩主徳川綱豊《とくがわつなとよ》の父綱重《つなしげ》は、三代将軍家光《いえみつ》の第三子で、四代将軍家綱《いえつな》の弟、五代将軍綱吉《つなよし》の兄に当たる。綱重は、正保《しょうほう》元年（一六四四）五月、家光が四一歳のときの子であり、「四十二ノ御二ツ子」（父親が四二歳のときに二歳になる子）を忌《い》む慣習のため、家光の姉天樹院《てんじゅいん》（千姫《せんひめ》）の住居竹橋御殿《たけばしごてん》で、彼女の養子として育てられた。幼名は長松といい、慶安《けいあん》四年（一六五一）四月、八歳のとき、父家光の死の直前に賄料として一五万石を与えられた。この賄料は、生活費的な意味である。ついで承応《じょうおう》二年（一六五三）八月に元服し、従四位下左《さ》馬頭《まのかみ》・左《さ》近衛《こんえの》権中将《ごんのちゅうじょう》に叙任され、将軍家綱の一字「綱」を賜って綱重と改めた。さらに、明暦《めいれき》三年（一六五七）七月に、それまでの住居竹橋御殿から桜田《さくらだ》御殿に移り、寛文《かんぶん》元年（一六六一）閏八月には、一〇万石を加増されて二五万石を領し、甲斐《かい》国甲府城主となった。しかし、それから一七年後の延宝《えんぽう》六年（一六七八）九月、三五歳にて没した。

綱豊は、寛文二年（一六六二）四月に綱重の長子として生まれたものの、翌三年八月、綱重の命により家老の新見正信《にいみまさのぶ》に預けられ、新見左近《さこん》と名乗った。これは、父綱重が正室を二条《にじょう》関白家から迎えるにあたり、側室の子左近を養子に出したためといわれる。しかし、正室には子がなかったため、同一〇年七月、左近は綱重の弟・館林《たてばやし》藩主徳川綱吉と新見の屋敷で対面したのち、桜田御殿に戻って綱重の嫡子となり、松平虎松《まつだいらとらまつ》と称した。ついで延宝四年（一六七六）一二月に元服し、従三位左近衛権中将に叙任され、徳川左近将監綱豊と改めた。そして、父綱重死去ののち、同六年一〇月一七歳のときに家督を相続し、甲府二五万石の藩主となった。さらに、同八年八月、将軍家を継いだ叔父綱吉から参議に任じられ、翌九月一〇万石加増（三五万石となる）、元禄《げんろく》三年（一六九〇）一二月には権中納言《ごんのちゅうなごん》に任命された。

かくして徳川綱豊は、「甲府殿」・「甲府中納言殿」と敬称されたが、甲府家は、同じ家門大名ではあっても、御三家とは異なり、幕府にとって特別な存在であった。したがって幕府は、藩政に干渉したり、優遇処置をとったりしたのである。藩政干渉については、綱豊の時代になっても、藩政の要《かなめ》を握る家老職に幕臣を送り込んでいることがあげられる。すなわち、延宝六年一一月に一名、天和《てんな》三年（一六八三）九月に一名、元禄二年（一六八九）七月に二名、同一一年一一月に一名の五名が、家老として付属している。ことに、延宝六年には家老の新見正信、元禄二年には同じく渡辺直茂《わたなべなおしげ》・戸田輝道《とだてるみち》両名が幕府に処罰されているので、彼らの代わりに任命されたものと思われる。また優遇処置については、財政援助があげられる。たとえば、延宝六年一二月には財政困難のため米五万俵を幕府から拝領しているし、元禄一四年七月には、同じ理由により、領地のうち「悪所分」八万五〇〇石余を美作国《みまさか》にて引き替えを命じられている（「人見私記」）。それに先だって老中から仰せ渡された文言のなかに、「御家ノ義ハ各（格）別ニ思し召され候」とあることをみても、甲府家が特別に扱われていたことは明らかである。これは、当主綱豊が将軍の甥という血縁関係の近さゆえと思われる。

桜田御殿家臣

甲府藩主徳川綱豊の父綱重は、すでにみたごとく、明暦三年七月に江戸城桜田近辺に屋敷を与えられたので、綱重邸のことを「桜田御殿」と称したが、延宝六年一〇月に綱豊が家督を継いだのちも、藩政の中心はこの桜田御殿（図7参照）にあった。これは、藩主の綱重・綱豊が定府であるだけでなく、家老以下大半の家臣が桜田御殿に勤務していることからも明らかである。したがって本書では、綱重・綱豊の家臣を一括して桜田御殿家臣と呼ぶことにする。

では、この桜田御殿家臣はどのように形成されたのであろうか。『徳川実紀』により、綱重に対する家臣付属の状況をみてみよう。

○正保元年（一六四四）五月二四日――綱重江戸城三の丸にて誕生、幼名長松。
○同年九月九日――幕臣一名、傅役《もりやく》となる。幕臣の子弟五名、小性《こしょう》となる。
○慶安元年（一六四八）三月二五日――幕臣四名、抱傅《だきもり》となる。
○慶安二年一〇月一三日――幕臣二名（書院番頭・目付）、家老となる。

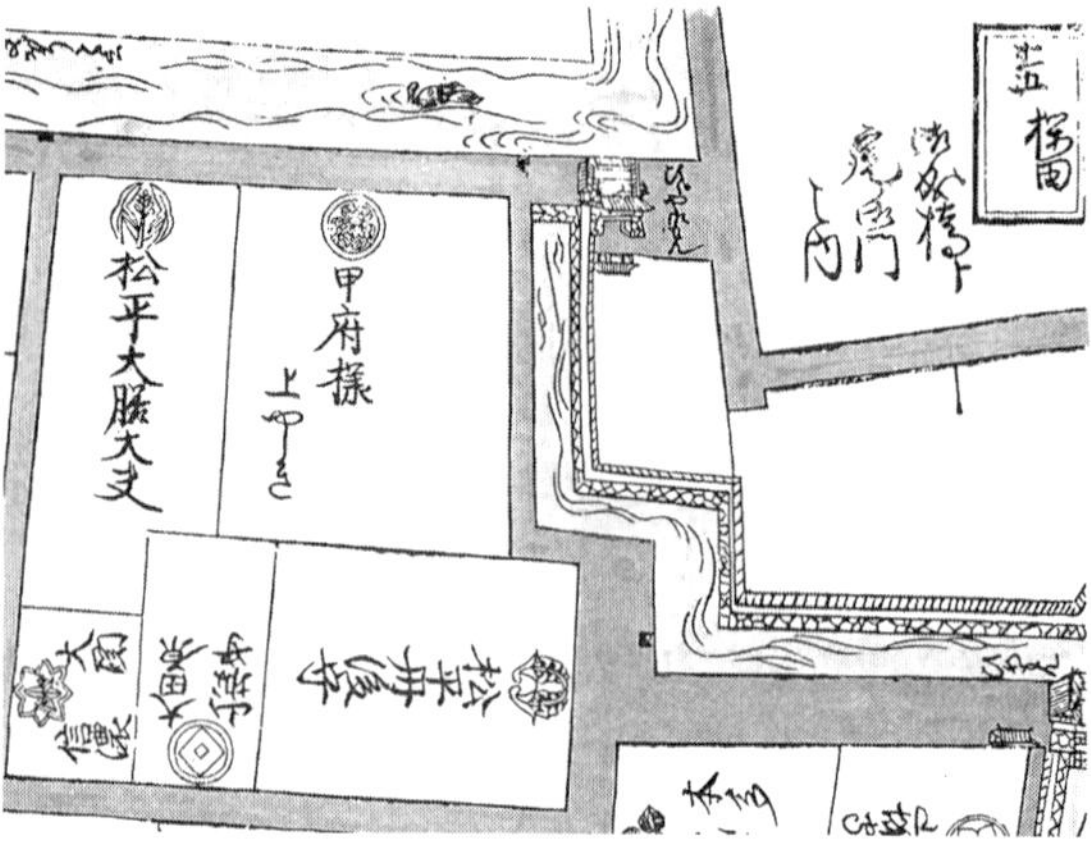

図７　延宝８年（1680）の『江戸方角安見図』に見える「甲府様上やしき」（桜田御殿）
（朝倉治彦編『江戸方角安見図』東京堂出版、1975年）

○同年一〇月一九日——幕臣一二名付属。
○同年一一月五日——幕臣の庶子三二名付属。
○同年一一月九日——長松、竹橋御殿に移徙。
○慶安四年四月三日——長松（八歳）、厨料《くりやりょう》（賄料）一五万石を給う。
○同年九月二九日——長松・徳松（綱吉）へ七四名付属。その他幕臣の子弟一五〇名召し出されて付属（半数が長松に付属したとすると、一一二名となる）。
○承応二年（一六五三）六月三〇日——代官四名付属。
○同年八月一九日——長松（一〇歳）元服、松平左馬頭綱重と改める。
○明暦三年（一六五七）七月二六日——綱重、桜田御殿に移徙。
○寛文元年（一六六一）閏八月九日——綱重（一八歳）、甲斐国甲府城二五万石を給う。
○同年閏八月一一日——幕臣三名（小性組組頭・歩行頭・小十人頭《こじゅうにん》）、家老となる。幕臣一名（先手頭）、甲府城代となる。

○同年閏八月二二日——幕臣の子弟四名付属。
○寛文二年一〇月三日——幕臣八名付属。

右にみたように、綱重が誕生した四ヵ月後には、すでに傅役と小性が付けられており、その後甲府藩主となった頃までに、幕府から二〇〇名近い家臣が付属していることがわかる。つまり、綱重家臣団＝桜田御殿家臣は、幕臣ならびに幕臣の子弟を中核に形成されたのである。とくに、藩政や国許支配の要となる家老や甲府城代には、幕府番方の頭級《かしらきゅう》の人材が登用されている。しかし、幕府からの付属家臣約二〇〇名が、綱重家臣の総数を示すものではない。現在のところ、綱重家臣団の全貌を示す史料は見あたらないが、綱吉家臣団の場合と同様、綱重が甲府二五万石の藩主となってから二～三年後には、浪人など多数の新規召し抱え家臣を得て、一四〇〇名前後の綱重家臣団が完成したものとみられる。

延宝六年一〇月に家督を継いだ綱豊は、当然、父の綱重時代に形成された家臣団をそのまま引き継いだものと思われるが、同八年九月に一〇万石を加増されているので、そのとき家臣を増やした可能性もある。さて、綱豊家臣団の全貌を示す史料としては、山梨県立図書館所蔵の「甲府様御人衆中《おひとしゅうちゅう》分限帳《ぶんげんちょう》」、国立公文書館所蔵の「甲府分限帳」などが現存している。前者には、「元禄八乙亥年（一六九五）九月」の明記があり、人名が記されている者だけでも一一七四名の家臣を数えることができる。また後者には、年次は記されていないが、その内容から、元禄一六年（一七〇三）八月～宝永《ほうえい》元年（一七〇四）一二月頃の家臣団の状況を示すものと考えられる。こちらには一三二二名の人名が記載されている。いずれにしても、人名が記載されない者＝与力・同心その他奉公人を加えると、かなりの人数にのぼるものと思われる。このうち、御目見え以上とみられる者は、約七八〇名である。その出自をみると、幕臣から付属した者約一〇〇名、幕臣の子弟から付属した者約二六〇名、新規召し抱えの者約四二〇名となる。つまり、御目見え以上に限ってみても、浪人などから新規に召し抱えられた家臣が半数以上を占めていたことになる。

もう一つ、桜田御殿家臣の特徴をあげるとすると、『土芥寇讎記《とかいこうしゅうき》』という書に「知行取之御家人少シ、御切米取計リ多シ」とあるように、ほとんどの家臣が蔵米取であったことである。事実、前述の「甲府様御人衆中分限帳」によると、俸禄が石高《こくだか》で示される地方知行取は、家老・寄合、それに用人の一部しかおらず、あとは俵高で示されている蔵米取である。かかる蔵米制は、俸禄を大名の直轄地のなかから支給することになるため、強い主従関係を求めていたとみることもできる。

綱豊の西の丸入りと家臣の幕臣化

甲府藩主徳川綱豊は、宝永元年（一七〇四）一二月、四三歳にして五代将軍綱吉の養嗣子となり、桜田御殿から江戸城西の丸御殿へ移った。そして、諱《いみな》を家宣と改め、翌二年三月には従二位権大納言に任じられた。ここにおいて、家宣は名実ともに将軍世嗣となったのである。

この綱豊（家宣）の西の丸入りに伴って、桜田御殿家臣は幕臣に取り立てられた。その数は、御目見え以上に限っても約七八〇名に達する。では、彼らは幕府のどのような役職に編入されたのであろうか。最も多いのが、西の丸桐之間《きりのま》番と西の丸焼火間《たきびのま》番の番頭・組頭・番衆である。両職とも、桜田御殿家臣を配置するため宝永元年一二月に新設され、同家臣二四四名、御目見え以上家臣の三分の一弱が両職に就任した。すなわち、桜田御殿時代の用人が番頭、奏者番・書院番頭・小性組番頭が組頭、目付・使役・書院番組頭・小性組組頭などが桐之間番衆、表小性・書院番衆・小性組番衆などが焼火間番衆となったのである。桐之間・焼火間は、ともに殿中の部屋の名前であり、両職は、交代でそれぞれの部屋に勤番するのが職務であった。

一方、家宣の側近役や右筆《ゆうひつ》・勘定方役人などの実務吏僚に配置された家臣も存在した。その編入時の状況を示したのが表9、以後の年代別在職者累計をみたのが表10である。まず表9によると、桜田御殿の家老三名は西の丸御側《おそば》に、用人二名は西の丸奥番頭に、小性・小納戸《こなんど》一九名は西の丸小性・小納戸に、膳奉行（毒味役）四名は西の丸膳奉行に、右筆一六名は西の丸奥右筆・表右筆に、勘定方役人五一名は幕府勘定に、代官九名は幕府代官にと、それぞれ桜田御殿時代とほぼ同様な役職に就任していることがわかる。また、注意すべきは前歴＝出自である。すでに、桜田御殿家臣は、幕臣からの付属家臣、幕臣の子弟からの付属家臣、浪人などの新規召し抱え家臣の三グループによって構成されていることを指摘したが、表9をみると、家老と用人を除く他の役職就任者については、新規召し抱え家臣が多数を占めていることが判明する。ことに、勘定方役人が顕著で、八六％を占めている。こ

表9　桜田御殿家臣団の前歴と幕臣化後の役職

前歴		桜田御殿期		幕臣化後	
区分	人数	職名	人数	職名	人数
幕臣	3	家老	3	御側	3
幕臣 幕臣の子弟 新規召抱え	1 4 2	用人	7	桐間・焼火間番頭	5
				奥番頭	2
幕臣 幕臣の子弟 新規召抱え	3 3 13	小性	12(11)	小性	10
		小納戸	9	小納戸	9
幕臣 幕臣の子弟 新規召抱え	1 7 12	膳奉行	5(4)	膳奉行	4
		右筆	18	奥右筆	3
				表右筆	13
幕臣 幕臣の子弟 新規召抱え	1 6 44	金奉行 賄頭 勘定組頭 勘定 書替奉行 蔵奉行	4(3) 3 6 46(41) 2 4(2)	勘定	51
幕臣 幕臣の子弟 新規召抱え	1 3 8	代官	13	勘定奉行支配	3
				代官	9

註　深井雅海『徳川将軍政治権力の研究』により作成。なお、前歴と幕臣化後の人数は、桜田御殿期の人数のうち、『寛政重修諸家譜』によって該当者が判明した者のみの人数である。また、桜田御殿家臣団が幕臣となった直後に就いた役職は、勘定と代官を除けばおおむね西の丸付であり、西の丸勤務者は、家宣が宝永6年に将軍職を継ぐとともに本丸に勤務することになるのである。

れは、今後展開する家宣・家継《いえつぐ》政権下の政治が、主に、浪人↓桜田御殿家臣↓幕臣と上昇してきた、新しい人材によって実行されることを意味している。

では、家宣・家継政権下において、桜田御殿旧臣は、将軍側近役や右筆・勘定方役人などの実務吏

表10　桜田御殿家臣団の幕臣化後の年代別在職者累計
（家宣・家継側近、右筆、勘定方役人）

職名＼年代	宝永元	2	3	4	5	6	7	正徳元	2	3	4	5	6
側用人			1	1	1	1	1	1	1	1	1	1	1
御側	3	4	1	1	1	1	1	1	1	1	1	1	
小性	12	12	12	13	14	14	15	15	14	13	13	13	12
小納戸	11	17	17	18	19	20	19	19	19	18	18	18	18
御用方右筆						1	1	1	1	1	2	2	2
奥右筆	3	3	4	4	3	4	3	4	5	4	5	4	3
表右筆	14	14	15	14	13	17	16	17	16	13	12	12	12
勘定	44	52	53	51	52	67	67	64	61	59	50	48	44
蔵奉行										1	1	1	1
金奉行			1	1	1	1	1	2	2	2	2	2	3
漆奉行								1	1	1	2	1	
代官	7	7	11	11	11	11	11	11	11	16	14	16	16

註　深井雅海『徳川将軍政治権力の研究』により作成。なお、人数はその年に在職した延人数を示すので、実数とは異なる場合がある。また家宣側近と右筆は宝永6年10月まで西の丸に勤務していた。

僚にどの程度就任していたのであろうか。表10によると、まず将軍の政務補佐官の側用人《そばようにん》が一名出現していることが注目される。その人物は、間部《まなべ》詮房《あきふさ》である。将軍の身の回りの世話をする小性・小納戸は、それぞれ一四名・一九名前後である。たとえば、宝永七年（一七一〇）の場合、小性二〇名のうち一四名（七〇％）、小納戸三一名のうち一九名（六一％）が桜田御殿旧臣となる。老中・若年寄の政務補佐官たる奥右筆は、四～五名である。当時の奥右筆の人員は、七～九名の間を変動していたので、桜田御殿旧臣は半数から半数近くを占めつづけていたことになる。また、勘定所の実務役人である勘定には、五〇～六〇名前後が在職していた。

たとえば、正徳《しょうとく》元年（一七一一）の人員一八七名中六五名（三五％）が桜田御殿旧臣であった。かかる桜田御殿旧臣は、側用人間部詮房と侍講新井白石《あらいはくせき》を中核に行われる政治を、実務面で支えることになるのである。

家宣の将軍就任

五代将軍綱吉は、宝永六年（一七〇九）正月一〇日、六四歳にて没した。世子家宣は、その枕もとに綱吉の側用人松平（柳沢《やなぎさわ》）吉保《よしやす》を呼び、生類憐みの令は死後も続けるようにとの御遺命であったけれども、罪を蒙るものは何十万にも及び、獄中死するものも少なくないので、この令を廃止しなければ、士民は苦しみからのがれることはできない、と話したところ、吉保も、そのお考えは孝行になることと存じます、と同意したという（「文昭院《ぶんしょういん》殿御実紀」巻一）。これは、新将軍となる家宣が、前将軍が亡くなると同時に、その寵臣に対し、悪法として知られる生類憐みの令の廃止を宣言したことを示す。事実家宣は、綱吉が死亡してからわずか一〇日後の正月二〇日に、同令を停止することを命じた。そして、翌二月三〇日には大赦を行い、幕臣など九二名、大名家臣など三七三七名が赦免された。このとき、吉良義央《きらよしなか》を討った赤穂《あこう》浪士の遺児たちも赦されたという。さらに、同年五月の将軍宣下後にも大赦を行い、このときには八八三一人が罪を許された。

このように家宣は、これから述べる、代替わりの手続きを踏むより前に、まず前代の悪法を改めることから始めたのである。家宣は、二月三日より「上様《うえ》」と称することになった。これは、将軍家を相続したことを示す。ついで、四月二日・三日・五日には、綱吉時代と同じく代替わり御礼の式が行われた。この式では年始御礼に准じ、家宣は緋《ひ》の直垂《ひたたれ》、侍従以上は直垂、四品は狩衣《かりぎぬ》、諸大夫は大紋、布衣はその服、それ以下は素襖《すおう》を着用し、太刀および太刀目録を家宣に献上した。年始御礼と異なっているのは、これも綱吉のときと同じく、御三家や国持大名などが真の太刀を献上したことである。たとえば、尾張吉通《おわりよしみち》は守家の太刀、水戸綱条《みとつなえだ》は吉田の太刀、紀伊吉宗《きいよしむね》は助長の太刀を、それぞれ献上している。翌四月六日には、諸役人・番士の長子七二七名が新たに召し出されて、小性組番士に一五四名、書院番士に一六五名、大番士に二七五名、小十人組番士に五九名、右筆に八名、勘定に六三名、桐之間番士に三名が任命された。将軍家の代替わりのときに、かかる大量の新規召し出しが行われたのは、久し振りのことであるという。

そして、五月一日には本丸御殿で将軍宣下の式が行われ、家宣は征夷大将軍に就任して「公方様《くぼう》」と呼ばれることになった。しかし、式が終了すると西の丸に戻り、家宣が正式に本丸御殿へ移徙したのは、「奥」空間の改造が終了したのちの一一月二日のことであった。

側用人間部詮房

間部詮房は、寛文六年（一六六六）五月に間鍋久右衛門清貞《きゅうえもんきよさだ》の長男として、武蔵《むさし》国忍《おし》で生まれた。父清貞《きよさだ》は、長く浪々の身であったが、年月は不明であるけれども、甲府藩主徳川綱重に小十人組格として召し出されたという。つまり詮房は、浪人から新規に召し抱えられた家臣の二代目ということになる。はじめ能楽師喜多六大夫《きたろくたゆう》の弟子であったともいわれるが、詳しいことはわからない。貞享《じょうきょう》元年（一六八四）四月、一九歳のとき、弟の詮貞《あきさだ》とともに桜田御殿に召し出されて切米二五〇俵を賜り、綱豊（のちの家宣）の小性に任命された。これが出世の糸口となり、主君綱豊の命によって姓「間鍋《まなべ》」を「間部」に改めたという。通称ははじめ右京《うきょう》、のち宮内《くない》と称した。その後は、貞享三年御側・一〇〇俵加増、同四年両番格・二〇〇俵加増、元禄元年（一六八八）奏者番格・一五〇俵加増と順調に昇進し、同一二年（一六九九）には用人に抜擢されて、五〇〇俵加増、同一六年にも三〇〇俵加増、計一五〇〇俵取となった。

ところが、宝永元年（一七〇四）一二月、主君綱豊（家宣）が将軍継嗣《けいし》として江戸城西の丸御殿へ移った際、他の家臣とともに幕臣に列し、桜田御殿時代と同額の一五〇〇俵を給されて、西の丸奥番頭・書院番頭格に就任した。このとき、従五位下越前守《えちぜんのかみ》に叙任。ついで、翌二年正月西の丸御側に転じ、一五〇〇石加増、これまでの廩米を采地に改められて三〇〇〇石を知行した。その翌三年正月には若年寄格となり、七〇〇〇石を加増されて一万石の大名に列した。同年一二月には従四位下に叙されて老中次席の待遇を与えられているので、ここで西の丸側用人に昇ったものと思われる。さらに、同四年七月一万石加増、同六年正月に家宣が将軍家を相続すると、四月侍従に任じられて一万石加増、のち老中格の本丸側用人に就いた。そして、同七年五月にも二万石を加増され、五万石を領する上野《こうずけ》国高崎《たかさき》城主となった。

このように間部詮房は、綱吉時代の柳沢吉保には及ばないものの、陪臣から五万石の城持大名、老中格の側用人にまで出世して、正徳二年（一七一二）一〇月に家宣が没して以降も幼将軍家継に仕え、宝永六年（一七〇九）正月から正徳六年（一七一六）四月までの幕政を主導したのである。

侍講新井白石

「正徳の治」のもう一人の主役が、侍講の新井白石である。侍講とは、「君側に侍して書を講じ、君徳の養成・啓発に資する職」（『広辞苑』）のことである。白石は、明暦三年（一六五七）二月に、上総《かずさ》国久留里《くるり》藩主（二万一〇〇〇石余）土屋《つちや》利直《としなお》の家臣新井正済《まさなり》の嫡男として生まれた。名は君美《きんみ》、通称は与五郎《よごろう》・伝蔵《でんぞう》・勘解由《かげゆ》、白石は号である。幼時から主君利直にかわいがられ、つねに側近く召し使われたという。ところが、利直の晩年に継嗣をめぐって御家騒動が生じ、つぎの頼直《よりなお》の代になると、白石父子もその争いにまきこまれ、延宝五年（一六七七）、白石二一歳のとき、父子ともに土屋家を追われ、他家への奉公も禁じられた。このの ち浪人となったが、浪人中に、豪商河村瑞賢《かわむらずいけん》からの縁組を断った話が知られる。東廻り海運・西廻り海運を整備したことで有名な瑞賢は、白石の大器に目をつけて、支度金三〇〇〇両で孫娘と結婚するよう勧めたが、白石は、この縁談をうけると、将来大儒者となった際に大きな疵となる、と拒絶したという。白石の、頑固で理想主義的な性格をうかがうことができる。

延宝七年には、他家への奉公を禁じられた土屋家が改易となったため、仕官も可能になり、天和二年（一六八二）、大老堀田《ほった》正俊《まさとし》に仕えた。しかし貞享元年（一六八四）、正俊が若年寄稲葉《いなば》正休《まさやす》に殺害されて以降、堀田家は将軍綱吉に冷遇され、短期間のうちに二度も転封させられて経済的にも苦しい状態に陥ったので、元禄四年（一六九一）、白石は暇乞いを願い出て堀田家を辞去し、ふたたび浪人となった。そのときの財産は、わずかに銭三貫文と白米三斗にすぎなかったという。かかる二度にわたる貧しい浪人生活が、後年幕政に参与する際、人民に仁愛の精神をもって臨むという考えを育んだものともみられる。

白石は、幼時から七言絶句の詩三首を暗誦するなど、「神童」ぶりを発揮したが、青年時代まではほとんど独学ですごしたという。彼が木下順庵《きのしたじゅんあん》に師事するようになったのは、貞享三年（一六八六）三〇歳の頃からである。やがて、その高弟の一人と数えられるようになった。この順庵との出会いが、白石の人生に決定的な影響を与えた。すなわち、元禄六年（一六九三）一二月三七歳のとき、白石は順庵の推挙により、甲府藩主徳川綱豊の侍講に召し抱えられ、四〇人扶持を給された。堀田家を去ってから二年後のことであり、浪人からの新規召し抱え家臣ということになる。その後病気がちになったため、同一二年一一月には表寄合に列し、無役のまま綱豊への進講を続けた。同一五年一二月二〇〇俵二〇人扶持に加増され、宝永元年（一七〇四）一二月、主君綱豊（家宣）が将軍綱吉の世子として江戸城西の丸に入ると、彼も幕臣となり、西の丸側衆支配（同三年八月より西の丸若年寄支配）の西の丸寄合に任命され、桜田御殿時代と同額の禄を与えられた。つまり、幕臣登用後も、無役のまま、綱豊改め家宣への進講を続けることになったのである。

ついで、同六年正月には、綱吉が没して家宣が将軍家を相続したため、本丸寄合に移り、同年七月、二〇〇石を加増されて今までの切米と扶持も采地に改められ、五〇〇石を知行した。そして正徳元年

（一七一二）一〇月、朝鮮使節の応接に係わることになったために従五位下筑後守《ちくごのかみ》に叙任され、翌一一月にはその功により五〇〇石を加増されて、一〇〇〇石取となった。

白石は、後述するごとく、将軍や間部に武家諸法度の草案を進上したり、さまざまな政策を進言して、いわゆる「正徳の治」を演出した。しかし注意すべきは、職制上は無役の「寄合」であったことである。つまり、実際に侍講としての務めを果たしていたものの、「侍講」という役職に就いていたわけではない。したがって、政策提言も、将軍家宣や側用人間部との個人的な関係によるものである。この点に関しては、白石自身「私のような者に意見を求められたのも、御先代（家宣）が言いおかれて、御在世のときと同じように、（間部）詮房殿がはからってくださったからであろう」（『折りたく柴の記』）と述べていることからも明らかである。にもかかわらず、その提言が受け入れられて、当時の幕政に大きな影響を与えたことは、「将軍専制」という政治体制を抜きにしては考えられない。白石の活躍は、たとえ職制上無役であっても、将軍の意向しだいで挙用できることを証明するものといえよう。

2―正徳政治の展開

正徳期側用人政治の特徴

側用人間部詮房の職務は、元禄～宝永期の側用人柳沢吉保の場合と同じく、将軍の意志の伝達役であるとともに、将軍の名代として老中層の合議にも加わり、その結果を一人で将軍に報告することである。しかし、柳沢と異なるのは、間部には、新井白石や後述する「御用方右筆」のような政策の立案・審議集団が属しており、それが、政治機構上の特色になっていることである。

この御用方右筆は、間部の書記官も兼ねており、彼らによって記された、間部の側用人としての公務日記＝「間部日記」（国立公文書館蔵）が現存している。ここでは、その「日記」により、老中・若年寄などの幕閣人事について、将軍の意志が側用人を通してどのように発令されるのか、みておこう。

正徳元年（一七一一）四月一一日条

阿部飛驒守（正喬）

右出座、加賀守（大久保忠増・老中）披露、加判之列仰せ付けらるの旨、上意これあり、老中・越前守（間部詮房・側用人）・中務（本多忠良・同上）大輔御取り合わせ（これを）申し上げる、退去

一飛驒守事、豊後守と改めるべき旨（これを）仰せいださる、且《かつ》又、小笠原山城守（長熙）屋敷と入れ替

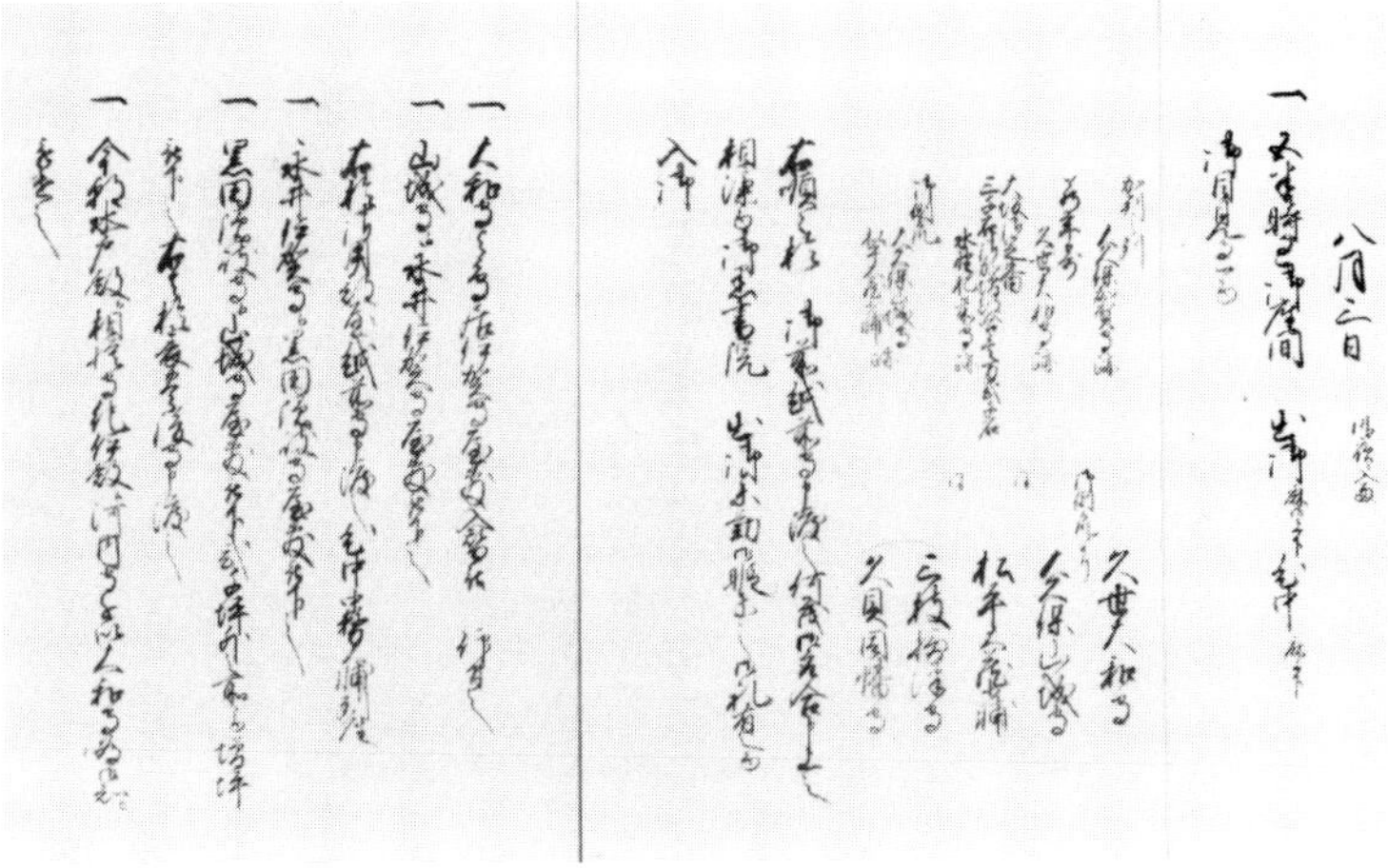

図8 「間部日記」正徳3年8月3日条

え仰せ付けらるの旨、御用部屋において越前守（これを）申し渡す、中務大輔列座

同年四月一五日条

一豊後守、来月より加判つかまつるべき旨（これを）仰せいださる、且又、七月より申し合わせ、月番あい勤めるべきの旨、御用部屋において越前守（これを）達す、中務大輔列座

正徳三年八月三日条

加判之列
大久保加賀守跡　久世大和守（重之）

若年寄
久世大和守跡　御側衆より　大久保山城守（常春）

大坂御定番
三千石御加増、都合壱万弐千石
水野肥前守跡　同　松平大蔵少輔（勝以）

御側衆
大久保山城守跡
松平大蔵少輔跡　同（ママ）三枝摂津守（守相）
　　　　　　　　　久貝因幡守（正方）

右、順々御前において越前守（これを）申し渡す、いずれも御取り合わせ（これを）申し上げる

一大和守と鳥居伊賀守屋敷入れ替え（これを）仰せ付けらる

一山城守江永井伊賀《（尚平）》守屋敷（これを）下さる

右御用部屋において越前守（これを）申し渡す、老中・中務大輔列座

同年八月九日条

一大和守儀、加判は来月より、月番は十一月より、大久保山城守儀、加判来《（ママ）》月より、月番は十二月よりあい勤めるべきの旨、両御用部屋にて越前守（これを）達す

まず、正徳元年四月一一日に、阿部《あべ》正喬《まさたか》が老中に任命されたときの状況をみよう。場所は、将軍の御座之間である。阿部は将軍家宣の御前に出席し、それを老中の大久保《おおくぼ》加賀守《かがのかみ》が将軍に披露する。その場に出席していたのは、他の老中と側用人の間部詮房・本多《ほんだ》忠良《ただよし》両名である。将軍自身が阿部に加判の列（老中の別名）に任命する旨を伝えたあと、老中・側用人が取り成しをして、退出した。将軍による任命が終了したのち、今度は側用人の間部と本多が老中の御用部屋に出向き、阿部の官職名を飛《ひ》騨守《だのかみ》から豊後守《ぶんごのかみ》に改めること、阿部が現在住んでいる屋敷と小笠原山城守《おがさわらやましろのかみ》の屋敷を入れ替えること、を間部が申し渡した。本多は、その場に列席しているだけである。四日後の四月一五日には、ふたたび、側用人の間部と本多が老中の御用部屋に出向き、阿部に、来月より老中奉書に加判をすること、七月から月番を勤めること、を間部が伝達している。このときも、本多はその場に列席しているだけ

である。

要約すると、老中任命という幕府の最重要人事は、最初の任命こそ、将軍家宣直々の申し渡しがあったが、その他の手続きについては、将軍の意志を側用人の間部が伝えていたことがわかる。注意すべきは、老中に任命されたからといって、老中奉書への加判や月番などの基本的な職務が、自動的に生じるわけではないことである。これらの職務をいつから務めるかについても、将軍の意向しだいであり、この点を間部が伝達していることは重要であろう。

つぎに、正徳三年八月三日に、久世重之《くぜしげゆき》が老中に、大久保常春《おおくぼつねはる》が若年寄に任命されたときの状況をみよう。このときには将軍家継が五歳の幼児だったこともあって、将軍の御前で間部が両名に申し渡している。屋敷の入れ替えや加判・月番の開始時期については、間部が御用部屋に出向いて伝達する点は家宣時代と同じである。

まさに家継時代には、側用人間部詮房が幼児将軍の代行者の役割を果たしていたことになる。序列的には間部は老中格であり、老中より格下である。しかもこの時期には、井伊直該《いいなおもり》が大老に在職していただけに、間部の役割はとりわけ注目される。

御用方右筆の新設とその役割

御用方右筆は、五代将軍綱吉が没して、家宣が将軍家を相続した二ヵ月後の宝永六年（一七〇九）三月二五日に新設された、側用人間部詮房直属の右筆である。したがって、就任時の起請文には、間部が将軍の意をうけて命ずることに背いて

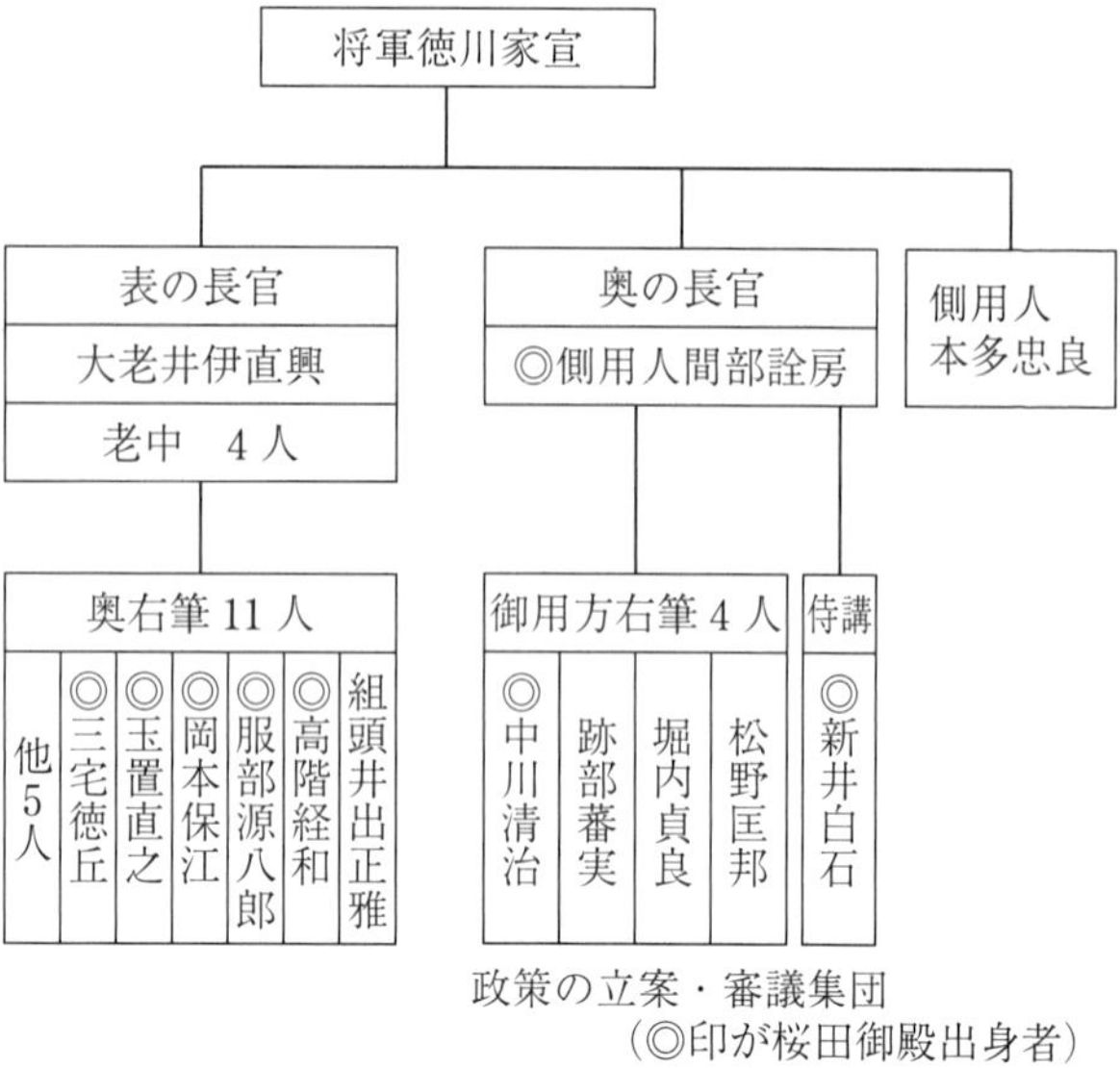

図9　家宣政権の中枢部（正徳2年〈1712〉初め頃）
（深井雅海『徳川将軍政治権力の研究』、『御家人分限帳』、『寛政重修諸家譜』により作成）

はならない、との条文が書かれていたという。まさに、間部個人に従属していた右筆であり、もう一人の側用人本多忠良（宝永七年九月〜正徳六年〔享保元《きょうほう》〕五月在職）にはこうした右筆は設けられていない。管見の限り、側用人に、しかも個人にかかる右筆が付属していたのは、この時期だけの特徴である。まず宝永六年三月二五日に、奥右筆の松野《まつの》匡邦《ただくに》・堀内貞良《ほりうちさだよし》両名が任命され、同じ年の一〇月二五日に同職の跡部《あとべ》蕃実《しげざね》・中川清治《なかがわきよはる》が加えられて四名となった。正徳四年七月一一日には松野が表右筆組頭に転出したため、その後任として、奥右筆の服《はっ》部《とり》源《げん》八郎《はちろう》が就任した。以後は、間部が側用人を解職される正徳六年（享保元）五月一六日まで、右の四名が在職していた（図9参照）。

では、彼らはどのような役割を果たしたのであろうか。まず注意すべきは、延べ五名の就任者の前

表11　間部詮房が係わった法令や達しの伝達経路など

項目＼年代	宝永6	7	正徳元	2	3	4	5	6	計	%
間部から幕閣への伝達	7	6	20	20	20	11	54	14	152	90
間部から諸役人への伝達		2				4			6	4
幕閣から間部を通しての伺い	1	6	1		1				9	5
幕閣と間部の合議					2				2	1
合計	8	14	21	20	23	15	54	14	169	100

註　深井雅海『徳川将軍政治権力の研究』により作成。なお、幕閣は大老・老中・若年寄、諸役人は京都所司代・側衆などを示す。

職が、奥右筆であったことである。間部にただの書記官を付属させたいのであるならば、表右筆で十分であり、奥右筆から選任する必要はない。全員を法令作成の実務者集団である奥右筆から選んだことは、間部の立案・審議機能を補佐させるためと思われる。それを裏付けるように、間部の手許で作成された法令集が存在する。この法令集も、御用方右筆によって書かれたものと思われる。表11はこの法令集などにより、間部が係わった法令や達しの伝達経路などについてみたものである。通常の側用人の職務は、将軍と老中ら幕閣との取り次ぎ役であるので、将軍の意向を幕閣に伝達する、幕閣からの伺いを将軍に取り次ぐ、という二つの機能が考えられる。元禄～正徳期の側用人の場合は、それに加えて、老中合議へ参加するという機能もみられる。表11は、間部が係わった案件を以上の三つの機能に分類してみたものである。同表によると、伺いや合議案件に比べて、伝達案件の圧倒的な多さ（九四%）が注目される。このことは、側用人の間部が御用方右筆の助けをうけながら主な政策を立案・審議し、将軍の決裁を得たうえで、その政策を老中・若年寄などの幕閣へ伝達して執行させるという、「奥」主導の政治が行われていたことを物語るものといえよう。その際、老中・若年寄の補佐役である奥右筆についても、人員のほぼ半数が桜田御殿出身者によって占められていることから（図9参照）、老中政治を制御するとともに、政策執行にも関与させようとする意図があったものと思われる。

つぎに、間部の手許で作成された法令集のなかから、伝達案件のうち、法令発令の手続きがわかる案件を一つみてみよう。銭相場は宝永六年頃までは比較的安定していたが、宝永金銀の発行によって同七年頃から急速に騰貴し、また、庶民による銭貨の買い溜めなどによって市場の銭貨が減少したために、幕府は再三銭買置禁止令を出す一方、正徳四年九月に銭貨の鋳造に踏み切った。そして、後藤《ごとう》縫殿助《ぬいどのすけ》以下六名の呉服師に新銭の鋳造を命じたが、その法令案の後書には左記のように見える。

> 右の書付午九月廿一日中奉書切紙に（これを）認める、年寄衆え（これを）遣わさる、翌廿二日右のとおり申し渡すべきの旨、御勘定奉行中ならびに御勘定吟味役え河内守（井上正岑・老中）列座にて豊後守（阿部正喬・老中）書付（これを）渡す、呉服師六人え御勘定所にて申し渡す由也

すなわち、新銭についての書付は、御用方右筆が奉書紙に書き、それを側用人の間部が九月二一日に年寄衆＝老中へ伝達した。ついで翌二二日、老中の阿部正喬が、井上正岑《いのうえまさみね》列席のうえで、勘定奉行・勘定吟味役へ書付を渡し、呉服師には勘定所で申し渡したのである。法令を間部のもとで作成し、それが老中に伝達されて、老中から担当部署に渡されて発令される仕組みがよくわかる内容といえよ

う。

また御用方右筆は、こうした法令のみならず、老中覚書まで執筆していた。一例をみよう。若年寄の水野《みずの》忠之《ただゆき》は、正徳四年九月六日、京都所司代に任命された。水野は一〇月二八日、京都へ赴任するにあたり、一三ヵ条に及ぶ勤役心得を記した老中署名の覚書を渡されている。本来なら、かかる老中覚書は、老中の補佐役を務める奥右筆が起草し、老中自身が伝達すべきであろう。しかし、この覚書は御用方右筆によって執筆され、しかも、間部が老中の御用部屋に出向いて、水野に直接伝達していたのである。

このように間部詮房は、御用方右筆の補佐をうけながら、老中政治を主導していたといえよう。

新井白石と書き下し文の武家諸法度

右にみたごとく、日常的な政治運営は間部詮房を中核に行われていた。しかし、「正徳の治」を政策面で特色づけるのは、やはり新井白石が提言した政策の体系性、思想性であろう。そこで、以下白石が建議、もしくは係わった案件をみていくが、白石は、すでに述べたように、表向きは「寄合」という無役の旗本であった。にもかかわらず、将軍家宣との、甲府藩以来の特別な関係によって侍講を務めたため、宝永六年（一七〇九）一一月には、本丸御殿中之口に部屋を与えられた。中之口は、諸役人が本丸御殿へ出入りする際の通用口である。ここには、役職ごとに、「下部屋」と称する休息所が設けられているので、白石はその一つを宛がわれたものと思われる。また、江戸城に登城するときは、蓮池《はすいけ》門から出入りするように命じられたが、翌七年八月には、大手門・内桜田門など八ヵ所を、昼夜にかぎらず自由に出入りしてよいと指示された。まったく、異例なことであった。かくして白石は、無役の旗本でありながら自由に江戸城に出入りして、将軍に意見具申ができるようになった。とはいうものの、将軍にいつでも会えたわけではない。将軍から直接下問された場合は別にして、それ以外は、おおむね間部詮房を通して意見書を提出していた。また、詮房に会えない場合は、その弟の小性・間部《まなべ》詮衡《あきひら》などを通して上申していたようである。

提言のうち、白石の思想性や政治理念などが端的にあらわれているのが、武家諸法度であろう。この武家諸法度については、最初、前例により林信篤《はやしのぶあつ》が起草を命じられた。しかし、将軍家宣の意に適さず、改めて白石が命じられ、白石は宝永七年二月に草案を提出し、これが同年四月一五日に発布された。まず形式面からみると、全文が禁中並公家諸法度と同じ一七条より成り、しかも、綱吉時代のものが全文改定され、書き下し文になっていることが特徴である。

内容面からみた特色の第一は、儒教色が非常に強い点である。それは、第一条の「一、文武の道を修め、人倫を明かにし、風俗を正しくすべき事」にあらわれている。とくに、人倫、すなわち、君臣・父子・夫婦など人と人との秩序関係を明確にすることと、風俗の正しさ、を求めている点にその精神をみることができる。第二に、仁政の強調があげられる。これは、第二条の「一、国郡家中の政務、各其心力を尽し、士民の怨苦《えんく》を致すへからさる事」に明らかである。つまり、武士や庶民の「怨苦」、恨みや苦しみを買わない政治が、大きな主題となった。このことは、前代の綱吉の政治、ことに生類憐みの令が人々を苦しめた、という反省が根底にあるものと思われる。従来の法度では、かかる大名の国郡統治の義務については後尾に置かれていた。それを第二条に移したことに、前代の政治が与えた影響の大きさと、白石の政治に対する思い入れの強さがうかがえよう。第三に、法度に初めて賄賂の禁止を加えたことも注目される。第七条に、「一、貸賄を納《い》れて権勢の力を仮《か》り、秘計を廻《めぐ》らして内縁の助を求む、皆是邪路を開きて正道を害す、政事のよりて傷《やぶ》る、所也、一切に禁絶すへき事」とある。この条項を入れたのは、政敵荻原重秀《おぎわらしげひで》の存在と、業者請負方式により賄賂横行という事態が生じていたことに起因するものと推測される。荻原は、のちに、貨幣改鋳によってじつに二六万両もの大金を取得していたことが発覚したという。

以上の他、第九条に訴訟手続きに関する条項を盛り込むなど、白石作成の法度は、大名の規制というよりも、国家統治のための法としての意味を強く打ち出した点に、内容面としての特徴があるといえよう。

朝廷への融和策

六代将軍家宣の時代には、公武一体の印象が強まった。これは、家宣自身、天皇への尊崇の念が厚く、しかも、正室照姫《てるひめ》の父・太政大臣（宝永六年一〇月～一二月まで在任）近衛《このえ》基熙《もとひろ》と親密であったことによる。そのためであろうか、幕府は宝永七年（一七一〇）四月、基熙を江戸に招き、正徳二年（一七一二）四月までの二年間、五代将軍綱吉の大名時代の屋敷であった神田《かんだ》御殿に滞在させた。天皇に仕える公卿、その最高官である太政大臣まで務めた人物が江戸に二年間も滞在したのは、まったく異例なことであった。この滞在中、基熙はたびたび江戸城に登城し、将軍から歓待を受けた。さらに、正徳元年七月には、近衛家の領地一〇〇〇石が加増された（計二七九七石余となる）。基熙の滞在により、将軍家と近衛家の結び付きが深まった結果といえよう。

右のような家宣政権の姿勢が、近衛家のみならず、朝廷の優遇処置にもつながった。まず、宝永七年八月には、閑院宮《かんいんのみや》家が創設された。それまでの宮家（世襲親王家）は、伏見宮《ふしみのみや》・京極宮《きょうごくのみや》・有栖川宮《ありすがわのみや》の三家のみであったが、幕府は、家領一〇〇〇石を献じて、東山《ひがしやま》天皇の皇子直仁《なおひと》親王に新宮家を創立させたのである。この新宮家創立については、直接的には、新井白石の建言が大きな影響を与えた。すなわち白石は、「皇室では、皇太子のほかは、皇子・皇女がみな御出家されることは、いまでもなお御衰退の時代と変わっていない。（中略）皇室からお申し出がないにしても、これらのことについて改善の処置がなされないことは、朝廷にお仕えする義務を果たしたとは言えない」（『折りたく柴の記』）と述べて、天皇家継続のために、新宮家創立の意見書を将軍に提出した。幕府は、この意見を入れて、閑院宮家を創設したのである。

ついで、同年一〇月には、翌一一月に中御《なかみ》門《かど》天皇の即位式ならびに元服式が行われるのに備えて、幕府は、公家たちに装束料として銀三〇〇〇枚を贈った。これは、一家あたり一七〇両になったという。また、同年一二月には、公家の久我《こが》権中納言通名《みちな》の子広益《ひろます》が江戸に召されて、知行五〇〇石の旗本に取り立てられた。広益は家名を堀川《ほりかわ》と称し、将軍家宣の御側高家に任命された。御側高家は、家宣がまだ将軍世子として西の丸にいた宝永五年一一月に新設された役職である。最初の就任者は高家の大沢基隆《おおさわもとたか》であり、つぎに同じく高家の宮原氏義《みやはらうじよし》が宝永六年一二月に任命され、堀川は三人目の就任者である。その職務については不明な部分が多いが、将軍の側にあって朝廷との交渉役を期待されたものと思われる。家宣が世子の時代からかかる役職を設置したところにも、朝廷重視の姿勢をうかがうことができる。

琉球使節・朝鮮通信使の引見

琉球《りゅうきゅう》は、慶長《けいちょう》一四年（一六〇九）以来薩摩《さつま》藩の支配を受けていたため、年頭に鹿児島《かごしま》へ年賀の使節を送る一方、寛永《かんえい》一一年（一六三四）には初めて幕府にも使節を派遣した。これは、同年に琉球が正式に島津《しまづ》氏の知行に加増され、幕藩体制のなかに組み込まれたことによるという。以後、幕府には、将軍の代替わりを祝賀する慶賀使と、国王中山王《ちゅうざんおう》の襲封を感謝する謝恩使が送られることになった。

家宣政権が成立すると、当然薩摩藩では、慶賀使を派遣することを計画した。そこで、幕府の誰に交渉したらよいのか、内情を探ったところ、「幕府のことは、何事も、将軍がまず間部越前守（詮房）様へ御内意を仰せられ、越前守様内々の差図の旨を以て、行われるようになっている」との権力状況をつかみ、薩摩藩は、老中ではなく、側用人の間部に直接接触して、使節参府の内諾を得たのである。この琉球使節の将軍家宣への謁見は、宝永七年（一七一〇）一一月一八日に実現した。場所は、江戸城本丸御殿の大広間である。図10は、そのときの状況を示す。将軍は、いうまでもなく上段之間に坐し、その後ろに、側用人の間部はじめ近習たちが着座していた。下段之間西側（図左）には、溜詰の松平正容《まつだいらまさかた》（会津《あいづ》藩主）・松平忠雅《ただまさ》（伊勢《いせ》桑名《くわな》藩主）両名と老中五名、中段之間西の縁頰《えんがわ》には若年寄四名、二之間と三之間には、四品（従四位下）以上の諸大名と諸大夫（従五位下）の面々、南（図下側）の縁頰には詰衆・詰衆並などが座っていた。かかる座席のなか、中山王の使者（美里《みさと》王子・豊見城《とみぐすく》王子）は、中段之間に中山王献上の太刀目録を置き、下段之間中央に坐して謁見した。その際、薩摩藩主の島津《しまづ》吉貴《よしたか》は、使者の側に付き添ったのである。ついで、使者自身の将軍への御目見え（自分御礼）は下段之間下の縁頰、さらに、薩摩藩家老島津帯刀《たてわき》の自分御礼はその縁頰の一番下に座って行われ、式は終了した。

琉球使節の謁見で注目されるのは、その格式の高さである。すなわち、薩摩藩主（官位は中将）でさえ、大広間においては、下段之間下より四畳目に太刀目録を置き、下より三畳目に着座して将軍に御目見えした。薩摩藩の属国でありながら、その藩主より高い格式で琉球使節が御目見えできたのは、外国の使節並みの扱いを受けたからであろう。

ところで、唯一公式な外国使節として扱われたのが、朝鮮通信使である。朝鮮通信使とは、李氏《りし》朝鮮の国王が日本国王（徳川将軍）に国書を手交するために派遣した使節のことである。朝鮮からは、慶長一二年（一六〇七）以来七回来日していた。その朝鮮通信使が、家宣の将軍襲職を慶賀するため

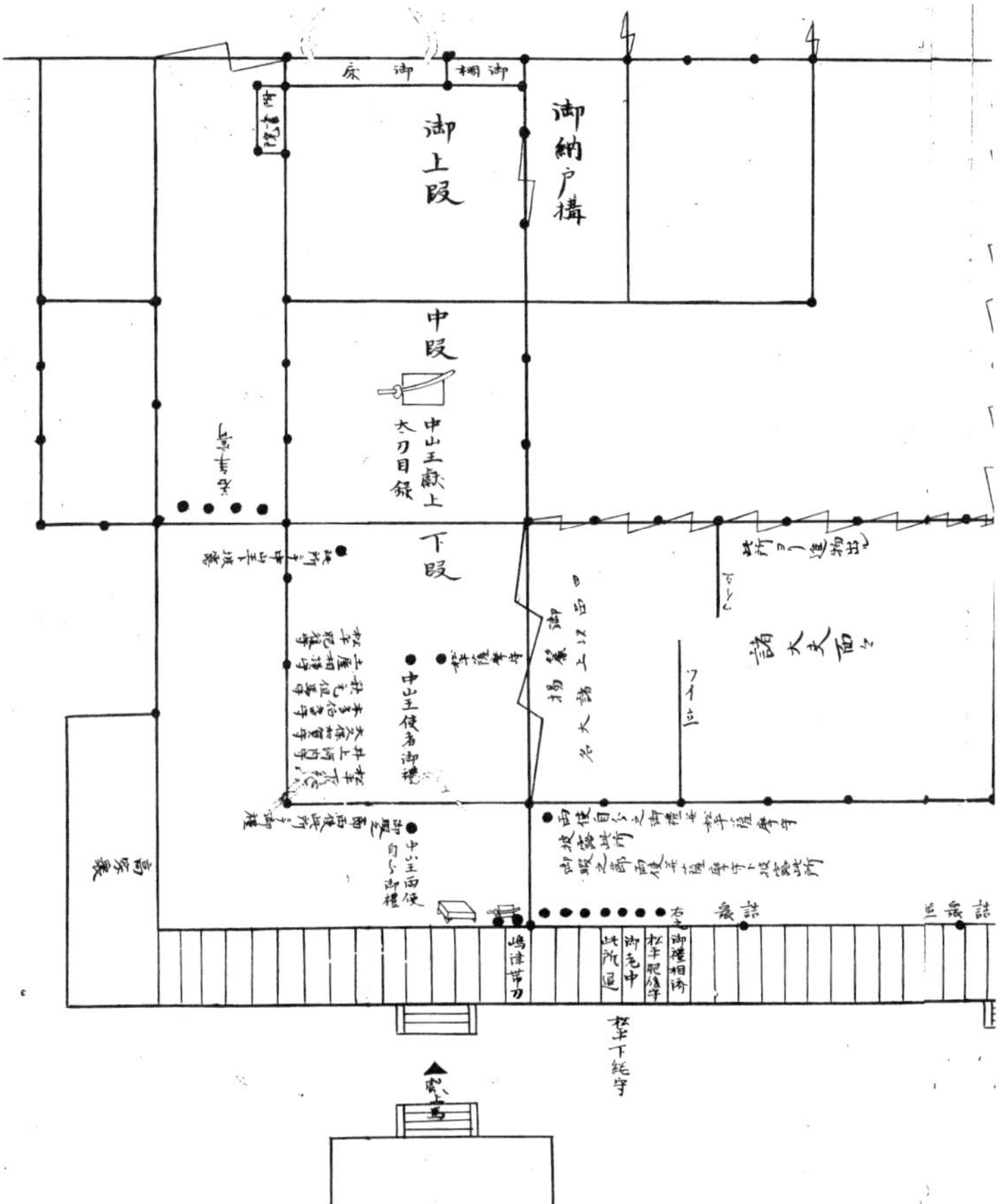

図 10　琉球使節謁見の図（宝永 7 年 11 月 18 日）
（深井雅海編『江戸時代武家行事儀礼図譜』1 巻 262～263 頁の図より引用）

に来日し、正徳元年（一七一一）一一月一日に家宣に謁見することになった。そこで、新井白石は家宣に建議して、従来の外交文書とは異なる礼法を用いることにしたのである。すなわち、それまでの朝鮮からの国書には、日本の将軍に対して「日本国大君《たいくん》」と書かれるのが慣例となっていたが、それを改めて、「日本国王」と記すようにさせた。また、朝鮮通信使一行（約四〇〇名）の待遇を簡素化したり、饗応に要する費用の軽減も図ろうとした。つまり、このことによって、将軍の権威を高めようとしたのである。そして翌正徳二年三月には、奥右筆一名・表右筆四名の計五名が、新井白石と相談して「朝鮮人来聘《らいへい》登城之御規式書」と「来聘日記」を作成するよう命じられているが、そのうち、奥右筆を含む四名は桜田御殿出身者であった。これは、将軍家宣と側用人間部が、白石によって主導された朝鮮使節来朝の件を遺漏なく完遂させて今後に生かすため、桜田御殿出身者を起用したものと考えられる。

また、琉球使節・朝鮮通信使とも、途中からは陸路を江戸に向かったが、その行列の姿を街道や江戸の人々に見せることで、将軍や幕府の権威が異国にも及んでいると思わせた。この点からも、来朝は重要な意味があったといえよう。

勘定吟味役の再置と年貢増徴策

白石は、正徳二年（一七一二）の六月頃、「御勘定所というのは、（中略）天下の財源を生じ、その出入もこの役所のあずかるところであるから、日本六十余州の人民の楽しみも苦しみも、この職をあずかる人に人材を得るか得ないかによって決まることであります。これらの激務を一人（荻原重秀のことか）で処理することは無理であります。だから、むかし（綱吉の時代）のように、勘定吟味役という職を置かれなければ、適切とは申せません」（『折りたく柴の記』）と述べて、将軍に勘定吟味役の設置を進言している。そして、その職務の第一に、「天領の年貢および代官たちの適不適」をあげている。これは、白石に「御先代（綱吉）のときに、諸国の天領の年貢が年々減少して、わずかに二割八分九厘ということになってしまった」という危機感があったからと思われる。しかし、藤田覚氏が紹介された大河内家史料「御取箇辻書付」によると、年貢率が二割八分まで下がったのは、綱吉時代二九年間のうち、就任年の延宝八年（一六八〇）・元禄一二年（一六九九）・元禄一四年の三年間のみであり、あとの年は三割五分から三割の間を上下していた。つまり、白石の主張は、年貢率の低下を強調するきらいはあるものの、代官や代官所の手代などの不正が行われていたことも事実であろう。したがって、白石の提言は、代官所への監視を強めることが主な目的と思われる。

勘定吟味役は、綱吉時代の初頭、天和二年（一六八二）六月に新設されたが、荻原重秀が勘定頭に昇進して以降、諸星忠直《もろほしただなお》の一人役となり、その諸星が元禄一二年（一六九九）一二月に辞職してからは、後任は補充されず自然消滅の形となっていた。幕府は、白石の意見を受け入れて、正徳二年七月一日に勘定吟味役を再置し、萩原美雅《はぎわらよしまさ》・杉岡能連《すぎおかよしつれ》両名を任命した。ただし、勘定吟味役は布衣役と格式が高く、主に江戸で勤務する役職のため、地方の実状を探るには限界がある。そこで、巡見使が派遣されることになった。

勘定吟味役が再置された翌月の八月一六日、全国の幕府領一〇ヵ所に、勘定二名・徒目付《かち》一名からなる御料巡見使が派遣された。勘定は全部で二〇名となるが、うち一一名は桜田御殿出身者であり、各地域に一名は桜田御殿旧臣が派遣されるように配置されていた。つまり、巡見が御座なりになることを制止し、巡見の実をあげようとしたのである。その結果、翌正徳三年には、代官に対して一三ヵ条にわたる詳細な法令を示している。これによると、年貢率が下がる原因は、代官が職務に心を用いず、属僚の手代などに万事をまかせ、その手代などは村の名主や庄屋と結託して、賄賂の多少によって年貢率を高下させているためであるとして、「手代小検見《こけみ》」（米の収穫前に、代官が手代を派遣して豊凶を検査させること）や大庄屋（広い区域を支配した庄屋）制の廃止などを指示したのち、この法令は前年に巡見使が見聞してきたことをまとめて出したものであることを明らかにしている。ついで、四名の代官が処罰され、代わりに一〇名の代官が新たに任命されているが、そのうち五名は桜田御殿出身者であった。

新井白石は、巡見使を派遣したことについては言及していないが、「勘定吟味役を置かれた翌年、天領の年貢米は、あわせて四三万三四〇〇俵も増加して、百姓どもの喜ぶことはひととおりでなかった」と、自賛している。事実、前述の「御取箇辻書付」によれば、正徳三年の年貢米は一三九万五〇〇石余となっており、前年の一二六万五九七〇石余より一二万四五〇〇石余増加している。一俵を三斗五升入りで計算すると、増加分は三五万五七〇〇俵余となり、白石が述べる量と異なるが、年貢米がかなり増えたことは明らかであり、白石の増徴策は成功したといえよう。

荻原重秀の罷免

綱吉時代以来、勘定奉行として活躍した荻原重秀は、正徳二年（一七一二）九月一一日に罷免された。これは、新井白石が「このような邪悪な小人物を使っておかれることが大きな誤りである理由を十ヵ条に記して、九月十日に意見書（弾劾書）を差し上げた」（『折りたく柴の記』）ためである。

しかし、ただ一度の意見書で、重秀が免職になったわけではない。白石は、重秀の財政政策、とくに貨幣改鋳策に反対し、それまでも、二度にわたって意見書を提出しているが、将軍家宣と間部詮房は、こと財政問題に関する限り重秀を任用し、白石の進言を取り上げようとしなかった。それどころか、貨幣改鋳により財源を捻出した重秀の功績を認め、宝永七年（一七一〇）一二月一一日には知行五〇〇石を加増している（計三七〇〇石となる）。正徳二年三月に白石が意見書を上申した際にも、将軍家宣は、重秀について「才のある者は徳がなく、徳のある者は才がない。真の人材は、ほんとうに得がたい。目下のところ、（他に）国家の財政をつかさどらせる適当な人がいない」と、その才能については認め、罷免を拒絶したのである。

では、何ゆえ家宣は半年後の九月一一日に重秀の免職を容認したのであろうか。九月一〇日に提出した、白石の「荻原重秀弾劾書」から、そのことをうかがってみよう（ケイト・W・ナカイ、中井義幸

「新井白石自筆『荻原重秀弾刻書』草稿」)。この弾刻書は、字数にして九二〇〇字余に及ぶ長文であり、間部詮房に上申されたものである。このなかで白石は、重秀のことを「共に天を戴くべからざる仇敵」と称し、それまでの財政策から批判の対象を変えて、幕府の最高司法機関である評定所一座のなかで、間部詮房の権勢を背景にしつつ専権をふるっていることを以下のように非難している。すなわち、重秀は、綱吉時代には、柳沢吉保の屋敷につねに出入りをして、吉保と親しく、機密の政務も議定していることを喧伝したため、評定所一座の人々も、重秀の意見に反対すればどのような目にあうかもしれないので、一言も発しなかったということである、家宣時代になると、重秀は、毎日登城のたびに将軍の生活空間である「奥」に入り、人々が退出したあとまで残り、今日は詮房殿が会いたいと仰せられた、明日は詮房殿に話したいことがある、と言い触らしたため、一座の人々も、重秀の話すことはすべて詮房殿と同心と思い、もし重秀の意見に従わないときはどのようなことになるかわからないと、一言も発しないそうである、このように、綱吉時代の柳沢吉保の場合と同じく、重秀が詮房の権勢を利用して専権をふるっていることは、詮房自身にも責任がある、と攻撃している。さらに、将軍家宣が「神祖《しんそ》」(徳川家康《とくがわいえやす》)の志を継いで天下の政事を行っているにもかかわらず、「奸邪小人《かんじゃしょうじん》」(荻原重秀)一人のために乱れさせられていることは、家宣に不孝の心があるためにこのような状況になったのではないか、と家宣さえ非難している。そして白石は、「御奉公のほどももはやこの時を以てその限りとは存じ定め候」と、「侍講」退任の意志を示し、自分をとるか、重秀をとるか最終決断を将軍と詮房に迫ったのである。

かくして、白石の重秀に対する弾刻書を受け取った詮房は、さっそく将軍に上申したところ、家宣も弾刻の激しさに驚き、重秀の免職を命じたのである。なお、重秀は正徳三年九月に没したが、翌四年三月一五日、息子乗秀《のりひで》は、父の在職中の不正により、采地のうち三〇〇〇石を没収され、七〇〇石を知行することになった。

幼児将軍家継

六代将軍家宣は、正徳二年(一七一二)の夏頃から不快であったという。その後悪化し、九月下旬ころより病床につくようになった。そうした折の二七日、間部詮房を通して、新井白石に、「私(家宣)の死後は、尾張殿(吉通、二四歳)に譲って、もし幸いに幼い者(鍋松《なべまつ》、四歳、のちの七代将軍家継)が成人したならば、そのときのことは、私の後継者の人の心にまかせるべきだと思う。それとも、(中略)それが幸いにも成人するまでのあいだは、尾張殿に西ノ丸にいて天下の政治を行なっていただき、もし私の後継者(鍋松)に不幸があった場合には、尾張殿に神祖家康公の大統を受け継いでいただくようにするか、この二つの方法をよく考えてみてほしい」という下問があった。これに対して白石は、「もし、仰せられたようなことになったならば、きっと天下の人びとが党派(尾張派・鍋松派)に分かれて、最後には天下が乱れることは応仁《おうにん》の乱のころと同じようになることでしょう。(中略)御三家をはじめ御一門の方々、譜代の家来などがこんなに健在である以上、若君(鍋松)が御代を継がれるのになんのさしつかえがありましょうか」(『折りたく柴の記』)と、答えたという。

その後、家宣の病状はさらに悪化し、翌一〇月一三日の夜八ツ時前（午前二時頃。ただし公式発表では一四日の同時刻）に没した。結局、家宣は、生前に右の白石の意見などを考慮したのか、将軍家の家督は鍋松に継がせることにしたのである。しかし、何分にも鍋松は数えで四歳の幼児であったため、家宣は、生前に、御三家や大老・老中・側用人によく補佐をするよう言い含めるとともに、側近や諸役人には、「心を入れて仕えるように」との遺言を残した。この遺言は、当日側用人の間部詮房から、御側高家・小性・小納戸・奥医師・御用方右筆などの側近に伝えられ、翌日、大老井伊直該・老中から、若年寄・御側衆の他表向の役人などに伝達された。

かくして、鍋松は将軍家を相続することになったが、幼児のため将軍宣下は翌年に延期された。すなわち、まず正徳二年一二月に代替わりの御礼が行われたのち、鍋松は正二位権大納言に叙任され、家継と称することになった。この実名は白石が考えたという。ついで、翌三年三月二六日に元服し、将軍宣下は翌月の四月二日に行われた。こうして、幼児将軍が誕生したが、判断力の備わっていない将軍だけに、側用人間部詮房の役割はますます重要となった。詮房は、将軍に代わって裁可を下す一方、幼君の養育にもあたった。たとえば、家継が、近臣に無理なことをいえばきびしく諫め、いたずらをしても、詮房に告げるといえば直ちにやめたという。また、家継も詮房を慕い、「えち〳〵」（越前守のこと）とよく懐いていたという（「有章院《ゆうしょういん》殿御実紀附録」、「兼山秘策」）。

しかし、将軍とはいえ幼児のため、家継が詮房を庇護することは無理である。したがって、白石の意見も、老中と一致しないという理由で実施できなくなることもあった。また、老中と諸奉行が徒党を組んで、詮房をだますようなことも行われるようになったという（『折りたく柴の記』、「兼山秘策」）。このように、すべての政策決定が、詮房によってなされたわけではないことも事実であろう。

正徳金銀

勘定奉行荻原重秀の罷免から一ヵ月後に六代将軍家宣は没したが、その遺言の中で、重秀が主導した貨幣を慶長金銀の質に戻すべきことが命じられた。これをうけて白石は、正徳三年（一七一三）六月、貨幣制度の改革について論じた「改貨議」三冊を、間部詮房に上申した。これは、貨幣改鋳に関する私論、幣制改革諸論に対する批判、改鋳要領および実施の方法などについて説明したものである。このなかで白石は、物価が騰貴するのは、貨幣の質が低下したからではなく、貨幣数量の過多に原因がある、したがって、貨幣数量の調節こそが物価安定の根本政策である、と指摘している。つまり白石は、物価騰貴の是正を貨幣数量の減少に求めたのである。

かくして白石は、貨幣品位の復古と貨幣数量の削減を目標とし、貨幣改鋳に関する基本方針と実施要領を示した。その基本方針としては、金銀ともに慶長の法のごとくにすべきこと、幕府の費用を惜しまないこと、庶民の利を奪わないこと、この件を担当する役人を選ぶべきこと、誠信を失わないこと、の五ヵ条をあげている。また実施要領などについては、幕府内で評定したのち、和泉《いずみ》国堺《さかい》の商人谷長右衛門《たにちょうえもん》の意見を入れて大幅に修正されたものの、一応白石の改鋳案を基本に、改鋳は実施されることになった。
その実施に先立ち、正徳四年五月一三日に、荻原重秀と結託して宝永七年（一七一〇）以来不法に悪銀を鋳造した罪により、勘定組頭の保木公遠《ほききんとお》・小宮山昌言《こみやままさとき》両名は逼塞、銀座年寄深江庄左衛門《ふかえしょうざえもん》以下四名は遠流、同じく中村内蔵助《なかむらくらのすけ》は追放に処せられた。このときの手入れによって押収された深江庄左衛門の手記から、改鋳によって重秀が金二六万両、その家来長井半六《ながいはんろく》が六万両を得ていたことが判明したという。

ついで同年五月一五日、幕府はついに貨幣改鋳の実施に関する通達を発令し、品質の良い正徳金銀貨の鋳造・発行を行った。正徳金（小判・一分金）は、形状・大きさ・様式などすべて慶長金と同様であったばかりでなく、金含有率も同じ八四・二九％であった。しかし、せっかく鋳造した金貨に対し、慶長金より品位が劣るという疑いをもつ者もいたので、幕府は翌正徳五年、それよりも金含有率が二・五％高い（八六・七九％）新金を発行した。また、正徳銀（丁銀・豆板銀）も慶長銀と同じ品位で、銀含有率が八〇％の良質銀貨であった。そして幕府は、この正徳金銀貨の鋳造開始とともに法令を出して、新金銀貨が広く流通するまでは慶長・元禄・宝永いずれの金銀貨も通用することにし、その通用割合をつぎのように定めた。

① 慶長金・正徳金各一両は、宝永金二両に相当する。

② 元禄金と宝永金は同額を基本とするが、元禄金を正徳金に引き替える場合は、元禄金一〇〇両

を正徳金五一両一分とする。
③ 慶長銀・正徳銀各一貫目《かんめ》は、宝永銀二貫目に相当する。
④ 元禄銀一貫目は、宝永銀の一貫六〇〇匁《もんめ》に相当する。

しかし、右の金銀貨の通用割合には不合理な点があったため、古金銀との引き替えはあまり進まず、回収した慶長金銀貨などを正徳金銀の鋳造素材にあてようとした幕府の企図は、当初から困難に直面した。また正徳金銀は、宝永金銀の倍額に定められたため、実際の使用にあたっては高額貨幣として扱われ、宝永金銀のほうが一般に便利として喜ばれる傾向がみられたという。こうして、市場混乱のうちに正徳六（享保元）年四月将軍家継が没し、紀州《きしゅう》藩主徳川吉宗《とくがわよしむね》が将軍家を相続した。

吉宗は、貨幣政策については正徳金銀をそのまま採用し、享保八年（一七二三）から、元禄以降に発行された金銀貨の通用停止を命じ、そうした金銀貨は金座・銀座で潰し金銀として買い取ることにした。その結果、ようやく古い金銀貨も回収され、正徳金銀貨が支配的な貨幣となったが、その鋳造高は宝永金銀に比べてかなり少なく、したがって流通量が収縮したため、商活動は萎縮し、物価はいちじるしく下落して、各方面に多大な影響を与えた。とくに米価は、正徳期の三分の一以下にまで下落し、幕府・大名から武士・農民に至るまで収入の減少をもたらした。そこで幕府は、享保一五年（一七三〇）にせっかく停止した宝永金の再通用を認めたが、通貨不足を緩和し、米価の下落を防止するには至らなかった。

かくして幕府は、金銀貨の供給量を増やすため、吉宗時代後期の元文《げんぶん》元年（一七三六）五月、品位の低い金銀貨の改鋳を行った。鋳造高も、正徳金銀に比べ、金貨は二倍、銀貨は一・六倍に及んだという。この元文金銀の普及により、通貨収縮は解消し、米価をはじめ諸物価は下落傾向から立ち直ったのである（土屋喬雄・山口和雄監修、日本銀行調査局編『図録　日本の貨幣3　近世幣制の展開』）。

長崎貿易の制限

新井白石の改革は、長崎貿易にも及んだ。白石は『折りたく柴の記』の中で、「慶長以来の計一〇七年間に、（中略、貿易により）金は四分の一が失われ、銀は四分の三が失われたことになる。（中略）銅は、すでにいま海外貿易の材料に足りないだけでなく、わが国の一年間の使用量にも足りないのである。わが国に産出する永久の宝ともいうべきものをむだ使いして、外国から来る、ただ一ときの珍しいもてあそびものと交換し、そうした取引きのためにわが国威を落とすようなことは、適当とは思われない。（中略）毎年わが国に産出する金・銀・銅と、外国に流出する概数を比較して長崎で貿易のために使用すべき年額を決め、次に外国船に載せてくる物資の量を計り、その船数およびその積んでくるものの数まで決めて、積んできたかぎりのものはすべて買い取るようにしたならば、いままでのように密貿易のためにわが国の宝を失うこともなくな」る、と述べる。

しかし、すでにこの時期、金・銀の流出はほとんど停止していた。また銅についても、輸出品の中心ではなくなりつつあった。右の点を除けば、正徳五年（一七一五）正月に発令された「海舶《かいはく》互市《ごし》新《しん》例《れい》」（いわゆる「正徳新例」）は、おおむね白石の趣意のとおり行われた。ただし、白石は貿易の実際についてはは不案内なため、この法令は長崎奉行大岡清相《おおおかきよすけ》との合作といってもいいものであった。その主な内容は、以下のとおりである。

① 中国船は、従来の船数年五九艘・取引銀高一万一〇〇〇貫目を、三〇艘・六〇〇〇貫目（最大限九〇〇〇貫目）とする。実際には銀ではほとんど支払われず、代わりの輸出品は銅三〇〇万斤と、いりこ・ほしあわび・ふかひれ（これを「俵物」という）、俵物以外の昆布・するめなどの海産物、真鍮製品・蒔絵・伊万里焼などの商品、とした。船数が半分というのは大きな削減であり、その結果発生が予想される密貿易防止のため、「信牌《しんぱい》」＝通商許可証をもつ中国船だけ長崎入港を認めた。

② オランダ船は、船数年二艘・取引銀高三〇〇〇貫目、うち銅の輸出は一五〇万斤とする。こちらはほぼ従来どおりである。

③ 輸入品の購入は、それまでの入札方式をやめ、長崎会所で価格を決定する値組方式で行い、一括購入したのち、これを一般の商人に入札で販売し、その利益を長崎会所の収入とする。

右の内容は、側用人間部詮房の手許で二三通の書付にまとめられ、上使の大目付仙石久尚《せんごくひさなお》らが、正徳五年二月二三日、長崎奉行に宛てた老中奉書とともに、長崎に持参した。この老中奉書の原案も詮房の手許、つまり御用方右筆によって作成されたが、清書は「表」、すなわち老中の手許で行われた

（国立公文書館所蔵「正徳新令」）。

このように、「海船互市新例」は上使の派遣により施行されることになった。同法令は、銅の輸出可能高にあわせた貿易制限策が中心であり、かかる意味では消極的な貿易政策といえる。しかし白石に、貿易量の制限に伴う輸入品の欠乏から、国産を奨励する意図があったとするならば、この改革は大きな意義があったことになる。実際、白石は近衛基熙宛の書状の中で、当時の輸入品の中心をなす朝鮮人参の国産化に言及しているのである。また、白石による長崎貿易制限策は、正徳金銀と同じく、八代将軍吉宗にも受け継がれた。さらに吉宗は、国産開発策をも継承し、ついに朝鮮人参の国産化に成功するのである。

四　享保期の政治と社会

1―紀州藩士の幕臣化と改革政治

紀州藩主徳川吉宗の将軍就任

徳川吉宗《とくがわよしむね》は、貞享《じょうきょう》元年（一六八四）一〇月に紀州《きしゅう》藩二代藩主徳川光貞《みつさだ》の四男として紀州和歌山《わかやま》で生まれた。幼名は源六《げんろく》、ついで新之助《しんのすけ》と称し諱《いみな》は頼方《よりかた》と名乗った。生母は、巨勢《こせ》六左衛門《ろくざえもん》利清《としきよ》の娘おゆりの方。元禄《げんろく》九年（一六九六）四月、一三歳のとき将軍綱吉《つなよし》に初めて御目見え、同一二月には従四位下左近衛少将《さこんえのしょうしょう》に叙任され、主税頭《ちからのかみ》と称した。ちなみに、四位少将は、国持大名などの大大名に許される官位である。若年で許されたのは、御三家に生まれたからであろう。ついで翌一〇年四月、綱吉が江戸赤坂《あかさか》の紀州藩邸に御成《おなり》した際、越前《えちぜん》国丹《に》生《う》郡において三万石の領地を与えられた。このののち何事もなければ一小大名として終わるはずであったが、宝永《ほうえい》二年（一七〇五）五月、三代目藩主の長兄綱教《つなのり》が没し、あとを継いだ次兄頼職《よりもと》も同年九月に死去したため、思いがけず紀州和歌山五五万五〇〇〇石の藩主となった。ときに二二歳、同年一二月には、従三位左近衛権中将に叙任され、綱吉の一字をもらって吉宗と改めた。さらに、翌宝永三年一一月に参議、同四年一一月には権中納言《ごんのちゅうなごん》に昇進した。

つまり、吉宗が紀州藩主であった時期は、宝永二年一〇月から正徳《しょうとく》六年（一七一六）五月までの一二年間である。これ以前から、紀州藩では、たび重なる江戸屋敷の焼失、将軍綱吉の娘鶴姫《つるひめ》と綱教との婚礼、綱吉の藩邸への御成などに大金を使い、財政難に陥っていた。しかも、吉宗が藩主を継いだ年には、綱教・光貞・頼職と大きな葬儀が続き、藩財政にさらなる負担となった。そこで吉宗は、財政再建のため、出費抑制と土地開発などによる収入増を図った。すなわち、宝永四年から七年にかけて、家中に二〇分の一差上金を課し、同五年には小役人八〇人を整理した。また、勘定方役人の井沢《いざわ》為永《ためなが》や学文路《かむろ》村の庄屋大畑才蔵《おおはたさいぞう》などを挙用して、大規模な灌漑用水工事を行わしめた。その結果、財政状況も立ち直り、二〇分の一差上金も藩士に返し、金蔵・米蔵に貯蔵ができるようになったという。

正徳六年四月、吉宗にさらなる幸運が訪れた。七代将軍家継《いえつぐ》が数え年八歳で没し、将軍家を相続することになったのである。これより前、六代将軍家宣《いえのぶ》危篤の際、家宣は御三家に、幼児将軍家継を補佐するよう依頼して亡くなったが、新井《あらい》白石《はくせき》によれば、家宣は、家継にもしものときがあった場合には尾張吉通《おわりよしみち》を後継に考えていたという。しかし吉通は、正徳三年七月に没していたため、紀州吉宗が将軍家を継ぐことになったのである。

家継重病のとき、吉宗に会って将軍の後見をするよう申し渡したのは、六代家宣の正室であった天英院《てんえいいん》である。これに対して、吉宗は辞退したが、天英院は、先代家宣の思し召しであること、天下のためであること、を述べて説得したため、受諾したという。吉宗は四月三〇日、江戸城二の丸に入り、同日夜家継が死去したので、将軍家を相続して「上様《うえ》」と称した。そして、年号が改まった享保《きょうほう》元年八月一三日、将軍宣下の式が行われ、正式に「公方《くぼう》様」となった。

紀州藩士の幕臣化

吉宗の将軍家相続にあたり、五代綱吉・六代家宣の場合と同じように、紀州藩士が幕臣団に編入された。しかし、両者と異なり、吉宗は紀州徳川家を存続させたため、一部の家臣を幕臣とした。その状況を年代順にみてみよう。

○正徳六年（一七一六）四月晦日——徳川吉宗、家宣の遺命により江戸城二の丸に入る。紀州藩年寄小笠原《おがさわら》胤次《たねつぐ》・御用役兼番頭有馬《ありま》氏倫《うじのり》・同加納《かのう》久通《ひさみち》をはじめ紀州藩士九六名、吉宗に供奉する。

○同年七月一日——享保元年に改称。

○享保元年八月四日——吉宗の長男長福《ながとみ》（のちの九代将軍家重《いえしげ》）、紀州藩赤坂邸より江戸城二の丸に移る。長福付き御守市川《いちかわ》清比《きよちか》・同高井《たかい》清房《きよふさ》・御用役（御守）豊島《としま》朝治《ともはる》をはじめ紀州藩士四二名、長福に供奉する。

○同年一〇月一八日——吉宗の次男小次郎《こじろう》（のちの御三卿田安《たやす》宗武《むねたけ》）、青山《あおやま》の紀州藩邸より江戸城に移る。小次郎付き御守兼薬込《くすりこみ》頭野村《のむら》義茂《よししげ》・御用達兼薬込頭平塚《ひらつか》近秀《ちかひで》・薬込頭能勢《のせ》隆重《たかしげ》・納戸《なんど》頭小《こ》出半大《いではんだ》夫《ゆう》をはじめ紀州藩士一八名、小次郎に供奉する。

○享保二年二月九日——紀州藩士三名、召し出さる。

○同年一一月三日――紀州藩士五名、召し出さる。
○享保三年五月一日――吉宗の母浄円院《じょうえんいん》、紀州和歌山城より江戸城二の丸に移る。紀州藩大番頭格巨勢由利《こせよしとし》（浄円院の実弟）・奉行桑島政周《くわしままさちか》・御供番頭格富松重基《とみまつしげもと》・小性《こしょう》巨勢至信《ちかのぶ》（浄円院の甥）をはじめ紀州藩士二三名、浄円院に供奉する。
○同年五月二六日――紀州藩士一名、召し出さる。
○享保八年七月一八日――紀州藩士井沢為永、召し出さる。
○享保九年――紀州藩士一五名、召し出さる。
○享保一〇年一〇月二一日――紀州藩士一名、召し出さる。

右にみたように、正徳六年四月から享保一〇年一〇月にかけて紀州藩士二〇五名が幕臣団に編入されているが、彼らの大部分は、吉宗・長男長福・次男小次郎・母浄円院など吉宗一家が紀州の江戸藩邸や和歌山城から江戸城に移った際に、彼らに従って徐々に幕臣となった。そして、御目見え以上の者一一四名のうち、吉宗や浄円院に供奉した者は主に吉宗の側近役に任命され、長福や小次郎に供奉した者はそれぞれの側近に配置されたのである。

吉宗に供奉して江戸城に入り、将軍側近役に任命された人たちの状況をみたのが、表12である。紀州藩の年寄（家老）一名・御用役兼番頭二名の計三名が新設の御用取次に、小性一九名がそのまま小性に、御供番頭以下三九名が小納戸に、医師二名がそのまま医師に就いていることがわかる。表13は、その紀州藩出身者の将軍側近役に占める割合についてみたものである。将軍の身の回りの世話をする役職である小性・小納戸は、まったく一新されている。しかも、吉宗が、側用人《そばようにん》に代わる役職として新設した御用取次と、将軍の私経済を管掌する小納戸頭取は、終始紀州藩出身者が独占していた。ま

表12　紀州藩士の幕臣化後の役職

	紀州藩時代		幕臣化後	
	職名	人数	職名	人数
吉宗御供	年寄	1	御用取次	3
	御用役兼番頭	2		
	小性	19	小性	19
	御供番頭	2	小納戸	39
	御用達兼小性頭	1		
	御用達(大小性頭)	1		
	御用達	1		
	十人組頭	2		
	小性	2		
	御膳番	6		
	奥之番	5		
	近習番	19		
	医師	2	医師	2

註　深井雅海『徳川将軍政治権力の研究』により作成。

表13　紀州藩出身者の将軍側近役に占める割合

職名＼年代	享保3(1718)	享保17(1732)	寛保3(1743)
	人　%	人　%	人　%
御用取次	2/ 2 (100)	2/ 2 (100)	2/ 2 (100)
側衆	2/ 5 (40)	4/ 6 (67)	4/ 5 (80)
小性衆	16/16 (100)	10/19 (53)	9/20 (45)
小納戸衆	38/38 (100)	28/36 (78)	24/37 (65)
小納戸頭取	—	3/ 3 (100)	4/ 4 (100)

註　深井雅海『徳川将軍政治権力の研究』により作成。

た吉宗は、後述するごとく、将軍直属の情報収集役である「御庭番」や、新田開発を担当する勘定方役人にも、紀州藩出身者を登用したのである。

御側御用取次の新設とその役割

吉宗が将軍家を相続すると、大名役の側用人をいったん廃止し、その代わりに、旗本役の側衆のなかに御用取次を新設した。表向きには、吉宗が将軍側近役の権能を縮小したかにみえる。実際、格式上は、側用人の侍従・老中格、もしくは少将・老中上座に対し、御用取次は諸大夫であるので、かなり格下である。また、初代の御用取次に任命された小笠原胤次・有馬氏倫・加納久通の禄高は、当初それぞれ、二五〇〇石・一三〇〇石・一〇〇〇石であったが、その後も、有馬・加納の両名が享保一一年（一七二六）にようやく一万石の大名に列したにすぎない（なお、小笠原は享保二年に隠居している）。したがって、柳沢吉保《やなぎさわよしやす》の一五万石余、間《ま》部《べ》詮房《あきふさ》の五万石とは比べようがない。しかし、こうした格式や禄高とは別に、有馬や加納の取り次ぎ範囲が拡大していることに注意すべきである。つまり、側用人は格式の高さのために、将軍との取り次ぎ範囲が表向き老中・若年寄などの幕閣に限定されていたが、享保期には、取り次ぎ役を旗本役に格下げしたため、同じ旗本役の実務吏僚にも接触が可能になったといえよう。以下、その実態をみてみよう。

江戸の南町奉行大岡忠相《おおおかただすけ》の命によって編纂された法令先例集に、『撰要類集《せんようるいじゅう》』がある。この史料により、享保前期における、町奉行ら実務吏僚から幕閣などに上申された法令の上申先内訳をみたのが、

表14である。この表により、町奉行などが起案した法令案が、最初誰に上申されたのかがわかる。同表によると、御用取次の有馬・加納両名に上申された案件が老中のほぼ二倍、全体の六五％を占めている。では、このような案件は、どのような立法過程を経て決定されたのであろうか。有馬と加納に上申された案件を、一つずつみてみよう。

まず、有馬に上申された、物価引き下げ令についての法令案をみよう。この法令は、享保九年（一七二四）二月、昨年から米価が下落しているため、それに応じて、酒・酢・醤油・味噌その他物価の引き下げを命じたものである。法令案の後書によると、つぎのことがわかる。すなわち、この町触（江戸の町に出す法令）案は、最初町奉行から有馬に上申されて文言の修正が行われたうえ、町奉行は、有馬から町触を申し付けるべきことと、月番老中にも上申すべきことを指示されたので、翌日、全国法令案も添えて月番老中の安《あん》藤重行《どうしげゆき》に上申したところ、また文言の修正を指示され、二日後に書き直して再度上申し、決定をみている。

表14　実務吏僚から上申された法令の上申先内訳（享保前期）

職　名	上申先氏名	法令の数	小計（％）	合計（％）
御用取次	有馬氏倫	82	119（65）	183（100）
	加納久通	37		
老　中	水野忠之	24	59（32）	
	戸田忠真	14		
	井上正岑	10		
	安藤重行	5		
	松平乗邑	5		
	久世重之	1		
若年寄	大久保常春	5	5（3）	
	石川総茂	0		

註　深井雅海『徳川将軍政治権力の研究』により作成。

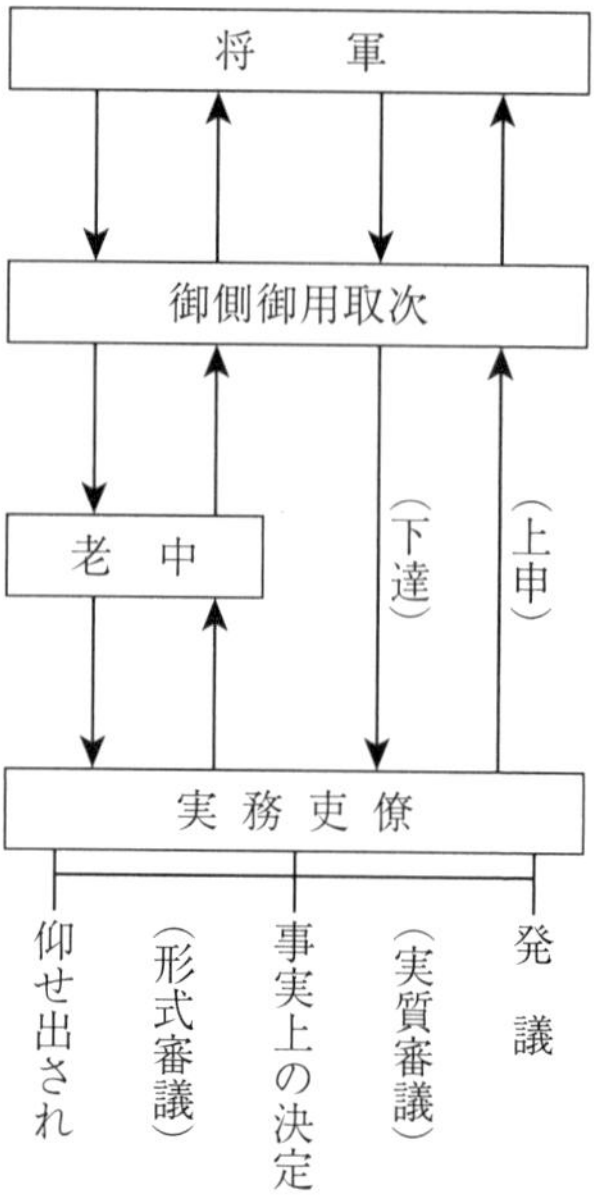

図11　吉宗政権の政策決定過程
（大石慎三郎「『大岡越前守忠相日記』とその史料価値についての若干の考察」掲載の図を加工）

ついで、加納に上申された、三《み》笠付《かさづけ》（博奕《ばくち》の一種）・博奕打《ばくちう》ちの処罰に関する法令案をみよう。この案件は、三笠付や博奕を行った者に、重い過料（過失の償いに出させた金銭）を申し付けてもなかなか減らないと思うので、首謀者は死罪に処してはどうか、との享保八年二月二六日付の評定所一座からの伺いである。加納の答えは、つぎのようなものであった。すなわち、初犯の場合は今までのとおり過料を申し付けるべきであるが、再犯者については、伺いのとおり死罪を申し付けるよう指示し、このことは、町奉行から寺社奉行・勘定奉行にも伝達するように述べている。

右の決定過程を図で示すと、おおむね図11のような形式になるのではなかろうか。つまり、町奉行や評定所一座などの実務吏僚が発議した案件はまず将軍側近役の御用取次に上申され、将軍吉宗との間で実質審議が行われて事実上の決定をみる。その後、行政機構の長官である老中に上申されて形式審議が行われたのち、御用取次を経て将軍に上申され、正式に決裁を得て下達される。あるいは、加納に上申された案件のように、老中に上申された形跡のない案件もみられる。要するに、老中の役割は形骸化しているわけである。かかる政治手法は、将軍主導で改革政治を迅速に進めていくうえで威力を発揮したといえよう。将軍吉宗が旗本役のなかに御用取次を新設した意図も、この点にあったものと思われる。

将軍吉宗は、人事面でも御用取次を使って主導権を発揮している。ここでは、吉宗政権後期の延享《えんきょう》元年(一七四四)における、寺社奉行・奏者番の人事決定過程の状況を、大岡忠相の日記によってみてみよう。大岡は、町奉行を一九年間務めたのち、大名役の寺社奉行に抜擢され、在職九年目であった。同年五月七日、御用取次の加納久通・小笠原政登《おがさわらまさなり》(有馬氏倫の後任)両名は、将軍吉宗の意をうけて、寺社奉行から大坂城代に転出した堀田正亮《ほったまさすけ》の後任には誰が適当か、在職中の寺社奉行大岡忠相・本多正珍《ほんだまさよし》・山名豊就《やまなとよなり》の三人に諮問し、奏者番の選任については、三人それぞれに推薦したい人物の書付を提出するよう指示している。三人の寺社奉行は、同役については当日松平武元《まつだいらたけちか》を推挙し、奏者番については、三日後の一〇日に玄以《げんい》という坊主を通じて、三人それぞれが書付を加納へ上申している。そして一五日に、寺社奉行には松平武元、奏者番には二人の大名が任命されたのである。この人事案件についても、大岡の日記をみるかぎり、老中は係わっていない。

幕府の正史である『徳川実紀』には、吉宗は加納・有馬両名を「左右の御手のごとく」使ったと記されているが、まさにかかる側近が将軍の決定を側面で支えたといえよう。

将軍直属の隠密・御庭番は、幕初からあった役職ではなく、徳川吉宗が将軍家を相続した際に初めて設置したものである。まず、その目的を考えてみよう。将軍は、本質的には独裁者であるものの、通常江戸城の奥深くで生活しているため、さまざまな情報から隔離された状態にあるといえよう。したがって、社会の動きを独自に入手できる手段がなければ、行政機構を掌握している老中の意のままになりがちであり、将軍自身が幕政の主導権を握ることは難しい。一門から養子として入り、将軍になった場合はなおさらである。

御庭番の創置

吉宗は、こうした状況を認識し、将軍を継ぐにあたって、先述の側近の他、紀州藩において隠密御用を務めていた薬込役一六名と、馬口之者（馬のくつわを取って引く役）一名の計一七名も同時に幕臣に取り立て、彼らを「御庭番家筋」として将軍直属の隠密御用に従事させることにした。「御庭番家筋」の者は、幕臣取り立て直後には一時的に広敷伊賀者《ひろしきいがもの》（大奥女中の警衛などを担当）という役職に編入されて隠密御用を務めていたものの、享保一一年（一七二六）に独立して御庭番の名称をとなえることになった。

この御庭番という名称は、いわば隠れ蓑としての表向きの職務に由来する。すなわち御庭番は、表向きには江戸城本丸御殿大奥所属の広敷役人であり、その主な職務は、天守台近くの庭に設置された御庭番所に、交代で三名ずつ宿直をすることである。しかし内密の職務では、将軍自身や、政務補佐役である御側《おそば》御用取次の直接の指令をうけて、大名や遠国奉行所・代官所などの実情調査、天災などの被害調査、また老中をはじめとする諸役人の行状や世間の風聞などの情報を蒐集し、その調査結果を風聞書にまとめて上申した。ただし、将軍が直接御庭番に命令を下すことは少なく、通常は御用取次が将軍の命をうけて内密御用を管掌した。したがって享保改革期には、同じ紀州出身の加納久通と有馬氏倫（没後は小笠原政登）が御庭番を掌握していたのである。

　では御庭番は、どのような調査を命じられたのであろうか。同じ紀州出身の植村左《うえむらさ》平次《へいじ》政勝《まさかつ》の「書留」により一例を示そう。

> 同年（寛保《かんぽう》二年）九月朔日、関東大水所々大難につき五ヶ国相廻り、右隠密御用につき、武州《ぶしゅう》の内所々、幷上州《じょうしゅう》・常州《じょうしゅう》・下総《しもうさ》・下野《しもつけ》此五ヶ国、人馬損シ田畑荒見分に、紀州ゟ御供付古坂与《ふるさかよ》七《しち》郎《ろう》・馬場《ばば》善吉《ぜんきち》・川村弥《かわむらや》五《ご》左《ざ》衛《え》門《もん》・自分、右四人家来召し連れず、日用二人下され、此者に着替え持たせ行き申し候、右見分は、書付をもって申し上げ、諸大名御手伝仰せつけられ候事につき、此節御用懸御側衆ハ加納遠江守《とおとうみのかみ》・小笠原石見守《いわみのかみ》御両人の御印形御証文御渡し、請け取り持参申し候、右御用筋、委細御直々御前え申し上げ候、同月廿日帰着

　すなわち、寛保二年（一七四二）に関東地方で発生した大洪水の被害調査のため、古坂遠経《みちつね》・馬場信富《のぶとみ》・川村徳宦《のりのぶ》の三人の御庭番と植村政勝（庭方下役）は、御側御用取次加納久通・小笠原政登両名の証文を持参して、武蔵《むさし》・上野《こうずけ》・常陸《ひたち》・下総・下野の五ヵ国を回村し、調査結果を将軍吉宗に直接報告している。そして、その報告をふまえて、諸大名に復興のための手伝いが命じられたことがわかる

（深井雅海『江戸城御庭番』、大石学「享保改革期の薬草政策」）。

このように、将軍吉宗とその側近は、御庭番のもたらした情報を有力な手掛かりにして改革期における諸種の政策や人事を決定したものと考ええられる。

目安箱の設置　御庭番と同じく、将軍の重要な情報源となったのが、目安箱である。目安箱（正しくは訴状箱）は、広く庶民から施政上有益な意見を入手し、また諸役人の不正や政治に対する民衆の不満・批判を把握するため、享保六年（一七二一）八月以降、毎月評定所式日の三日間（二日・一一日・二一日）、昼九つ（一二時）まで評定所門前腰掛の上に設置された。この目安箱の設置が決まると、江戸日本橋の高札場に訴状の投入要領を記した高札が建てられた。それには、直訴すべき事項として、

① 政治について有益と認められる意見

② 役人その他の私曲・非分のこと

③ 訴訟を起こしたにもかかわらず、役人が審議を行わないで永く放置した際には、役所に断わったうえで直訴すること

の三点が掲げられていた。このようにその設置は、従来厳禁されていた庶民からの将軍への直訴を制度化したという意味において画期的であった。しかし、投書には一定の条件が付され、訴人の名前と住所が明記されない訴状は焼き捨てられた。

では、目安箱はどのような手続きをふんで将軍のもとに届けられたのであろうか。幕末の状況を示す『千代田城大奥』という書には、つぎのように記されている。

> 目安函は式日の翌日本丸へ差出す、其手順は（老中の）御用部屋迄は目付之《こ》れに付添ひて持参し、老中之《これ》を受取て、御側御用取次を呼び、「お箱が参りました」と言って渡す、（中略）此先は御用お取次自身に持ちて「御休息の間」の下段中央に至り、箱を置き少し下って両手をつく、此お箱出づれば、お小姓はみな〱起《たつ》て次へ下る、扨《さ》て将軍はその襯衣《はだぎ》の襦袢《じゅばん》に付くる守袋《まもりぶくろ》に添へて、錦の小き袋を肌に付け、之れをば常に持ち居けるが、此袋の内には、目安函の鍵を入れて有るなり、目安函の来るを見て、即ちこの錦の袋より鍵を取出だし、自身に函を開く

目安箱は、目付から老中、老中から御側御用取次へ渡され、御用取次が将軍の御前に持参し、小性人払いのうえ、将軍自身が身につけている鍵（図12参照）を出して箱を開ける様子がうかがえる。

近年、徳川宗家文書のなかから、安政《あんせい》五年（一八五八）の「訴状留」が発見された（財団法人徳川記念財団編集図録『家康・吉宗・家達――転換期の徳川家――』）。これ

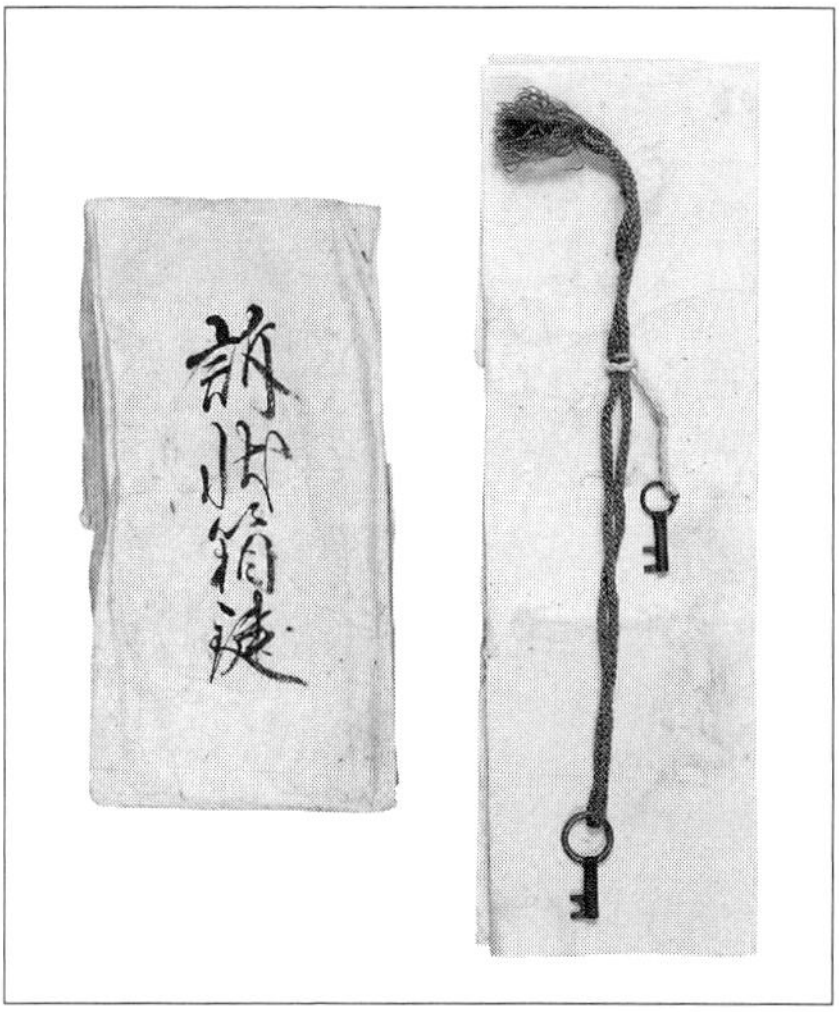

図12　将軍家伝来の目安箱（訴状箱）の鍵

表15　目安箱への投書の数（安政5年）〈1858〉

領主の別／月	幕府領	大名領	旗本領	その他	訴人不明	再訴	計
正月	4	2			1	4	11
2月	5		2		2	20	29
3月	4	2	5	3		30	44
4月	6		5	5	2	20	38
5月	3	1	2	3	2	15	26
6月	6		2	3		20	31
7月	1	1		1		18	21
8月	1	1		1		6	9
11月	3		5	3		8	19
計	33	7	21	19	7	141	228

註　藤田英昭・望月良親「『訴状留』釈文」により作成。その他は相給、不明など。

は、幕末期のものではあるが、一年間に目安箱へ投書された訴状の数とその内容がわかる貴重な記録である。この史料には、一件ごと支配領主名・訴人居所・訴人名・訴願内容が記載されている。それを領主別・月別にまとめたのが、表15である。一年間に二二八通の訴状が投書されているが、注目されるのは再訴の多さである。一四一通、六割強を占める。これは、一回の投書ではなかなか採用されないことを物語っている。また、訴願内容は、代官所役人や村役人の非分、領主非道が多い。幕末期に御側御用取次を務めた竹本要斎《たけもとようさい》（隼人正正明《はやとのかみまさあき》）も、『旧事諮問録』のなかで、「百姓が地頭の非を訴えるのが多い」、「めったに採用のできることはない」と話す。しかしその一方で、竹本は「言えぬ事と言えることがたまさかにあ」り、その場合は、将軍もしくは御用取次が御庭番に面会して探索を命じたと述べている。

　重要なことは、訴状を採用するか否かは将軍の手に委ねられていることである。したがって、目安箱を活用するもしないもその時々の将軍しだいということになる。この点、創始者の吉宗は最も活用した人物の一人といえよう。これは、投書によって、小石川養生所《こいしかわようじょうしょ》や防火のための火除地・瓦屋が設けられたことなどが広く知られていることからもうかがうことができる（『有徳院《ゆうとくいん》殿御実紀附録』巻三）。

改革の始期

一般的に、改革が本格化したのは、享保七年（一七二二）五月に、老中水野《みずの》忠之《ただゆき》が勝手掛に任命されてからとされる。享保改革の代表的な研究者の一人である大石慎三郎氏も、それまでは準備期で、「老中以下の幕府正規役職の権威をたてることに意をつかうなどして、あまり独自の政治は行なっていない」と指摘されている（『国史大辞典』〔吉川弘文館〕の「享保の改革」の項）。

しかし筆者は、それより三年前の享保四年五月二七日に、諸役人・諸番頭に諸法度・諸制度の見直しを指示した法令（『御触書寛保集成』一〇三二号）に注目したい。それは、以下のような内容である。

一、前々より仰せ出され候御法度の儀にても、時に至り不相応と存じ付き候儀ハ、早速申し上げるべき事
一、諸役所、前々よりの格を以て勤め来たり候事共の内、然るべからずと存じ付き候儀は、その旨を達し相《あい》改めるべき事
一、新規の儀、何にても然るべきと存じ付き候儀、早速申し上げるべき事
右、少しの儀にても存じ寄りこれあるにおいては、遠慮なく申し出候様に急度相心得るべく候、
以上

すなわちこの法令では、以前出された法度であっても時宜に応じないと思うことはさっそく申し上げること、諸役所で慣例をもって勤めてきたことであっても、よろしくないと思いついたことについては、そのことを申し出て改めること、どんなことであっても、新たに設けたほうがよろしいと思いついたことはさっそく申し上げること、を指令している。つまりこれは、司法・行政の全面的な見直しを指示した重要な法令といえよう。重要な法令であることは、老中列座・若年寄侍座のなか、書付を奥右筆《おくゆうひつ》組頭が読んだうえ、寺社奉行以下主な役人全員に老中の水野忠之が申し渡すという、その伝達のあり方からもうかがうことができる（「仰出之留」）。

しかし結局、諸役人たちからの申し出はなかったため、この法令は、翌享保五年八月五日に再度発令されている。さらに同年には、行政の中心的存在である三奉行と勘定吟味役、および遠国奉行に、「統治心得」とでも称すべき書付が申し渡された。この法令の内容は長文のため省略するが、その書付は、寺社奉行・町奉行・勘定奉行の三奉行と勘定吟味役には老中列座のうえ水野忠之が渡し、京・大坂《おおさか》・長崎《ながさき》・日光《にっこう》・駿府《すんぷ》・堺《さかい》の各奉行には殿中、もしくは継飛脚にて伝達している。伝達対象が行政官であることは明らかであり、改革にあたって、行政の基本方針を提示したものといえよう。かかる「統治心得」の書付は、翌享保六年六月二八日にも再度発令されている。ここでは、この書付を役所などへ張紙にして、下級役人まで周知徹底させるように、との吉宗の指示が出されているのである。

このように、行政の見直しと「統治心得」に関する法令は、いずれも二度にわたって発令されていることから、将軍吉宗の改革にかける熱意を読みとることができる。なかでも、享保四年五月二七日に発令された、行政の全般的な見直しを指示した法令は、享保改革の出発点ともいえる法令であり、慣例重視から変革へと、役人たちの意識改革を促した画期的な法令といえよう（深井雅海「法令の伝達と将軍吉宗の主導」）。

足高の制と人材登用

よく知られているように、将軍の直臣で、禄高一万石未満、将軍に御目見えを許された者が旗本である。旗本は約五二〇〇人。それぞれ、先祖の勲功により家に付いた禄高＝家禄を与えられていた。したがって旗本は、この家禄に応じた役職を務めるのが基本である。当然のことながら、高い家禄の者が上級の役職に就任することになるが、高家禄の家にいつも有能な人材が出現するとは限らない。すると幕府は、少禄の者を上級職に抜擢し、人材を補ってきたが、そのときは上級職にふさわしい禄高に加増する必要にせまられた。実際、江戸時代前期には、家禄を加増された者も多く、それだけ幕府にとって直轄領が減少することになり、それを続けると財政が悪化することは明らかである。一方、抜擢をうけた者も全員が家禄を加増されたわけではなく、彼らにとってみれば、上級職に就任したことによる負担は大きく、家計困窮の要因となった。

そこで幕府は、四代将軍家綱《いえつな》時代の寛文《かんぶん》五年（一六六五）・六年の両年に、職務に伴う負担の補助として、つぎのような定額の役料を支給することにした。

二〇〇〇俵　大番頭・留守居

一〇〇〇俵　書院番頭・小性組番頭・大目付・町奉行
七〇〇俵　新番頭・百人組の頭・旗奉行・作事奉行・勘定頭（以下略）

この役料制は、五代将軍綱吉時代の天和《てんな》二年（一六八二）に廃止となり、寛文以前のように家禄のまま勤務することになった。その後、元禄二年（一六八九）から同五年にかけて、役料制が形を変えて再開された。それは、役職ごとに就任者の基準家禄を設け、それ未満の者にのみ一定の役料を支給する方法である。

五〇〇〇石未満の者は一〇〇〇俵　留守居・大番頭
三〇〇〇石未満の者は一〇〇〇俵　書院番頭・小性組番頭
三〇〇〇石未満の者は　七〇〇俵　大目付・町奉行・勘定頭（以下略）

右にみたような元禄の役料制は、役職ごとに定額の役料を支給する点においては寛文の役料制と、役職ごとに基準家禄を設けている点ではのちの足高の制と共通性があることから、寛文の役料制から享保の足高制への過渡的な制度と考えられている。しかしこの制度は、役料が一定しているため、基準家禄をはるかに下回る者に対しては十分な補助とはならなかった。このため幕府は、享保八年（一七二三）、役職ごとに基準家禄を設け、それ未満の者に対しては不足分を全額支給することにしたのである。足高制の制定については、将軍吉宗の侍講・室鳩巣《むろきゅうそう》の意見が大きな影響を与えたとも、また、紀州系幕臣の一人大島以興《おおしまこれおき》の父古心入道《こしんにゅうどう》の建議に基づくものともいわれている。

表16　足高制実施以前と以後の就任者の家禄比較

役職名＼家禄		500石以下	1000石未満	1000石台	2000石以上	計
大目付	以前	0	4(10%)	11(28%)	24(62%)	39(100%)
	以後	13(26%)	12(24%)	15(30%)	10(20%)	50(100%)
町奉行	以前	0	0	15(65%)	8(35%)	23(100%)
	以後	6(27%)	6(27%)	7(32%)	3(14%)	22(100%)
勘定奉行	以前	1(3%)	2(5%)	18(47%)	17(45%)	38(100%)
	以後	22(40%)	8(14.5%)	19(34.5%)	6(11%)	55(100%)

註　泉井朝子「足高制に関する一考察」の表により作成。

主な役職の基準家禄はつぎのとおりである。

五〇〇〇石　側衆・留守居・大番頭

四〇〇〇石　書院番頭・小性組番頭

三〇〇〇石　大目付・町奉行・勘定奉行・百人組の頭・小普請《こぶしん》組支配（以下略）

足高制の実施によって、小禄の者の起用がどの程度可能になったかを示したのが、表16である。基準家禄三〇〇〇石の役職と設定された大目付・町奉行・勘定奉行は、実施以前には一〇〇〇石未満の者の就任が一〇％以下であったが、実施以後は五〇％以上に増加している。なかでも、幕府の財政を扱う勘定奉行は、五〇〇石以下の者の就任が四〇％を占めている。人材登用が、小禄者を重職に就けるという形であらわされるとするならば、足高制は明らかにその効果をあげたといえよう。

勘定所の改革

吉宗政権はさまざまな改革を行ったことで知られているが、その中心は財政の再建にあった。

したがって改革の矛先はまず、幕府財政の運営、幕府直轄領の支配と貢租徴収、訴訟などを管掌する勘定所に向けられた。この勘定所の長官が勘定奉行であり、その下に勘定組頭、勘定、支配勘定が配属され、監査機関としては、勘定吟味役が設けられていた。

右の勘定所の職務のうち、問題となったのは訴訟である。すなわち、元禄期（一六八八〜一七〇三年）以来活発になった経済活動により金銭貸借などの争いが飛躍的に多くなり、そうした訴訟は幕府の奉行所や評定所に持ち込まれた。このような訴訟を通常「金公事《かねくじ》」と呼ぶが、この金公事の増加が奉行所の事務を停滞させた。そこで、これを解消するために行われたのが、勘定所の機構改革と、後述する相対済《あいたいすま》し令である（大石慎三郎『享保改革の経済政策』）。

まず享保六年（一七二一）閏七月に、勘定奉行以下の勘定方を公事方と勝手方との二つの部門に分け、公事方は主に公事・訴訟などの司法を、勝手方は年貢収納・普請・金銀米銭の出納・旗本の知行割り・代官支配地の割当など、幕府直轄領の支配と貢租徴収、幕府財政の運営を担当することになった。ついで翌享保七年五月には、老中の水野忠之を勝手掛に任命して、勝手方の仕事を総括する最高責任者とし、同年八月には、勘定奉行四人・勘定吟味役三人も勝手方・公事方の双方に分かれて、それぞれが職務に専念できる体制が整えられた。こうして、年ごとに増加してくる訴訟から解放されて、直轄領支配と財政運営に取り組む部門が勘定方のなかに確立したことは、画期的な出来事といえよう。

さらに翌八年七月には、勘定組頭一〇人、勘定一二七人と勘定所吏僚の定員を定め、その職務を新たな機能に基づいて、御取箇改《おとりかあらため》・諸向《しょむき》御勘定帳改・代官伺書吟味ならびに代官割御用・御殿詰《ごてんづめ》・勝手《かって》向納払御用《むきおさめはらいごよう》の五つの係に分けた。これは、下勘定所の御取箇方・帳面方・伺方、御殿勘定所の御殿詰・御勝手方、という二つの勘定所内に設けられた分課の原型が成立したことを意味する。また、それまで上方《かみがた》・関東方と地域によって幕府領を二分支配してきたことを廃止し、勘定奉行による一元的代官統制も実現した。そして、すでにみた足高の制により、勘定奉行は役高三〇〇〇石、勘定吟味役は役高五〇〇石、勘定組頭は役高三五〇俵、勘定・代官は役高一五〇俵の御目見え以上の役と定め、家禄がそれぞれの役高より低い者も就任できるように人材登用を図ったのである。

しかし、御目見え以上の旗本内部からだけの登用では限界がある。御目見え以下の御家人や外部からの登用がなされて、初めて真の人材登用といえよう。この実態をみてみよう。表17は、吉宗政権期の勘定方役人の出自についてみたものである（ただし判明した者のみ）。同表によると、政権前期の享保四年には、五代将軍綱吉の神田《かんだ》御殿旧臣と六代将軍家宣の桜田《さくらだ》御殿旧臣が、勘定吟味役・勘定組頭・勘定・代官それぞれのほぼ四〇%以上を占め、それに班進目見以上、つまり、御目見え以下の御家人から御目見え以上の旗本に昇格した者を加えると、六〇〜九〇%にも達しているのである。換言すると、五代将軍綱吉時代以降旗本に取り立てられた、新参・新興幕臣が勘定方役人の大半を占めていたことになる。そして、政権中期の享保一六年には、そのなかから勘定所の長官である奉行二人が出現している。

このように享保期には、勘定所の機構改革のみでなく、それを生かすための新しい人材の登用も積

表17　吉宗政権期の勘定方役人の出自

年代	職名＼出自	神田御殿旧臣	桜田御殿旧臣	紀州藩旧臣	小計(%)	班進目見以上(%)	合計(%)
享保四（一七一九）	勘定奉行						4(100)
	勘定吟味役	2			2(100)		2(100)
	勘定組頭	5			5(45)	5(45)	11(100)
	勘定	14	33		47(42)	46(41)	112(100)
	代官	9	14		23(37)	12(19)	62(100)
享保一六（一七三一）	勘定奉行	2			2(40)		5(100)
	勘定吟味役	1		1	2(50)	1(25)	4(100)
	勘定組頭	3	4		7(58)	2(17)	12(100)
	勘定	15	27		42(39)	48(45)	107(100)
	代官	10	8		18(39)	13(28)	46(100)
元文六（一七四一）	勘定奉行	1			1(20)	1(20)	5(100)
	勘定吟味役						2(100)
	勘定組頭	3	5		8(62)	3(23)	13(100)
	勘定	10	30		40(24)	105(64)	164(100)
	代官	8	12		20(40)	16(32)	50(100)

註　深井雅海『徳川将軍政治権力の研究』により作成。

極的に行われていたのである。

代官所の改革

つぎに、代官所の改革についてみよう。代官の職務は、幕府の直轄地を支配し、年貢徴収の他、民政を掌《つかさど》ることであり、地位は低い（寛保三年〔一七四三〕に役高一五〇俵となる）ものの、年貢徴収の良否が幕府財政に直接影響を与えるためきわめて重要であった。したがって、五代将軍綱吉時代以降代官の統制を強化し、綱吉時代は五一名、六代家宣・七代家継時代は一〇名と、多数の代官・元代官を処罰している。注意すべきは、処罰理由に、年貢滞納や父祖の代官在職時の負金が非常に多く、しかも、処罰はされなかったが、年貢を滞納している代官が少なからずいたことである。これは、代官個人の不正だけでなく、代官所機構そのものにも欠陥があることを示唆している。

吉宗が将軍に就任すると、綱吉以来の代官統制強化の方針を継承する一方、きめ細かな代官対策を推進していった。将軍家を相続してまだ間がない享保元年七月には、早くも代官に対し、支配下の村々を十分掌握し、政務に精励すべきことを命じている。また同四年九月には、勘定奉行に対して、代官の所替えや新規任命は、その経歴年数の多少にかかわらず、支配地に最もふさわしい人物を任命すること、新規任命の代官は、勘定所の内部から選ぶのが通例であるが、今後は他の役職からでも、適任者がいれば選任すべきこと、近頃は代官・手代の務め方がゆるんできたという風聞もあるので、十分監督すること、などを指示している。さらに翌々六年閏七月には、各代官所に今まで勤めてきた手代は、理由のいかんにかかわらずすべて解任し、名主・庄屋などの不良村方役人の入れ替えも同時に行う方針を明らかにしている。

その一方で、享保一〇年までの一〇年間に処罰された代官は二九名、このうち、年貢滞納・負金とその清算遅滞によって罰せられた者は、一二一名（約七六％）に及んでいる。またこの他、負金返済を督促・厳命された代官は一〇名を数える。こうした現状に対し、幕府は享保八年一一月、全代官の負金を書き出させ、それぞれの実情にそくした年賦返済を命じ、負金の回収を図っている。

しかし、かかる処置だけでは、恒常化した代官の年貢滞納・負金問題を根本的に解決することにならないのはもちろんである。そこで、幕府は享保六〜七年頃からこの問題を検討し始めた。将軍吉宗は同七年一〇月、御側御用取次有馬氏倫を通して代官の一人小宮山杢之進《こみやまもくのしん》に対し、いかにすれば代官が負金をつくらないようになるかということについて下問している。この返答書の中で、小宮山は、関西は別として、関東では不正を一切しなくても、初年度から負金が出るような仕組みになっていると主張している。そしてその原因は、代官所経費の財源が、本年貢に付加して納入される口米から支給されることにあるとする。すなわち、口米の賦課方法の相違により、関東の代官は、同じ支配高一万石でも、関西の代官より収入が六六両一分余り少なくなるとした。したがって、関東の代官には、別に役料を支給する必要があると述べている。

かかる小宮山の意見などを参考にしたうえでのことと思われるが、幕府は享保一〇年九月・一〇月、これまでの口米からの支給をやめて、そのかわりに一定の必要経費を別途に支給する方法に改めた。その支給額は地域によって異なっており、畿内《きない》・海道《かいどう》・北国《ほっこく》・関東・東国《とうごく》筋の代官所には支配高五万石につき金六〇〇両と米七〇人扶持、中国筋の代官所には同じく金六七〇両と米七〇人扶持、西国《さいごく》筋

表18　代官所職員構成と経常費（6万7000石支配の場合）

職　名	人数	手　　当			
元締手代	2	30両	5人扶持×2=	60両	10人扶持
並手代	11	20両	5人扶持×11=	220両	55人扶持
書役	3	5両	1人扶持×3=	15両	3人扶持
侍	3	3両2分	1人扶持×3=	10両2分	3人扶持
勝手賄人	1			5両	1人扶持
足軽	2	3両	1人扶持×2=	6両	2人扶持
仲間	13	2両	1人扶持×13=	26両	13人扶持
計	35			342両2分	87人扶持

費　　目	金　額
検見につき道中入用・在方逗留費	70両
手代在方派遣費	48両
飛脚費	30両
筆・墨・紙・蠟燭代	44両
油・炭・薪代など	29両2分
役勤めについての雑費	100両
計	321両2分
合　計	664両と87人扶持

註　森杉夫「代官所機構の改革をめぐって」の5・6表により作成。

の代官所には同じく金七五〇両と米七〇人扶持である。また、五万石以上を支配する代官には、一万石増すごとに金五〇両と米一〇人扶持を支給することとした。

　では、この支給額はそれぞれの地域において適正だったのであろうか。代官の一人、関東で六万七〇〇〇石余を支配していた日野小左衛門《ひのしょうざえもん》が、享保一〇年に勘定所へ報告した書付によりみてみよう。表18はその内訳である。約七万石を支配するための経常費は、人件費を含めて六六四両と八七人扶持かかっていることがわかる。前述の規定によれば、七万石支配の支給額は七〇〇両と九〇人扶持であるので、三六両と三人扶持だけ少なくすんでいる。つまり、規定額が適正なだけでなく、むしろ少しゆとりのあったことがはっきりするのである。また、この仕法改正以降、年貢滞納・負金による代官処罰は、二〇年間で四件ときわめて少なくなっており、負金防止上大きな効果があったことがわかる（大石慎三郎『享保改革の経済政策』、森杉夫「代官所機構の改革をめぐって」）。

新田開発と年貢増徴策

しかし、これまでみてきた機構改革だけでは、財政の増収に直結しない。そこでまず、享保七年（一七二二）七月に「上米《あげまい》の制」が施行された。これは、万石以上の諸大名に対して石高一万石につき一〇〇石の米の上納を命じ、その代わりに参勤交代の江戸在府年限を半減するという制度である。上米総額は年間で一八万七〇〇〇石余にのぼったといわれているが、この政策は大名に頼った急場しのぎの増収策であった。

本来の財政再建策とは、幕府領の耕地を拡大して年貢米増収を図ることであろう。その方策として、幕府は新田開発策をとり、享保七年七月二六日、日本橋に新田開発を奨励する高札を立てた。その高札には、

一、諸国御領所、または私領と入り組み候《そうろう》場所にても、新田に成るべき場所、これ在《あ》るに於《おい》ては、其の所の御代官・地頭幷びに百姓申し談じ、何れも得心のうえ、新田取り立て候仕形《しかた》、委《い》細《さい》絵図書付にしるし、五畿内は京都町奉行所、西国・中国筋は大坂町奉行所、北国筋・関八州

は江戸町奉行所へ願い出づべく候

と記されていた（『御触書寛保集成』五五号）。日本橋という、江戸の町の中心にかかる高札を立てたことは、商人の出資を促すものといえよう。また、「私領と入り組み候場所にても」とあるごとく、たとえ幕府領と大名領・旗本領などの私領が入り組んでいる場所であっても、幕府の権限で開発を命じようとしたことは、幕府の新田開発にかける意気込みを感じることができる。

しかし、新田開発が可能な地域は、四代家綱・五代綱吉時代頃までにはほぼ開発しつくされており、当時の一般的な技術では困難と思われるような場所しか残されていなかった。したがって、それを開発するには高い技術力を必要とした。そこで、紀州藩から吉宗に呼ばれたのが、井沢弥惣兵衛為永《いざわやそべえためなが》（当時六〇歳）である。井沢は、新田開発に関する高札が掲げられた翌月の享保七年八月、幕府に召し出されて、「在方御普請御用」に取り立てられ、翌八年七月には勘定に任命されて、廩米二〇〇俵を給された（のち加増されて五〇〇俵となる）。幕府が新田開発政策を打ち出した翌月に登用されていることから、この政策を推進するために召し出されたことは明らかである。井沢は、「紀州流」と呼ばれる治水技術の専門家であり、享保一〇年一一月勘定吟味役格に昇進（同一六年一〇月本役）、同一二年六月には勘定吟味役の職務分担により、新田開発政策の実務責任者となって、下役の在方普請役を指揮して活躍した。では、幕府に登用された後の活動状況をみてみよう。

○享保七年――琵琶湖《びわこ》縁辺新田および山城《やましろ》・摂津《せっつ》・河内《かわち》・和泉《いずみ》・播磨《はりま》などの新田を検地し、また淀《よど》川《がわ》・木津川《きづがわ》の水利を視察、帰路には大井《おおい》・富士《ふじ》・酒匂《さかわ》・金目の川々を巡検し、翌八年六月江戸に帰府する。

○享保八年――同年八月、下総国飯沼《いいぬま》および吉田《よしだ》用水路を視察して開拓の計画をたて、一一月には淀川堤防および播磨国青野原《あおのはら》の新墾を司り、九年三月に帰府する。

○享保一二年――見沼《みぬま》溜井新田を干拓し、江戸川筋金杉《かねすぎ》村付近を改修する。

○享保一三年――見沼代用水路を完成させ、下総国手賀沼《てがぬま》の開発を設計する。

○享保一四年――中川《なかがわ》の大改修を行う。

○享保一六年――同年三月、甲斐《かい》・信濃《しなの》両国の河川工事のため出張し、六月に帰府する。

○享保一七年――同年八月、越後《えちご》国の河渠《かきょ》巡察のため出張し、一〇月に帰府する。一一月には駿《する》河《が》・遠江両国の河渠を巡視し、一二月に大井川の辺を巡見して帰府する。

○享保一八年――同年八月、伊勢《いせ》の幕領検察のため出張し、一〇月に帰府する。

○享保一九年――同年四月、大井川の浚利のため出張し、六月に帰府する。九月には甲斐国検視のため出張する。

○元文《げんぶん》元年（一七三六）――同年正月、大井川修理のため出張し、四月に帰府する。九月には甲斐国に出張し、一一月に帰府する。

井沢は、元文二年一二月、病により勘定吟味役を免職になるまでまさに八面六臂の活躍をしているが、このうち、下総国飯沼新田の開発にいかなる役割を果たしたのか、所理喜夫氏の研究（「享保改革と下総国飯沼の新田開発」）により具体的にみてみよう。

飯沼新田は、利根川《とねがわ》と鬼怒川《きぬがわ》の合流地点の北西部にある飯沼の、湖沼干拓によってできた新田である。現在は、茨城県結城《ゆうき》郡石下《いしげ》町と岩井《いわい》市に分属し、「飯沼」三〇〇〇町歩《ちょうぶ》と称される美田地帯になっている。下総国岡田《おかだ》郡尾崎《おざき》村の名主左平太《さへいた》が、飯沼回り幕領・私領二〇ヵ村の代表という資格で、飯沼新田願を町奉行所へ提出したのは、高札が立てられた同年月の享保七年七月である。幕府が新田開発政策を打ち出した直後の出願であり、その迅速さに驚かされる。紆余曲折があったのち、翌享保八年八月、井沢為永による「飯沼」再見分が行われた。そして、井沢から農民たちに提示された案は、「飯沼」より一〇里ほど北の下野国吉田辺りから用水を引き、吉田と「飯沼」間に散在する八ヵ所の沼も共に干拓して新田にするという、農民たちには想像すらできなかったほど大規模なものであった。

この井沢の計画による「飯沼」新田開発は、沼回り二四ヵ村の村請新田と決定し、享保九年五月、正式に幕府の許可が下りた。さらに、六月の申し渡しでは、すべてこの御用筋は井沢の指図をうけるように、との文言が明記されていた。こうして、干拓工事に着手することになったが、その前に解決しなければならない問題が二つあった。一つは、幕府領と私領が複雑に入り組んでいる支配を克服して、いかに能率的な新田開発機関をつくりあげるかということである。二つ目は、大土木工事に要する資金の工面である。一つ目については、「飯沼」回り二四ヵ村のうち、私領であった一五ヵ村がすべて幕府領となった。二つ目については、鍬下年期《くわした》（開墾の成功まで免租または貢租軽減をうけた期間）二年の作米をもって返済することを条件に、幕府から金一万両が貸与されることになった。まさに、この時点では勘定所の一役人（勘定）にすぎない井沢が、干拓の立案のみならず、関係諸村の領知替えや一万両の拝借金に大きな政治力を発揮したことになる。

かくして、新田検地をうけたのち、享保一三年春には、新田反別一五二五町余、石高《こくだか》一万四三八三石余に達する「飯沼」新田が完成したのである。これは、井沢の活躍の一例にすぎないが、こうした井沢らによる新田開発の結果、幕府領の総石高は、享保一六〜延享二年（一七三一〜四五）までの間に四五〇〜四六〇万石となり、新田開発政策が打ち出された享保七年（一七二二）の四〇〇万石と比べて、五〇〜六〇万石も増加している。

さらに、年貢増徴策として採用されたのが、定免法《じょうめんほう》と有毛検見法《ありげけみほう》である。定免法は、毎年一定の免率で年貢を課す方法で、幕府は、享保七年の施行と同時に、免率を上げて増収を図っている。有毛検見法は、定免法の補強策としてやはり享保七年頃から採用され始めたもので、年々の実際の出来高に応じて年貢を決める方式である。

かかる新田開発や年貢増徴策によって、年貢収納高は、凶作による低落の年はあったものの、享保一四年には一六〇万石、延享元年には一八〇万石となって、享保七年の一四〇万石から二〇〜四〇万石も増加したのである。

相対済し令

すでに、「勘定所の改革」の項でも指摘したとおり、金銭貸借などに関する公事（金公事）が増加して奉行所や評定所の事務を停滞させるようになり、これを解消するために出されたのが相対済し令である。同令は、筆者が改革の出発点と位置づける、行政の全般的な見直しを指示した法令と同じ年、享保四年（一七一九）一一月に発令された。つまりこの法令も、同六年から始まる勘定所の機構改革の前提として出されたものと思われる。まず勘定所の事務停滞を解消したうえで、勘定奉行などが司法と財政運営それぞれに専念できる体制を整えたのである。では、法令の内容をみてみよう（『御触書寛保集成』二五七六号）。

一近年金銀出入段々多く成り、評定所寄合の節も此儀を専ら取り扱い、公事・訴訟は末に罷《まか》り成《な》り、評定の本旨《ほんし》を失い候《そうろう》、借金銀買懸り等の儀は、人々相対《あいたい》の上の事に候《そうら》えは、自今《じこん》は三奉行所にて済口《すみくち》の取り扱い致すまじく候、しかしながら、欲心《よくしん》をもって事を巧《たくみ》候出入は、不届《ふとどき》を糺《きゅう》明《めい》いたし、御仕置《おしおき》申し付くべく候事

すなわちこの法令は、近年金銭に関するもめごとが多くなり、評定所の集会のときもこのことをもっぱら取り扱って、他の公事（相手方が存在する事件）・訴訟（相手方が存在しない願を提出する場合など）はおろそかになっており、これは評決の本来の趣旨にそむくものである、金銭貸借や買掛（かけで品物を買うこと）などについてのもめごとは、当事者だけで処理をすることなので、これからは、寺社奉行所・江戸町奉行所・勘定奉行所で落着の証明はしない。しかし、人をだます目的で行ったもめごとは、

悪事を糾明して処罰する、という意味である。

法令の冒頭にみえる、金銭貸借などに関する公事（金公事）が多く、他の公事・訴訟の妨げになっていることについては、相対済し令発布の前年、享保三年分の江戸町奉行所の公事・訴訟数が、記録により判明するので、それをみよう。

訴訟数　四万七七三一
公事数　三万五七九〇
内
金公事　三万三〇三七（九二％）
外公事　二七五三（　八％）
右公事二口の内、一万一六五一裁決済（三三％）

公事数のうち、金銭貸借などに関する金公事が、九二％と圧倒的多数を占めていることがわかる。しかも、その年に処理することができたのは約三三％であり、全体の三分の二は未決のまま翌年に繰り越していたのである。まさに、金公事が他の公事・訴訟の妨げになっていたことをよく物語っているといえよう。かかる状況は、寺社奉行所や勘定奉行所でも同様であったものと思われる。

こうした事実は、将軍吉宗にも報告されており、危機感をいだいた吉宗が主導してこの法令を発令したものとみられる。その証拠に、役人たちへの伝達方法は、この法令の御用掛老中水野忠之が、御側御用取次の有馬氏倫を通して吉宗に伺ったうえ、決められている。また水野は、京都所司代松平《まつだいら》忠周《ただちか》・大坂城代安藤信友《あんどうのぶとも》へこの法令の書付を送る際、覚書の文言まで有馬に相談していたのである（「仰出之留」）。

相対済し令は、その後、金銀通用を円滑にするため享保一四年（一七二九）一二月に廃止され、金公事は以前のごとく奉行所で取り上げることになった。ところが、元文元年（一七三六）五月に貨幣改鋳を行った結果、ふたたび金公事が増加し、幕府は同年六月、金公事の取り扱い日を四日と二一日の月二回に制限した。しかし、それでも不十分だったらしく、寛保二年（一七四二）三月には、一度取り上げて日切を申し付けた分については、その扱いを四月一六日と一一月一六日の年二回に限ることにしたのである（大石慎三郎「〝相対済し令〟の成立と展開」）。

戸口・田畝の調査

幕府は、享保六年（一七二一）六月二一日、大名と旗本に対し、田畑の面積と人口の調査を命じた（『御触書寛保集成』一三八六号）。

諸国領知の村々田畑の町歩、郡切りに書き記し、并びに百姓・町人・社人・男女・僧尼等、その外《ほか》のものに至るまて、人数都合領分切りに書き付け差し出さるべく候、奉公人并びに又ものハ書き出しに及ばず候、惣《そう》じて拝領高の外、新田等の高は記すに及ばず、町歩ばかり書き出さるべく候（以下略）

つまり、田畑の面積は郡ごとに書き記し、人口は身分別・男女別に、領分ごとに集計して書き上げること、奉公人や又者は数に入れず、新田高も書き上げるに及ばず、面積のみでよいと令した。しかし、この法令では不明瞭な点もあったため、同月二九日にはつぎの通達がなされた。ここでは、高は拝領高・新田高とも書き載せるには及ばないこと、面積も新たに調査する必要はなく、既存の帳簿で知れる面積を書き上げればよいこと、人口調査も新たに行う必要はなく、既存の帳簿で知れる人口でよいこと、ただし、重複しないよう、漏れのないようにすること、人口は去年の分でも今年の分でも構わないが、詳しく知れる人数を書いて提出すること、ただし、何年の分か、何歳以上かを記すこと、書き出す必要のない奉公人・又者は、武家方のみであること（したがって、農家・商家の奉公人は数に入れることになる）、などを指示している。

この法令は、幕府が日本全国の耕地面積と人口を把握しようとしたことを示す。しかし、法文にもあるごとく新たな調査を命じたわけではなく、既存の帳簿での報告を求めており、書き上げの提出期限は八月中、遅くとも九月までとされた。幕府は、発令から三〜四ヵ月で報告することを求めたことになる。また、同法令については、御用取次の有馬氏倫を通して、大目付の役宅に大名の家来を呼び、勘定奉行が一人ずつ立ち会って伝達するように、という吉宗の具体的な指示が出されている（「仰出之留」）ことから、将軍吉宗の意向により発令された可能性が高い。この指示をうけて、大目付三人の役宅に勘定奉行が出向き、大名の家臣に二人で伝達したのである。

では、大名は同法令にどのように対処したのであろうか。松尾美恵子氏が明らかにされた、三河《みかわ》国田原《たはら》藩主三宅《みやけ》氏の事例をみてみよう。田原藩は、一万二〇〇〇石の小藩である。田原藩では、六月二一日に発令された法令に、江戸藩邸で作成した「御了簡書《ごりようけんがき》」をつけて、七月二日に国元の田原に届けた。同書には、田原藩領二四ヵ村の面積は村別に書き上げること、新田の面積は本田畑とは別個に記載すること、医師や浪人なども書き上げること、朱印地の寺社領の面積と百姓の人数は田原藩領分とは別個に記載すること、藩から扶持をもらっている者や百姓でも現在家中に奉公している者は数に入れないこと、他国に出ている者の人数は区別して記載することなど、書き上げを作成するにあたっての注意が示されていた。これをうけて、代官ら担当役人は七月八日書類作成に着手し、できた書類は、誤謬を正し、念を入れて改め、さらに読み合わせもしたのち、四点の書類が閏七月二八日に江戸へ送られた。江戸屋敷では、幕府に提出する書類の書式を他の大名家と調整したうえで提出したものと思われるが、その日付は不明である。

かかる全国調査は、人口だけであるが、享保一一年にも実施された。注目されるのは、その法令のなかに、「以後発令はしないが、子《ね》年と午《うま》年に今年のように調査する」との条文がみられることである。つまり人口調査は、この後六年ごとに行われ、弘化《こうか》三年（一八四六）まで続くことになる。

享保期の幕府は、右にみた人口や田畑に関する調査だけでなく、産物や薬草の調査などさまざまな調査活動を行っている。これは、当時の幕府が、まず現状を把握し、そのうえで施策を立てて実行するという、現実的、かつ合理的な政権であることを示している。また、全国規模での調査を多く行っていることから、吉宗政権が、全国を視野に入れた政治を行おうとしていたことをうかがうことができる（松尾美恵子「享保の時代」）。

司法改革と法の整備

司法改革、とくに幕府の最高司法機関である評定所の改革は、正徳期の新井白石によって始められた。白石は、『折りたく柴の記』の中で、評定所のことは、勘定奉行の荻原重秀《おぎわらしげひで》と寺社奉行の本多忠晴《ほんだただはる》二人の意見ですべてが決定していること、奉行たちは、裁判実務を担当する評定所留役らに万事を任せ、訴訟が長い年月がたっても決着しなくなっていること、を指摘している。この白石の意見に基づき、幕府は正徳二年（一七一二）九月、奉行の面々に訓戒状ともいうべき法令を出している。すなわち、訴訟件数が多いにもかかわらず評定所の会合が短いこと、調査を十分に行っていないこと、審査の際、最初の発言者の意見にまかせて論議をつくさないこと、審理が遅く、権勢や賄賂によって判決が傾くこと、などの是正すべき点を列挙している。しかし、儒者の室鳩巣によれば、評定所の面々は、仕事を八つ（午後二時）頃にはやめてしまい、あとは夕方までただ役所でぶらぶらしているだけで、その効果はあまりあがらず、白石の改革も不十分なままであった。将軍家宣や間部詮房の支援があったとはいえ、白石も、役人の怠業まではどうすることもできなかった。

吉宗は、この白石の努力を受け継ぎ、将軍の強い力によって、評定所の改革に取り組んだ。まず、享保六年（一七二一）四月四日、吉宗は江戸城内の吹上《ふきあげ》の庭で、寺社・町・勘定の三奉行による裁判の様子を見学した。吉宗は一五の裁判を見たが、のちに奉行たちを御前に呼び、引き出物を与え慰労している。これは、奉行たちのやる気を引き出そうとしたものと思われる。ついで、訴訟手続きの簡素化が図られ、支配違いの住民（たとえば、江戸の町人〈町奉行支配〉が寺社領の住民〈寺社奉行支配〉や近在の農民〈勘定奉行支配〉）を訴える場合、今後は評定所の月番の奉行が審理して、その判決を奉行全員が承認すればよいことになった。また、各奉行の自宅での証拠予備調査を許すなど、審理促進が図られた。そして翌七年に、勘定所の職制を勝手方と公事方に分け、奉行・吟味役が一年交代で一方に専念するようになったことは、裁判の円滑な運営を行うために有効であった。このように享保期は、制度の改正などによって、裁判の合理化を進めたことが特徴といえよう。

さらに吉宗は、法の整備のため、多くの法典を編纂させている。まず享保五年、吉宗は寺社・町・勘定の三奉行に対し、犯罪者への刑罰の基準をあらかじめ定めて書き記すように命じた。それまで幕府には体系的な法典はなく、奉行たちは先例やそのときどきの法令を基に裁判を行っていた。しかし、経済が発達して社会が複雑化すると、訴訟件数が増加するだけでなく、その内容も多岐にわたり、従来の方法では裁判が滞るようになった。そこで吉宗は、こうした事態に対処するために判例を調査し、裁判の基準となる法を整備しようとしたのである。編纂は、のちに老中松平乗邑《まつだいらのりさと》のもと、三奉行を中心に行われ、寛保二年（一七四二）に上下二巻の「公事方御定書」として一応完成した。上巻は法令八一通を収めた法規集、下巻は一〇三か条から成るため一般に「御定書百箇条」と呼ばれ、主に犯罪に対する刑罰が書かれた判例集である。この「公事方御定書《くじかたおさだめがき》」は、三奉行およびこれに準ずる役職以外他見を許されない秘密法典であったが、やがてそれは有名無実となり、写本が幕府外にも伝わって、諸藩の法制に大きな影響を与えた。

「公事方御定書」の制定後、吉宗は、評定所に対し、元和《げんな》元年（一六一五）から寛保三年（一七四三）まで一二九年間の幕府法令の整理・編纂を命じた。これも老中松平乗邑が主任となり、そのもとに三奉行が参加し、実務は評定所の職員が担当した。かくして、三五五〇通の法令を帳面五〇冊・目録一冊にまとめ、延享元年（一七四四）将軍吉宗に提出された。この書名は単に「御触書」であるが、法令編纂事業は以後も続けられたので、それらと区別するため、これは「御触書寛保集成」と呼ばれるようになった。

かかる法典編纂は、従来幕閣や役人の経験、あるいは旧来の慣習によって運営されてきた幕府政治が、ある程度規則に基づいて行われるようになる点で、大きな意味があったといえよう。

2――「日記」にみる大岡忠相の人間像

忠相の経歴

忠相は、延宝《えんぽう》五年（一六七七）、一七〇〇石余を知行する旗本大岡忠高《おおおかただたか》の四男に生まれ、貞享三年（一六八六）一族の大岡忠真《ただざね》の婿養子となり、元禄一三年（一七〇〇）二四歳のとき、一九二〇石取の旗本大岡家の家督を相続した。当初は無役の寄合であったが、その後、書院番士→徒頭《かち》→使番→目付と順調に昇進し、正徳二年（一七一二）伊勢神宮の警衛をつかさどる山田奉行に就任、従五位下能登守《のとのかみ》に叙任された。ついで、普請奉行を経て、享保二年（一七一七）将軍徳川吉宗から江戸の町奉行に任命され、このとき越前守にあらためた。そして、約二〇年間同奉行を務めたのち、元文元年（一七三六）には大名役の寺社奉行に抜擢され、家禄もそれまでの加増分も含めて五九二〇石、役料を加えて万石以上の格となった。さらに寛延《かんえん》元年（一七四八）には、ときの将軍家重から奏者番に任命され、四〇八〇石加増、正式に一万石の大名に取り立てられた。

寺社奉行は、約二〇名いる大名役の奏者番のなかから選任されるのが慣例である。つまり、奏者番が本役、寺社奉行はその加役である。忠相の場合、身分的には旗本であったため、先に寺社奉行となり、大名に取り立てられてから奏者番に就任したことになる。まさに、異例であった。そのため、寺社奉行就任当初は同役から冷たくあしらわれたという。たとえば、つぎのような話が残っている。忠相が初めてその控え室＝下部屋に入ろうとしたところ、同役の井上正定《いのうえまささだ》（正之《まさゆき》のことか）が、ここは奏者番が詰める所である。あなたは寺社奉行こそ任命されたものの、奏者番ではないので、入ってはならないと拒んだ。このため、忠相はこの日は休息することができなかった。吉宗はのちにこのことを聞いて、奏者番の控え室の隣に、別に寺社奉行の居所を与えたという（「有徳院殿御実紀附録巻七」）。将軍吉宗が忠相のために別に控え室を設けてやったことは、当時の御殿図からも裏付けられる。すなわ

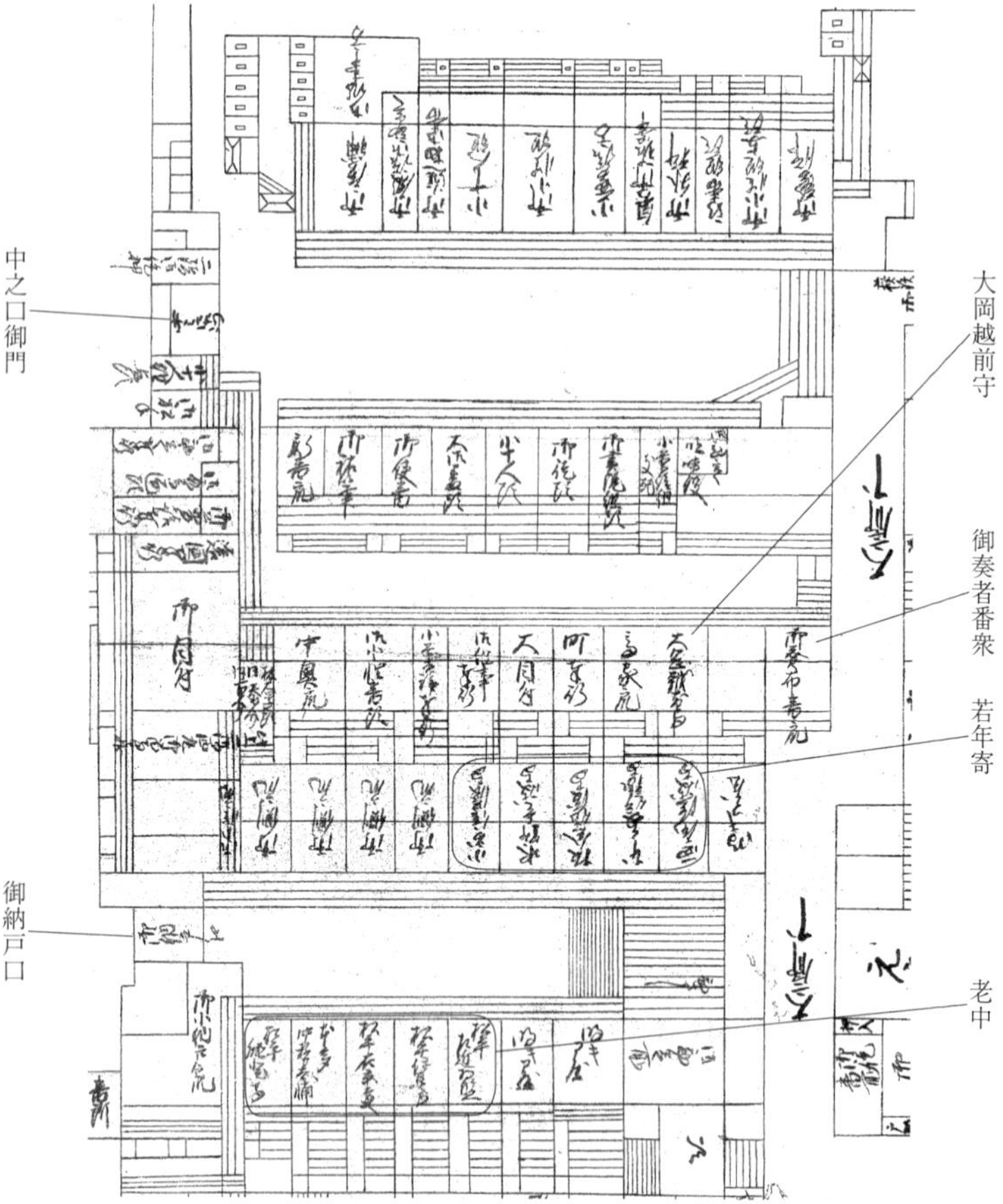

図13　徳川吉宗時代の下部屋
（新見家文書、東京都公文書館蔵）

ち図13によれば、中之口にある諸役人の下部屋のなかに、「大岡越前守」の個人名を認めることができる。高家と同室であった可能性はあるものの、奏者番の部屋と区別されていることは明らかである。忠相が肩身の狭い思いをしないように、吉宗が配慮した結果であろう。

しかし、前述のとおり、大名に取り立てられたとき奏者番に任命されて、両職を兼帯することになったものの、宝暦《ほうれき》元年（一七五一）、病により寺社奉行は免職、奏者番は在職のまま七五歳にて没した。

忠相の人間関係

大岡忠相は、すでにみたごとく、旗本役の町奉行から大名役の寺社奉行にまで昇進した、高級役人の一人である。では、こうした高級役人は、日々の職務上、どのような人たちと人間関係を築いていたのであろうか。幸い、忠相の「公務日記」が残っているので、その人間関係を知ることができる。ここでは、寺社奉行時代の元文二年（一七三七）一年間の状況をみてみよう。

忠相は、日々将軍やさまざまな役職就任者と接触しているが、その接触は、御目見えや面談のみでなく、書付や手紙のやりとりなども含まれる。表19は、主な接触先と接触延日数についてみたものである。接触先は、将軍徳川吉宗、将軍側近役の御側御用取次、上司の老中・若年寄、同僚の寺社奉行・評定所一座、部下の大岡支配代官と青木《あおき》文蔵《ぶんぞう》などに分けられる。このうち、御側御用取次は加納久通・小笠原政登の二名、老中は松平乗邑・松平《まつだいら》信祝《のぶとき》・本多《ほんだ》忠良《ただよし》・松平輝貞《てるさだ》（ただし老中格）の四名、若年寄は本多忠統《ただむね》・西尾《にしお》忠尚《ただなお》・板倉《いたくら》勝清《かつきよ》の三名、寺社奉行は井上正之・牧野《まきの》貞通《さだみち》・松平信岑《のぶみね》の三名、

表19　大岡忠相の主な接触先と接触延日数（元文2年〈1737〉）

主な接触先		接触延日数
将軍	徳川吉宗	59
側近	御側御用取次	84
上司	老　中	394
	若年寄	53
	西の丸老中	36
	西の丸若年寄	6
同僚	寺社奉行	個人　188
		寄合　47
	評定所一座	70
部下	大岡支配代官	31
	青木文蔵	3
年間日数		384

評定所一座は、寺社奉行の他、町奉行の稲生《いなお》正《まさ》武《たけ》・松波正春《まつなみまさはる》の二名、勘定奉行の杉岡能連《すぎおかよしつれ》・細《ほそ》田《だ》時以《ときより》・神谷久敬《かみやひさよし》・石野範種《いしののりたね》・河野通喬《かわのみちたか》・神尾《かんお》春央《はるひで》のうち公事方である。また、大岡支配代官は、上坂安左衛門《うえさかやすざえもん》・蓑笠之助《みのかさのすけ》（ただし支配勘定格）・田中休蔵《たなかきゅうぞう》（同上）の三名である。

では、忠相はこれらの人々とどのような人間関係を築いていたのか、個別にみてみよう。

将軍吉宗との関係

大岡忠相が将軍吉宗と接触したのは、元文二年の三八四日（同年は閏年のため一三ヵ月ある）のうち、五九日である。したがって約一五％の接触率ということになる。その内訳をみたのが表20である。同表によると、年始（一月一日）・八朔《はっさく》（八月一日）・節句（一月七日・三月三日・五月五日・七月七日・九月九日）・嘉祥《かじょう》（六月一六日、菓子を祝う日）・月次《つきなみ》（毎月一日と一五日、および正月・二月・四月・七月・一二月の二八日に将軍に拝謁する日、ただし拝謁が行われない日もある）などの年中行事に謁見したのが二九日（約五〇％）、それに勅使対顔、竹千代《たけちよ》（吉宗の孫、のちの一〇代将軍家治《いえはる》）の七夜・色直《いろなおし》、能見物、日光准后《じゅごう》登城など、別の行事のときの謁見を合わせると四三日（約七三％）となり、将軍がさまざまな行事で本丸御殿の表の空間に出御した際に御目見えを許されることがよく

表20　将軍吉宗への謁見

場所	行事の内容	年中行事 年始	八朔	節句	嘉祥	月次	勅使対顔	竹千代祝	能見物	その他の行事	紅葉山参詣	寺社参詣	火事の件報告
御殿表	大広間	1			1				5				
	帝鑑之間		1	5				2	1	3			
	西湖之間東縁頬					20	2			1		3	
	羽目之間					1							
奥	御座之間												1
	紅葉山										7		
城外	寛永寺・増上寺											4	
	氷川明神											1	
計		29					2	2	6	4	7	8	1
合計		59											

わかる。

　しかし、こうした御目見えは、忠相の格式だと集団での謁見となる。回数が一番多い月次の例をみよう。江戸幕府では、儀式・行事ごとに、本人の格式により将軍に謁見する場所がほぼ決められていた。表20にも見えるとおり、月次の場合は黒書院西湖《せいこ》之間東縁頬《えんがわ》である。『日記』の一月一五日条をみてみよう。

　四ツ時前、公方様・大納言様御黒書院へ出御遊ばされ、尾張殿・松平加賀守《かがのかみ》・溜り詰御礼あい済む、御表へ出御の節、例のごとく、西湖之間御縁頬、雁之間詰次にまかり越し御礼申し上げ候

　すなわち、午前一〇時頃、将軍吉宗と世子家重が黒書院へ出御し、御三家の尾張藩主・加賀金沢《かなざわ》藩主前田《まえだ》氏・溜之間詰大名の謁見が行われ

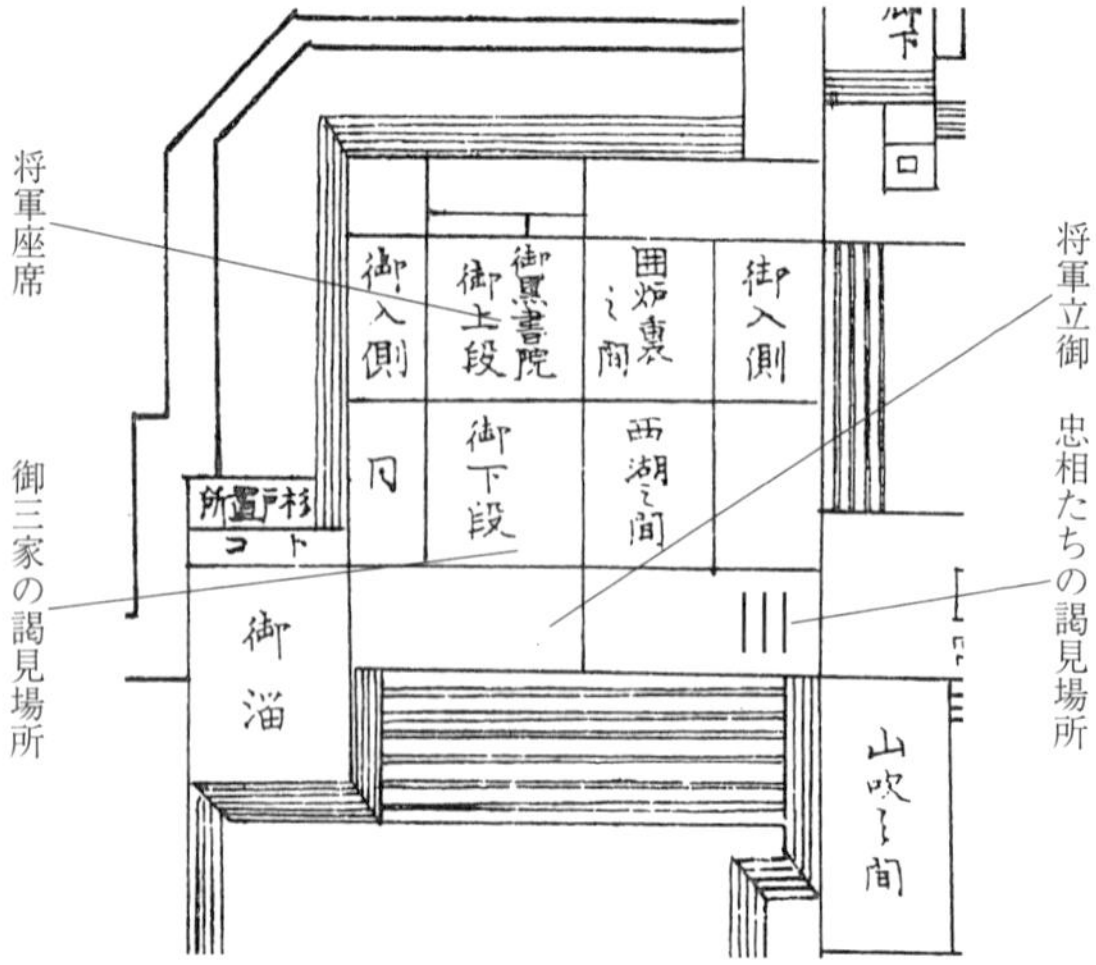

図14　黒書院の図
（「御本丸表中奥絵図」［『徳川礼典録附図』所収］により作成）

た。忠相は、将軍・世子が「御表」（この場合は白書院）へ出御するとき、西湖之間縁頬で、雁之間詰大名の次に座って謁見したのである。御三家と忠相たちの謁見場所を比較したのが図14である。御三家は、上段之間に座る将軍に、下段之間で一人ずつ御目見えが許される格式である。これに対して忠相たちは、部屋ではなく縁頬で、立御している将軍に、集団で御目見えしたのである。格式の違いは明らかである。恐らく将軍には、平伏している忠相たちの顔さえわからなかったのではなかろうか。

かかる集団での謁見は、将軍の寺社参詣の場合も同じである。将軍の外出先として定められていたのは、上野《うえの》の寛永寺《かんえいじ》と芝《しば》の増上寺《ぞうじょうじ》、および城内（西の丸の北側）にある紅葉山《もみじやま》である。寛永寺と増上寺は将軍家の菩提寺であり、紅葉山には東照宮と二代将軍秀忠《ひでただ》以下の廟が設けられていた。将軍は、歴代将軍の命日には自身で、もしくは名代を立てて菩提寺や紅葉山に参詣したのである。当然のことながら、吉宗もこれらの場所に参詣しており、その際忠相は寺社奉行として下見役を務め、表20のごとく吉宗に謁見している。もちろん、集団のなかでの御目見えであるが、一度だけ吉宗から声をかけられたことがあるので、そのときの状況をみてみよう。

将軍吉宗は、二月一二日、日吉山王権現社《ひえさんのうごんげんしゃ》（現在の日枝神社《ひえじんじゃ》）と氷川明神《ひかわみょうじん》（現在の赤坂氷川神社）へ参詣した。山王社は将軍家の産土神《うぶすながみ》であり、氷川明神は吉宗の産土神という。忠相は、当日午前七時頃屋敷を出て、氷川明神に詣で検分を行った。その後、老中松平乗邑などの予参があり、将軍吉宗は午前一〇時すぎ頃到着した。そのとき、忠相は御目見え所（御下乗御まく囲の外角の所）において謁見し、帰りぎわにも同所で謁見した際、吉宗から「越前守まかり出候哉《いでそうろうや》」と声がかかった。直答はできないため、忠相はすぐさま上意に応えて平伏した。たった一言であっても、名指しで上意があったことは名誉なことであり、忠相は翌一三日、将軍側近役の加納久通の屋敷に出向き、お礼を言上している。

その翌一四日、忠相が江戸城で加納久通に会い、ふたたび上意のお礼を言上したとき、加納からつぎのような話があった。すなわち、一昨日将軍吉宗が先に山王社に参詣した際、同社へ下見に詣でた寺社奉行の牧野貞通・松平信岑にも声をかけようとしたところ、両名のいる場所が遠く、しかも平伏しすぎていたため見分がつかず、声をかけそびれてしまった。次回からは、自分の通り道近くの声がかけやすい所にいるよう、両名に伝えるように、との仰せであり、先にそなたに話しておく、とのことであった。これに対し忠相は、両名が聞けば有難がることと思います旨答えている。このことから、吉宗の公平・気配りといった気質を垣間見ることができる。

いずれにしても、忠相のような集団で御目見えする者にとってみれば、将軍から個別に声をかけられるだけでも名誉なことであったことがわかる。まして、将軍の御前に召し出されることは、たまにしかない栄誉であった。忠相は、元文二年に一度だけその栄誉に与《あずか》り、他の寺社奉行といっしょに、火事の件を報告するため奥の御座之間に召し出された（表20参照）。この火災は、五月三日の午後二時すぎ頃神田相生町より出火し、下谷御徒町《したやおかちまち》・上野大門町などにある寺を類焼、午後八時頃にようやく鎮火している。忠相たち寺社奉行三名は、将軍家菩提寺の寛永寺が類焼する恐れがあったため、かけつけて防火にあたった。結局、御霊屋などは類焼をまぬがれたものの、本坊や浄円院（吉宗の母）の位牌所が焼失している。翌四日、消火にあたった忠相・牧野貞通・井上正之ら寺社奉行は、老中松平信祝に昨日の火事の様子を報告したのち、吉宗の御前に召し出された。「日記」には、つぎのように記されている。

右三人御前召させられ、昨日火事の様子御尋遊ばさる、御宮・御霊屋御別条これなく重畳《ちょうじょう》に思《おぼ》し召され候、山上下共寺々只今の通りにては成りがたくこれ有るべく候、外え移し、又ハ瓦葺等もつかまつり然るべく思し召し候、是ハ追っての義に候へ共先ず仰せ聞かさる旨上意これあり退き申し候、御次において遠江殿え御前召し出され、御懇意の上意を蒙《こうむ》り有りがたき旨御礼申し上げ、中之間えまかり出《い》で候

忠相たち三人は、吉宗から、火事の様子を尋問されたのち、寛永寺の仏堂や四代家綱・五代綱吉な

どの御霊屋は何事もなく満足であること、付近の寺々は他へ移すか、瓦葺などにしたほうがよいと思っていること、を聞かされ退出している。ついで、御座之間の二之間において、側近役の加納久通にお礼を言上して、表の空間へ退去したのである。

このように、高級役人の大岡忠相といえども、将軍と直接言葉を交わすことは稀であった。将軍の権威のほどが、よくわかるといえよう。

将軍側近役（御側御用取次）との関係

将軍との接触が難しい分、大事なのは将軍側近役との関係である。なかでも、将軍の政務補佐役たる御側御用取次との関係が重要となる。忠相が同役と接触したのは八四日、うち、加納久通が七七日で圧倒的に多く、小笠原政登は七日である。では、忠相は加納久通とどのような関係を築いていたのか、具体的にみてみよう。

忠相が加納と接触した用向きは多岐にわたるが、ここでは、飛鳥山《あすかやま》世話役・石碑建立の件、山王祭助成金の件、寺社奉行井上正之《いのうえまさゆき》担当の訴訟および後任の件、輪王寺宮《りんのうじのみや》より贈り物の件の四つをみよう。

飛鳥山は、東京都北区滝野《たきの》川《がわ》にある公園で、古くから桜の名所として知られているが、じつはこの桜は将軍吉宗の命によって計画的に植樹されたものである。つまり吉宗は、江戸市中に「有楽の地」が乏しいことを知り、意図的に飛鳥山を花見の名所にしようとしたのである（『北区史』通史編　近世、竹内誠「享保の改革と江戸」）。旗本領であったこの一帯に、桜一二七〇本が植えられたのは享保五〜六年（一七二〇〜二一）のことという。ところが、十数年を経た元文二年に、飛鳥山は幕府に収公されたのち、改めて王子《おうじ》村の金輪寺《こんりんじ》が管理する王子権現に下賜された。私領から寺社領に変えたのは、一般庶民にも広く公開するためと思われる。ここで問題となったのは、桜の枝を折らせないよう、芝などを踏みあらさないように見張る世話役のことである。それまでは、滝野川村の源之丞《げんのじょう》と西ヶ原村の仁平《にへい》次《じ》の二人が世話をしていた。そこで、これまでどおりこの二人に飛鳥山の世話を任せるかどうかについて、新領主の金輪寺に尋問するよう、忠相は加納から指示されている。結局、金輪寺は、二人が他領の者であること、幕府の御用を務めていること、を理由に断ったため、以後飛鳥山の世話は金輪寺が行うことになった。また金輪寺は、飛鳥山の由緒を記した石碑を建立することを願ったため、忠相は老中に届を出すかどうかについて加納と相談している。念のため、加納が将軍吉宗に伺ったところ、飛鳥山は幕府から下賜し、石碑の石も江戸城吹上御庭にある石を下げ渡し、碑文も奥儒者成島道筑《なるしまどうちく》に書かせるので、この趣旨を老中にも報告するように、とのことであった。吉宗の、飛鳥山に対する思い入れの深さがよくわかるといえよう。

山王祭は、日吉山王権現社の祭で、隔年の六月一〇日から一六日にかけて行われ、神田明神の神田祭とともに天下祭と称された。その由来は、祭礼に際して山車《だし》や練物《ねりもの》などの行列が神輿《みこし》を守護して江戸城中へ繰りこみ、将軍の上覧に供したからである。この祭礼の助成金の件につき、三月二七日に加納から忠相のもとに手紙が送られてきた。それによると、一昨年の祭礼のとき、神輿をかついでいた者たちの衣服が非常に見苦しく、また烏帽子《えぼし》などをかぶっていない者も見えた。装束《しょうぞく》などの修復のため幕府から町屋敷を下げ渡してあると覚えているが、どのようになっているか、役所に留書があると思うので、調べて書付にして持参するように、とのことであった。これを発端に、祭礼に使う装束や道具類の点検が行われ、修繕すべき諸品の帳面を加納に提出する一方で、忠相は漆奉行を見分に派遣すべきことを上申している。これに対し加納は、将軍の耳に入れたところ、この件は一式忠相に担当させたうえで修復を申し付けるように、との仰せであったことを伝えたため、忠相はつつしんで命をうけ、見分には部下の上坂安左衛門と田中休蔵をさし遣わす旨答えている。その後、老中の松平乗邑から正式に命が下り、上坂・田中両名の検査が終了したのち、修復料は毎年一〇〇両下げ渡すことに決まった。その際、忠相は、加納より将軍の意向として、役者などが着る素袍《すおう》の袖や裾が非常に長く、裾などは地面を引きずるように見えるので、短く詰めて拵《こしら》えるように命じられている。この点からも、将軍吉宗は細かなことによく気がつく人物であったことがうかがわれる。

忠相の同役の一人井上正之は、元文元年六月頃から病気であった。したがって、井上担当の寺社関係の訴訟が滞っていたため、忠相は自分が引きうけてはどうかと井上に相談したところ、井上は、もっともなことではあるけれども、二人だけで決めるのはどうかと思うので加納に伺ってからにしたいと話した。これをうけて、忠相が三月五日に加納に伺うと、加納は、それはもっともなことである、これは老中へ申し上げるには及ばない、序があったときに将軍の耳に入れてみよう、と述べている。その結果は不明であるが、井上は養生のかいなく、九月一七日に没した。二日後、忠相は後任を任命して下さるよう加納に上申している。その答えは以下のようなものであった。この件については、井上が病気中に将軍へ伺ってみたところ、寺社方のことは忠相がいれば十分であるので、後任を任命するには及ばない、とのお言葉であった。それゆえ、以降は伺っていないけれども、今一度申し上げてみよう、とのことであった。忠相は、後任の件を一〇月七日に再度加納に上申している。このときの返事も前回同様、寺社方のことは忠相が務めていれば十分であるので、しばらくの間は任命されない、というものであった、結局、同役が任命されたのは、もう一人辞任したあとの、元文四年三月一五日のことであった。将軍吉宗の忠相に対する信頼の厚さを物語るものといえよう。

輪王寺宮とは、寛永寺住持・日光門主・天台座主を兼帯し、全国の天台宗寺院を統轄した法親王《ほうしんのう》のことである。ふだんは寛永寺の本坊に住し、毎年四・九・一二月に日光山に登って輪王寺の寺務を決裁していた。領知は一八〇〇〇石であったが、日光社領（一万三〇〇〇石）・寛永寺領（六〇〇〇石）も支配することで大きな財政力を有し、門跡のなかでも別格の存在であった。この輪王寺宮の住居である寛永寺の本坊が、五月三日に神田相生町《あいおいちょう》から発生した火災により焼失した。そこで輪王寺宮は、幕府に住居を再建してもらうにあたり、防火のため屋根を銅板でおおうことを、忠相を通して内々に願った。忠相や加納の尽力もあり、将軍はその願いを聞き届け、輪王寺宮は一二月二一日に再建なった本坊に移徙した。その後、輪王寺宮は世話になったお礼として、忠相に狩野探幽《かのうたんゆう》筆掛物三幅対と菓子箱、加納に狩野養朴《ようぼく》筆掛物三幅対と菓子箱を贈っている。恐縮した忠相は、受けとっていいものかどうか迷い、加納に相談している。これに対し加納は、自分も菓子は拝受しても掛物はお断り申し上げようと考えて将軍に相談したところ、輪王寺宮より下されたものをお断りするのはどうかと思うので受けとるように、とのお言葉であった、そなたも拝受するように、と話した。忠相は、安心して拝受すること、これからも門主方・両本願寺からの贈り物は受納する旨答えている。将軍吉宗も、皇族からの贈り物を断るのはかえって失礼にあたると考えていたのであろう。

こうしてみると、忠相は加納を通して将軍吉宗とつながっていたことがよくわかる。加納と信頼関係を築いていたため、人事や贈り物の件も気安く相談できたといえる。一方、将軍と加納側にとってみれば、細かな案件はまず忠相に命じて調べさせ、状況を把握したうえで、老中などの公式ルートを通じて処理させたといえよう。

上司（老中・若年寄）との関係

寺社奉行大岡忠相の上司は、行政機構の長官の老中、副長官の若年寄である。両職は本丸付きと西の丸付きに分かれているが、個人別の接触日数をみたのが表21である。同表によると、老中・若年寄一〇人のうち、忠相が最も多く接触したのは、本丸老中松平乗邑の一九七日で、二日に一回の接触率となる。ついで多いのが本多忠良の一三三日、ほぼ三日に一回の接触率である。両者のみで、老中・若年寄への接触延日数四八六日の六八％を占めており、忠相の直接の上司はこの二人に絞られるといっても過言ではなかろう。

では、忠相は老中とどのような接触をしていたのであろうか。ここでは、松平乗邑との関係をみよ

表21　上司への個人別接触日数

職名		氏名	日数
老中	本丸	松平乗邑	197
		松平信祝	58
		本多忠良	133
	同格	松平輝貞	3
	西の丸	松平乗賢	36
若年寄	本丸	本多忠統	35
		西尾忠尚	7
		板倉勝清	11
	西の丸	水野忠定	4
		小出英貞	2
年間日数			384

表22　老中松平乗邑への主な接触形式

	形　式	数
上申	書　付	145
	願　書	33
	伺　書	27
	伺（面会）	28
	承　付	42
	断　書	50
	届　書	29
下達	仰せ聞かせ	83
	書　付	38
	手　紙	17

う。表22は、接触の主な形式とその件数についてみたものである。これを見ると、老中との関係は、書類によるやりとりが主であることがよくわかる。忠相は、松平乗邑のもとで、山王祭礼諸品修復の件、将軍吉宗が日吉山王権現社や赤坂氷川社に参詣する件、寛永寺焼失による再建の件などの世話役を務めているので、これらの案件がいかなる経過をたどったのか、みてみよう。

加納久通より忠相に宛てた手紙に端を発した、山王祭礼諸品修復の件は、四月三日、乗邑から公式に世話をするよう口頭で仰せ聞かされた。そこで忠相は、修復検分のため、さっそく配下の上坂安左衛門と田中休蔵を派遣し、追って費用などの件も伺うことを上申している。そして、修復費用の値段積書帳を提出したのが二一日、その帳面を返却されたのが二五日である。五月二日には、再度新規修復品の帳面と伺書一通を上申し、翌三日、乗邑から伺いのとおり申し付けることを命じられたので、承知した旨の承付《うけたまわりつけ》を提出している。これをうけて、四日に忠相は安左衛門と休蔵を呼びよせ、早々修復に取りかかるよう、請負人へ申し付けるように申し渡した。費用についての断書を乗邑に提出したのは、一二日である。一四日に、乗邑は忠相と町奉行の松波正春を召し出し、修復費用にあてる町屋敷地代金は、今後町奉行所で取り立て、不足した場合は足し金を加えて一〇〇両とし、毎年山王権現社の別当・神主に渡すこと、別当・神主には、右の地代金で祭礼の諸品を修復させ、かかった費用を記した帳面を作成して寺社奉行に提出させること、を命じた。ついで六月一〇日、忠相は、今回の修復が終わって品物を別当・神主に渡したこと、検分したところ、いずれもよくできていること、の届書を乗邑に上申している。

つぎに、吉宗が山王社や氷川社に参詣する件をみよう。忠相が乗邑からこの件の世話をするよう仰せ渡されたのは、一月一九日である。その二日後、二一日には作事奉行・小普請奉行・目付などといっしょに両社を検分し、二四日から二六日にかけて、将軍が座る上畳や僧・社家が着る装束、神前に設けられた随身などの修繕についての書付・願書を乗邑に上申している。このうち、上畳と随身については、乗邑から修繕に及ばず旨仰せ聞かされたため、承付を提出した。装束のほうは、修復料として一二〇両を下げ渡すことになり、忠相は、自分と勘定奉行が裏印を押した請取証文に、乗邑の印も押してもらい、その証文を別当・神主に渡して、金奉行に問い合わせるように申し渡した。かかる準備を整えたうえ、二月九日、乗邑から、来る一二日に将軍が参詣される旨の書付が届けられたのである。

ついで、五月三日に神田相生町から発生した火災により寛永寺が焼失した件をみよう。この火災で緊急を要するのは、輪王寺宮の住居となる本坊、および将軍吉宗の生母浄円院位牌所などの再建である。忠相は五月七日、小普請奉行本多《ほんだ》正庸《まさつね》とともに、本坊普請御用掛を仰せ付けられた。その際、乗邑は、住居などで輪王寺宮の御希望がある場合は早く絵図を提出してもらうこと、御座所や装束所はこけら葺（木片で屋根を葺くこと）であるが、その他はすべて瓦葺になること、などの点を寛永寺の執当に伝えるよう命じた。これをうけて、忠相が輪王寺宮の希望を記した書付と本坊住居の絵図を上申したのが、六月三日である。六日には、乗邑から、この間差し出した書付のとおりするようにとの決裁が下り、書付と絵図を渡されたので、その書付に承付をして返却した。ところが、七月になって、寛永寺の執当から忠相のもとに、輪王寺宮の内々の意向として、御座所ばかりがこけら葺では火の用心が覚束《おぼつか》ないので、できたら銅葺にしてほしい旨の願望がよせられた。忠相がこの件を乗邑に話してみると、書付にして提出するよう指示されたため、一〇日に上申している。そして二一日、評定所会合日に、乗邑から手紙で、輪王寺宮のお願いのとおり、銅葺に仰せ付けられる旨の付札をつけた先日の書付が送られてきた。この決定にしたがい、越中富山《えっちゅうとやま》藩主前田《まえだ》利隆《としたか》に本坊の御手伝普請が命じられたのが、八月一〇日である。

九月には、本坊で使用され、類焼した道具・仏具についての願書と品書が、寛永寺執当から提出された。忠相が三日に乗邑へ上申すると、右の道具・仏具とも入札にして差し出すように仰せ聞かされたため、そのときは配下の上坂安左衛門などに申し付ける旨答えている。この件は一四日に決裁が下り、乗邑は、先日も話したとおり忠相のもとで入札にして値段積りをさせること、そのうえで勘定所でも値段積りをさせること、道具のうち衝立てなど丸印がつけてあるものは御三家・加賀金沢藩主前田家から進上されるはずなので、これらを除いて値段積りをすること、を命じ、この旨承付にして上申するように述べて、寛永寺より提出された願書と品書を返した。忠相は、承付をした上記の書付は翌日提出し、一〇月七日、上坂安左衛門と蓑笠之助に道具・仏具の値段をよく調べて書付にして差し出すように申し渡した。入札のうえ値段積りをした帳面は、二四日に乗邑へ上申されている。ちょうど一ヵ月たった一一月二四日、乗邑は、勘定所でも値段をよく吟味するよう仰せ付けたけれども、安左衛門と笠之助が調べた値段のほうが安くできるので、忠相のほうで申し付けるよう述べて、先月二四日に上げた帳面を返した。そこで忠相は翌二五日、この帳面に承付をして乗邑へ上申する一方、安左衛門を呼びよせて、入札の者たちに申し付けるべき書付を渡している。そして、乗邑に、代金の断書を上申したのが閏一一月一九日、道具・仏具がすべてできて寛永寺に渡したという届書を提出したのが一二月二〇日である。

かかるやりとりから、行政がどのような仕組みで行われていたのかがよくわかる。ある案件が生じると、寺社奉行などの下位者は書付・願書・伺書などの書類を作成して、老中など上位者へ上申する。

決裁が下りると、言葉による仰せ聞かせとともに、上位者はそれらの書類を下げ渡す。下位者は、その書類に、承知した旨の承付をつけて返却する一方、部下に案件の実行を申し渡す。その際、代金などがかかる場合は上位者に断書を上申し、案件が終了すると届書を提出する。

表22に見える、老中との大量の書類のやりとりは、右にみたような「書類による行政」が行われていたことをよく物語っているといえよう。

同僚（寺社奉行・評定所一座）および寺社との関係

忠相は、寺社奉行であると同時に、評定所一座の構成員でもある。したがって、同僚は他の寺社奉行と評定所一座のメンバーということになる。

まず、寺社奉行からみよう。寺社奉行の定員は通常四名、忠相が他の三名と接触した日数は、牧野貞通が七四日、松平信岑が六五日、九月に没した井上正之が四九日、個人別では、ほぼ五日に一回の接触率となる。しかしこの接触は、老中から渡された書付の伝達など、事務連絡が多い。ここでは、四名が協力して職務にあたった例をみてみたい。

寺社の管理を主任務とする寺社奉行は、将軍家の菩提寺たる寛永寺・増上寺住持への接触も重要な職務となる。なかでも、寛永寺住持の輪王寺宮は、将軍家にとっても特別な存在であった。当時の輪王寺宮・公寛法親王は、東山天皇《ひがしやまてんのう》の第三皇子として誕生し、正徳五年（一七一五）日光門主・寛永寺住持に就任。享保一六年（一七三一）には、太皇太后宮・皇太后宮・皇后宮の三宮に準ずる「准三《じゅさん》后《ごう》」の称号をうけたため、「准后」と呼ばれていた。また、輪王寺宮の法嗣は「新宮」と称し、当時の新宮は中御門天皇《なかみかどてんのう》の第二皇子公遵法親王で、元文二年（一七三七）二月関東に下向した。

では、准后と新宮が将軍に対顔するため、二月二〇日に江戸城へ登城したときの状況をみよう。忠相は、この日午前八時頃に登城した。八時すぎに、准后と新宮が神田橋まで来られたという知らせがきたため、寺社奉行四人は、本丸御殿玄関式台まで出向き、二人を出迎えた。二人が乗る駕籠は、玄関へ横付けにされた。駕籠を玄関へ横付けにできるのは、親王家と公家の五摂家のみという。徳川一門の御三家でさえ、中ノ門の手前で駕籠から下りなければならなかった。

准后には牧野貞通、新宮には井上正之がそれぞれ先に立って案内をし、忠相と松平信岑は後に従った。松之廊下を通って、二人が入ったのは上之部屋である。ここが控え席となる。奉行四人も部屋に入って挨拶をし、将軍への対顔までまだ時間があるので、休息されるように話して、退出した。すると、御付きの執当から、新宮が対顔の場所を見ておきたいと話されている旨の連絡が入ったため、井上正之が先に立って黒書院まで案内した。他の三人もあとに従い、上段之間で、高家も立ち会って対顔のときの着座の様子を説明したのち上之部屋まで戻った。それからは、四人のうち一、二人ずつ交代で部屋の入口付近に付き添っていた（図15参照）。

午前一〇時すぎ、御成廊下と黒書院の間にある錠口が開いたため、井上正之が准后・新宮両人を松溜（溜之間）の床の間の辺りへ案内したのち出口付近に控え、残りの三人は松溜の部屋のなかに控えていた。間もなく、将軍吉宗と世子家重が黒書院に出御し、新宮との初めての対面が行われた。黒書

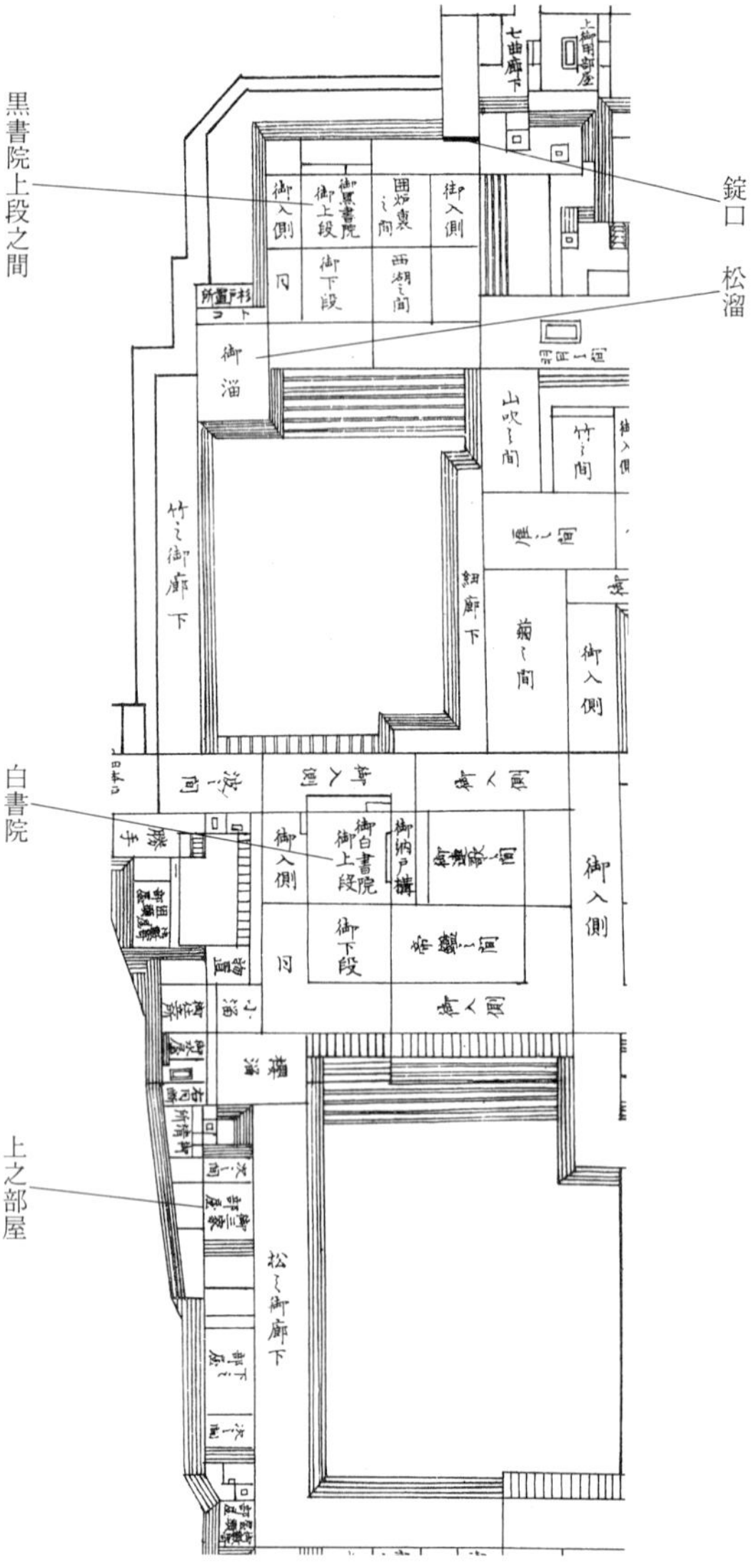

図15 黒書院・白書院付近の図
（「御本丸表中奥絵図」［『徳川礼典録附図』所収］により作成）

院は、図15に示したとおり四部屋に分かれているが、将軍と大名・諸役人との対面の場は、上段之間・下段之間・その下の入側（縁頬）である。上段之間・下段之間とも、東西三畳・南北六畳の一八畳、その入側一二畳で、最も格式の高い御三家・大納言でさえ、上段に座る将軍に対し、下段の上から二畳目に献上する太刀目録を置き、本人は下から一畳目に座って謁見した。ところが、新宮の場合、進物は上段の上から一・二畳目、太刀目録は同じく下から二畳目に置き、本人は将軍の横に並んで座り（将軍は東側、新宮は西側）、対面した（図16参照）、しかも、対面が終わって新宮が下段之間に下がるとき、将軍は立って下段と入側との敷居際まで見送ったのである。この行為も、親王と五摂家に限られるという。ついで、将軍と准后との対顔も同じ格式で行われたが、准后・新宮は、将軍とほぼ同格の扱いをうけたといえよう。

将軍との対面が終了したのち、准后・新宮は控え室の大廊下（松之廊下）上之部屋へ戻った。その

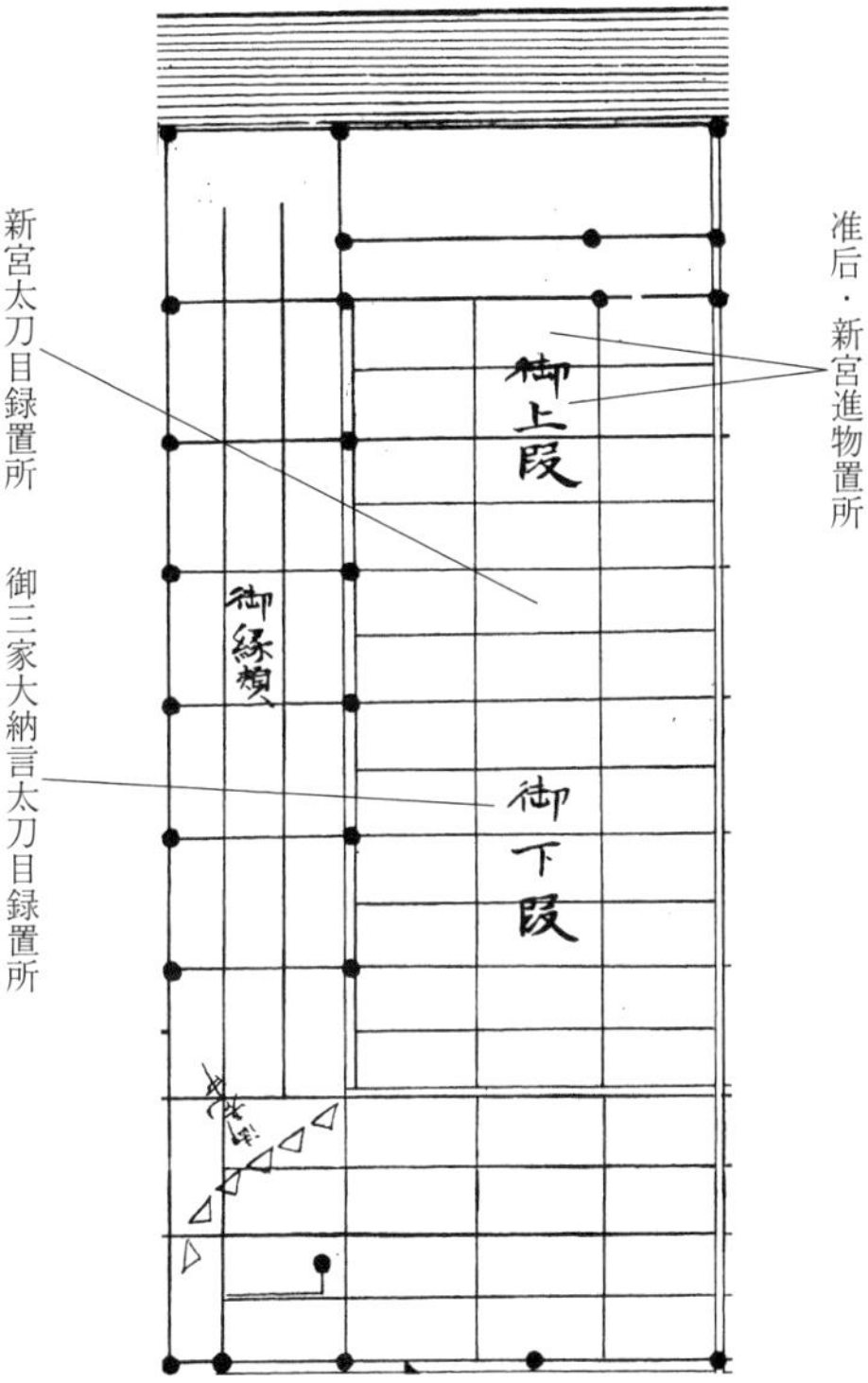

図16　黒書院上段之間・下段之間の図
（深井雅海編『江戸時代武家行事儀礼図譜』1巻84〜85頁の図により作成）

とき、前回同様、寺社奉行一人が先に立って案内し、残りの者は後につき従った。そして、上之部屋で、老中たちとの対面を終えたのち、准后・新宮は退散したが、その際、老中は大廊下末角、寺社奉行は玄関式台まで見送ったのである。幕府の、輪王寺宮とその法嗣への対応は、丁重を極めたものであるといえよう。

これに対し、同じ菩提寺とはいえ、増上寺住持への対応は、よほど異なっていた。六月二五日に、本丸御殿で能が催されたときの状況をみよう。准后・新宮に対しては、登城のときのみならず、部屋を移動するたびに、高家が先立ちをし、寺社奉行が後から付き添っているが、増上寺住持にはそれはみられない。また忠相は、老中本多忠良から、准后はお酒を召し上がるので、休息所の殿上之間に、冷酒でも温酒でもお好みのものを運んでおくよう指示されている。老中も、准后に対して気を遣っていることは明らかである。しかし、増上寺住持については、気を遣うどころか、忠相は老中から叱りおくよう命じられている。すなわち、老中松平信祝は、竹之間にいる住持のところに、将軍の上使として出向いたとき、出迎えもあまりなく、見送りもなく、無礼であった、大体、増上寺は無礼なことが度々ある、きっと叱って謝らせるように、と指示している。これをうけて、忠相は役僧を通して、住持に注意を与えた。輪王寺宮との待遇の差は、歴然としている。

つぎに、評定所一座との関係をみよう。評定所は幕府の最高司法機関である。そこで扱ったのは、主に、大名や幕府諸奉行に裁判権が付与されない、複数の領主支配にまたがる民事事件であった。一

表23　元文2年（1737）の公事・訴訟数

区別＼月		1	2	3	4	5	6	7	8	9	10	11	閏11	12	計
式日	公事	222	184	191	5	186		221	215	189	186	184	186	9	1978
	訴訟	40	36	32	10	39	3	40	35	38	46	37	37	25	418
立合	公事	12	162	191	171	6	162	175	185	182	186	184	189	172	1977
	訴訟	21	44	54	41	22	36	40	34	34	45	40	40	19	470

註　欠席などのため、5回分件数不明。

座は裁判官にあたり、その構成員は寺社奉行の他、町奉行と公事方勘定奉行である。忠相が彼らと接触したのは、主に評定所での会合日である。会合日は式日と立合に分かれ、式日は二・一一・二一日（うち一回老中出席）、立合は四・一三・二五日の、月にそれぞれ三回、他に各奉行が月番の役宅で審理する内寄合《ないよりあい》が月三回（六・一八・二七日）あった。忠相は、式日は午前六時頃役宅を出て、辰ノ口にある評定所に出向き、早ければ午前八時、遅くとも午後二時頃には退散している。また立合は、午前九時頃役宅を出て、正午~午後三時頃の間に評定所を退出している。この間に、他の一座のメンバーと処理した公事・訴訟数は、表23のとおりである。公事は相手方の存在する事件、訴訟は、相手方が存在しない願いを提出する場合と、相手が応訴する以前の一方的な訴えを提出する場合、を指すという（小早川欣吾『増補近世民事訴訟法の研究』）。いずれにしても、評定所一座は、限られた時間内に大量の公事・訴訟を処理していたことになる。

　そのなかの一件、美濃《みの》国不破《ふわ》郡梅《うめ》が谷《たに》村と同国池田《いけだ》郡一三ヵ村が、片山善南寺山の境目をめぐって争った郡境論の経緯をみてみよう。この争論は、善南寺山が池田郡一三ヵ村の入会山であったにもかかわらず、梅が谷村がこれを奪い取ろうとして元文元年に起こしたもので、寺社奉行牧野貞通の担当となった。郡境を決めるという重要な裁許のため、同二年三月に、検使として代官黒沢直右衛門《くろさわなおえもん》と大番士飯田《いいだ》吉十郎《きちじゅうろう》が派遣された。彼らが現地に滞在して調査にあたったのが、三月二〇日から五月三日まで、一ヵ月半に及んだ。これをうけて、一座と検使両名が、黒書院松溜で、老中たちに状況を報告しながら絵図・帳面を上申したのが九月三〇日、老中松平乗邑から伺いのとおり裁許を申し付ける旨仰せ聞かされたのが一〇月七日である。そして、同月二九日には、忠相が担当の牧野に頼まれて、裁許裏書絵図を乗邑に上申し、老中たちの印形をもらっている。この絵図は、表面に現地の大きな絵図が描かれ、裏面に裁許の内容が記され、老中と一座が署名・捺印したものである。結局、池田郡一三ヵ村側が勝訴し、評定所において、裁許裏書絵図を渡されたのが、一一月四日であった（『池田町史』史料編）。

部下（大岡支配代官など）との関係

忠相は、寺社奉行と評定所一座を兼帯していたので、それぞれの職務に応じた部下がいた。すなわち、寺社奉行としての職務では、家臣から任命した寺社役・取次・手留役、一座としての職務では、幕臣から任命された評定所留役などである。また、神道方や紅葉山役人なども寺社奉行の支配に属していた。しかし「日記」には、これらの役職との接触はあまり記されていない。むしろ、特別任務に係わる部下との接触が、多くはないがみられるので、ここではその関係に注目したい。

忠相は、町奉行時代の享保七年（一七二二）六月から二四年間、関東地域の代官を指揮する「地方御用」（農政担当）も務めていた（大石学『大岡忠相』）。元文二年当時、忠相に従属していた代官はつぎの三人である。

上坂《うえさか》安左衛門政形《まさかた》　元町奉行所与力。享保一七年六月に代官となり、荻原乗秀とともに武蔵野新田の支配にあたった。同年の支配高は、二万七〇四〇石余。同一九年正月に荻原が西の丸納戸頭に転ずると、その支配地も合わせて、武蔵野新田全域九万四〇〇〇石を支配したという。

田中《たなか》休蔵喜乗《よしのり》　八王子の農民から大岡支配代官（ただし、支配勘定格）に取り立てられた喜古《よしひさ》の子。享保一五年三月に父の跡を継いで支配勘定格となり、三万石の地を支配したという。同一七年の支配高は、三万五四七〇石余である。

蓑笠之助正高《みのまさたか》　代々猿楽者の家系という。正高自身も元町人であったが、田中喜古に普請技術を学び、喜古の娘を妻とした。享保一四年八月、喜古の仲介によって忠相に属し、その後支配勘定格となり、三万三五〇〇石余の地を預けられた。同一七年の支配高は、三万三五六〇石余。著書に、農政書の『農家貫行』がある。

右にみたように、大岡支配代官は、御目見え以下の御家人・庶民出身者であることに特徴がある。三人のうち、当時旗本に取り立てられていたのは上坂のみであり、田中と蓑の二人は御家人身分のままであった。忠相は、二人の身分引き上げ、つまり正規の代官（旗本役）就任のために尽力しているので、まずその状況をみてみよう。

田中・蓑の二人が将軍に初めて御目見えを許されたのは、元文二年一月二日、年始御礼のときであった。もちろん、二人は御家人のため、対面形式の謁見ではない。将軍が奥へ入御する際、白書院勝手に平伏したままの通御《つうぎょ》の御目見えである。忠相がつぎに画策したのは、二人が月次・五節句の御礼を許されることである。一月一六日、忠相は老中松平乗邑にその伺書を上申したものの、この点は難しい旨仰せ聞かされた。さらに六月五日には、竹千代（のちの家治）誕生の祝いのために行われる能見物に参加させるべきか否か、乗邑に伺っている。しかしこれも、月次・五節句の御礼に出席できない者は無用と、拒否された。このように忠相は、二人の将軍への謁見や行事への参加を既成事実化しつつ、代官就任を目指しているが、成功していない。すなわち、四月一〇日に、田中・蓑両名の代官就任願を乗邑に上申したが、まだ早いので暮になって再度提出するよう仰せ聞かされた。この指示にしたがい、一二月一六日に書付を上申したものの、今度は春に至って提出するよう命じられている。結局、両名の代官就任が実現したのは、一年二ヵ月後の元文四年二月のことであった。

では忠相は、上坂たち三人が支配所の運営を行うにあたり、どのような役割を果たしていたのであろうか。つぎにそのことをみてみよう。三人の代官は、支配所の運営をすべて任されていたわけではない。さまざまな案件は、老中の許可を得たうえで実行されていた。その際、忠相は三人の上司として、老中との仲立ちを務めていたのである。

表24は、三人の代官が提出した伺書の上申先についてみたものである。上申先が六月一四日以前と以後に分かれているのは、その日を境に、農政の担当者が変わったからである。つまり、六月一四日以前は月番老中が農政を担当していたが、以後は、老中松平乗邑—若年寄本多忠統のラインが専管することになった。したがって、翌一五日、忠相は乗邑から、「地方御用」についての用向きはまず若年寄の本多に上申するよう指示されている。

では、どのような案件が上申されたのであろうか。上坂、田中案件の中から一つずつみてみよう。

七月二三日に、忠相は、上坂代官所武蔵野新田の内に栗林を設定する件についての伺書一通・絵図一枚・帳面一冊を、本多に進達した。ところが、八月五日、御側御用取次の加納久通から、先日提出した伺書の内容より軽くし、費用も半分にして再度上申するようにとの指示があり、七月二三日に本多へ進達した書類を返却された。そこで忠相は、同七日、栗林の設定を軽くすると費用は二二両かかる旨加納へ申達する一方、同九日、書き直した伺書などを本多へ進達している。そして同一一日、老中松平乗邑から、栗林の件は伺いのとおり二二両にて申し付ける旨の手紙が送られてきたため、翌一二日、忠相は上坂を呼びよせて、伺いのとおりすんだので、費用二〇両余にて設定するよう、申し渡し

表24　大岡支配代官からの伺書の上申先

伺書の上申先 / 案件の別	6月14日以前				以後	
	松平乗邑	本多忠良	松平信祝	本多忠統	本多忠統	小笠原政登
上坂案件	4		1	2	7	1
田中案件		2		3	10	
嚢案件		1	2	1	3	

ている。つぎに、田中案件をみよう。忠相は、八月三日、田中支配所東海道鶴見橋《とうかいどうつるみ》修復の件についての伺書一通・帳面一冊を、本多に進達した。しかし同一二日、本多から、鶴見橋修復の件は費用がかかりすぎる、勘定所より提出された書付のとおり、積算し直して差し出すよう下命され、三日に進達した伺書などを返された。それゆえ、同二六日、忠相は、修復の件は入札を申し付けて金額を減らす旨の伺書一通・帳面一冊を、再度本多へ上申している。この件の決裁が下りたのは、九月一四日である。

大岡支配代官の人事や支配所運営については、なかなか忠相の思うとおりには進んでいない。将軍や老中などの上層部は、かなり厳しく査定していたことがうかがわれる。

右にみた大岡支配代官は幕臣であったが、民間人のまま忠相に属し、将軍吉宗の書物御用を務める者がいた。『蕃薯考《ばんしょこう》』で知られる青木昆陽《あおきこんよう》（敦書《あつのり》）である。当時は、文蔵《ぶんぞう》と称していた。この青木は、江戸日本橋の魚問屋の子に生まれ、早くから京都に赴いて古義学の伊藤東涯《いとうとうがい》に師事し、二七歳のとき江戸八丁堀《はっちょうぼり》に塾を開いて古学を講じたという。享保一七年（一七三二）の飢饉で民衆が苦しむのをみて『蕃薯考』を著わし、町奉行所与力加藤枝直を通じて忠相に献呈、将軍吉宗の知るところとなり、同二〇年に刊行頒布され、蕃薯（薩摩芋）の普及に至った。この縁もあって、青木は同年から書物御用を務めることになった。これは、珍しい書物などを蒐集し、忠相を通して将軍吉宗に献上するという役目である。

たとえば一月二八日、忠相は、青木が持参した、「室町殿諸士之紋つくし」一冊・「戦捨異同」一冊・「国家食貨略」一冊・「国家金銀銭譜」一冊・「大仏黄金」一包・「頼朝小判」一包・「太閤銀」一包・「大坂壱歩」一包・「銀但馬一歩」一包・「銀南鐐小判一分」一包・「銀菊小判壱歩」一包・「銀二菊小判」一包を、将軍の慰みにもなるのでは、と述べて、御用取次の加納久通へ上げている。このうち、古の金銀八包は返され、書物四冊は将軍の手許に留め置かれることになった。この他、年内に、「嵯峨物語」・「経済纂要」・「刑法国字訳」・「崎港聞見録」・「大明令」などの書物が、加納を通して将軍に届けられた。以上のうち、「国家食貨略」・「国家金銀銭譜」・「経済纂要」・「刑法国字訳」は、青木自身の著作である。

逆に、青木が、幕府書物蔵にある書物を拝借したいと願ったことがあった。加納を通して将軍の耳に入れたところ、許可が出たので、一一月二六日に忠相へ伝えられた。その書物は、「廿一史」のうち「宋史」・「金史」・「遼史」・「元史」で、「宋史」だけでも一〇〇冊にもなるので、まず「宋史」が貸し出されることになった。しかし、将軍の御手許本は将軍が見る可能性もあるため、林大学頭所蔵本が貸し出されることになり、忠相が林から借りて青木に渡している。青木は、元文二年当時、年に白銀五枚を下賜されるのみであったが、同四年三月、正式に幕臣に取り立てられ、のちには旗本役の書物奉行にまで出世している。

なお、町医師が書いた著作も将軍へ届けられているので、そのこともみてみよう。神田《かんだ》玄泉は、大岡家に出入りする町医師である。神田が「日東魚譜」という書物五冊を書いて忠相に見せたことがあった。一覧したところ、将軍の慰みになるのではと思ったため、忠相は加納へ上げている。この書物も将軍の手許に留め置かれ、神田には白銀三枚が下賜された。

将軍吉宗は、生活空間の「奥」に、専用の書物部屋を設けるほどの読書好きであった。青木や神田などから忠相を通して届けられた書物も、この書物部屋に所蔵されたものと思われる。

3——江戸の発展と農村の変容

明暦大火後の江戸復興計画

明暦《めいれき》三年（一六五七）正月一八日、本郷丸山《ほんごうまるやま》の本妙寺《ほんみょうじ》から出た火は、前年一一月以来一滴も雨が降らず乾燥しきっていたうえ、折からの強風にあおられて本郷・湯《ゆ》島《しま》・駿河台《するがだい》に延焼、さらに下町の神田から日本橋《にほんばし》に及び、夕方西風に変わると、八丁堀・霊岸島《れいがんじま》・石川島《いしかわじま》・佃島《つくだじま》などの下町一帯を焼き尽くし、翌一九日早朝にようやくおさまった。ところが、一九日の午前一〇時ごろ、今度は小石川伝通院《でんつういん》近くの新鷹匠町《しんたかじょうまち》にある武家屋敷から出火、これも北西の強風にあおられ、小石川・飯田町より田安門・竹橋門内の大名・旗本屋敷を焼き、正午すぎ江戸城の天守閣に火が移り、本丸・二の丸・三の丸の御殿も焼失し、西の丸御殿のみが残った。火は、その後八代洲《やよす》河岸から京橋《きょうばし》・新橋《しんばし》・鉄砲洲《てっぽうす》にまで及んだ。さらに同じ一九日の夕刻、第三の火災が麹町《こうじまち》五丁目の町家より発生し、桜田・日比谷《ひびや》・愛宕下《あたごした》・芝方面を焼いたのち、二〇日朝にようやく鎮火した。この三日間に及ぶ「明暦の大火」により、江戸の市街の六割が焼失したといわれる。すなわち、大名屋敷一六〇、旗本屋敷七七〇余、寺社三五〇余、町屋四〇〇町余を失い、死者は一〇万人に達したという。

大火後、幕府は御救小屋を設け、粥の施行をして町人などの救済にあたった。この粥施行は正月二一日から二月一二日まで二二日間に及び、幕府が放出した米は六〇〇〇石にのぼったという。また幕府は、罹災した大名には参勤交代で出府することを免除したり、帰国させたりするとともに、恩貸銀を与えた。旗本・御家人には拝領金を支給し、江戸市中へも銀一万貫（金にして約一六万両）が下賜された。

かかる救済措置をとる一方、幕府は、防火対策を中心とした大幅な都市改造を計画し、実行に移した。まず、そのための基礎作業として、正月二七日、大目付北条正房《ほうじようまさふさ》（氏長《うじなが》）・新番頭渡辺綱貞《わたなべつなさだ》に命じて、実測による正確な江戸地図を作成させた。彼らはいわば責任者であり、その下に正房の養子の福島伝兵衛《ふくしまでんべえ》、規矩術《きくじゅつ》（洋式測量）の金沢清左衛門《かなざわせいざえもん》、大工頭の鈴木修理《すずきしゅり》など、多彩な人材が集まって仕事を分担した。この地図は、数十日を要して完成したが、市街整備に役立っただけではなく、のちに板行された遠近道印《おちこちどういん》作「寛文江戸図」の原型ともなった（黒木喬『明暦の大火』）。

新しい都市計画は、明暦の大火の苦い経験から、江戸城の防火にその主眼がおかれていた。復興計画の主な内容は、以下のとおりである。

① 江戸城郭内にある大名屋敷をすべて郭外に移転させるのをはじめ、大名・旗本屋敷の移動および下屋敷の下賜。

② 八丁堀・矢《や》の倉《くら》・馬喰町《ばくろちょう》、神田辺りにある寺院を、深川《ふかがわ》・浅草《あさくさ》・駒込《こまごめ》・目黒《めぐろ》など周辺地域へ移転させる。

③ ①および②に伴う町屋の霊岸島・築地《つきじ》・本所《ほんじょ》などへの移転。

④ 焼土を利用した木挽町《こびきちょう》・赤坂・牛込《うしごめ》・小石川の沼地の埋立て。

⑤ 神田白銀町《しろがねちょう》・万町《よろずちょう》・四日市町《よっかいちちょう》の移転と防火堤の設置。

⑥ 火除明地としての広小路の設置。

⑦ 主要道路の道幅を六間（約一一メートル）から一〇間（約一八メートル）に拡張する。

⑧ 両国橋の架橋、芝・浅草両新堀の開鑿《かいさく》、神田川の拡張（『東京百年史』第一巻）。

こうした復興計画により、江戸は大きな変貌を遂げることになった。

武家地 変貌の状況を、武家地からみてみよう。明暦の大火直後、まず吹上（当時の地名は鼠穴）にあった御三家の屋敷が郭外に移された。尾張徳川家と紀州徳川家は麴町、水戸徳川家は小石川にそれぞれ広大な代地を与えられた。ついで、龍ノ口内・竹橋内・常盤橋内・雉子橋内などにあった諸大名の屋敷も、順次郭外へ移転させられた。かくして、江戸城郭内から武家屋敷が排除されたことは、江戸城が、軍事施設から、将軍の住居兼幕府の政庁に変化したことを示す。とくに、明暦の大火により焼失した天守閣が再建されなかったことは、江戸城の軍事的施設としての意義が失われた表徴といえよう。

以後も大名・旗本の屋敷割りは続くことになるが、その用地確保のため、万治《まんじ》元年（一六五八）から小石川・小日向《こひなた》・牛込《うしごめ》の湿地、赤坂の溜池、木挽町の海辺が埋立てられ、翌二年には、本所・深川地域の開発がすすめられた。かかる大規模な埋立て工事や干拓事業により、江戸は郊外へ市街を拡大していった。それとともに、屋敷下賜も増加することになる。表25は、拝領屋敷下賜件数の推移をみたものであるが、万治三年から屋敷下賜が増えていることがわかる。黒木喬氏の調査によると、大火

表25　拝領屋敷下賜件数の推移

年代	拝領屋敷下賜件数
元和 6(1620) ～	11
寛永 7(1630) ～	83
寛永 17(1640) ～	179
慶安 3(1650) ～	36
万治 3(1660) ～	605
寛文 10(1670) ～	361
延宝 8(1680) ～	535
元禄 3(1690) ～	2844
元禄 13(1700) ～	3199
宝永 7(1710) ～	2282
享保 5(1720) ～	2428
享保 15(1730) ～	1459
元文 5(1740) ～	1218
寛延 3(1750) ～	722
宝暦 10(1760) ～	657
明和 7(1770) ～	620
安永 9(1780) ～	516
寛政 2(1790) ～	918
寛政 12(1800) ～	773
文化 7(1810) ～	574
文政 3(1820) ～	646
天保 1(1830) ～	845
天保 11(1840) ～	1404
嘉永 3(1850) ～	847
万延 1(1860) ～ ～慶応 3(1867)	712

註　宮崎勝美「江戸の武家屋敷地」の表1より引用。

後五年間、つまり寛文元年（一六六一）までの新規屋敷下賜の場所は、「築地」＝造成地が圧倒的に多く、このことは、埋立地の大部分が武家屋敷に変貌したことを物語っている（黒木喬「『明暦の大火』前後における屋敷移動」）。

こうした屋敷下賜のうちで、広大な地域を占めたのが大名屋敷である。諸大名には、これまでの上屋敷・中屋敷の他に、避難用の下屋敷が与えられた。たとえば尾張徳川家は、元禄一一年（一六九八）に、上屋敷が市ケ谷《いちがや》門外、中屋敷が四谷《よつや》門内、下屋敷が高田穴八幡と木挽町築地にあった。また加賀前田家は、同年に、上屋敷が本郷《ほんごう》、中屋敷が染井《そめい》、下屋敷が深川および板橋《いたばし》にあった。このように幕府は、上屋敷と中屋敷を中心部や江戸城外郭付近に、下屋敷を近郊に配置した。その結果、それぞれの屋敷の性格が明確になった。すなわち、上屋敷は藩主や家族が住む公邸、中屋敷は隠居した前藩主や嗣子などが住む屋敷であるとともに、上屋敷が罹災した場合の予備の邸宅、下屋敷は休息用の別邸や緊急時の避難所として利用された。かかる藩邸の総数は、一八世紀末で七三〇余りあったという。これら大名屋敷の他に、おびただしい数の幕臣の屋敷が存在した。前述の表25によれば、一六八〇年代から一七四〇年代まで、つまり、本書で対象とする五代将軍綱吉から八代将軍吉宗時代までに、一万四〇〇〇件近い屋敷下賜があったことが判明する。このほとんどは、中下級幕臣への屋敷下賜と考えられる。その後は、年数十件単位の下賜へと減少しており、これは、個々の屋敷地が固定化していったことを示しているものと思われる（宮崎勝美「江戸の武家屋敷地」）。

かくて、大名・幕臣などの武家地は、江戸の都市域の約七割を占めた（ただし、農地などを含めると約五割に低下するという）。では、何ゆえ武家地はこのような広大な土地を必要としたのであろうか。それは、二六〇〜二七〇家ある大名家が、それぞれの藩邸を維持・管理するため、江戸にかなりの家臣団を常駐させ、さらに武家奉公人も雇う必要があったからである。そのためには、広い藩邸が必要であった。したがって、江戸の武士人口は、幕臣およびその家臣も含めると五〇万人に及んだとみられる。この膨大な消費人口が必要とされたことが、江戸を巨大都市化させる大きな要因と思われる。そして、この武家方人口の日常生活を維持するためには、それに匹敵する町方人口も必要であったといえよう（玉井哲雄「改造プランと現実」）。

町人地

明暦三年（一六五七）の大火以後、寺院の郊外への移転や、町々の強制移転も行われた。同年には、馬喰町・神田・八丁堀などにあった六九の寺院が、主に浅草に転出させられた。たとえば、神田明神下で全焼した東本願寺《ひがしほんがんじ》は、浅草三十三間堂前の芝地に、一万坪の土地を拝領して伽藍を新築した。ついで幕府は、万治元年（一六五八）、お茶《ちゃ》の水《みず》・本郷・湯島などの寺院を、小石川・駒込・浅草などに移した。このとき、お茶の水にあった吉祥寺《きちじょうじ》も駒込に移転した。そして、吉祥寺の門前町の住民は、万治二年に武蔵野札野に移住し、新田村落を形成した。これが、現在の武蔵野市吉祥寺である。また、広小路や防火堤などの造成に伴う町屋移動も、強制的に行われた。防火のため、府内各所に広小路とか火除地と呼ばれる広場が設けられたが、筋違橋《すじかいばし》の側には筋違門火除地ができた。このため、神田連雀《れんじゃく》町の住民は、武蔵野の御札茅場《おふだかやば》千町野に移住させられた。これは、現在の三鷹《みたか》市下連雀にあたる（黒木喬『明暦の大火』）。

こうした寺社門前町や町屋の郊外への移転は、諸国から江戸への流入人口とあいまって、都市域の顕著な拡大を招いた。それは、つまるところ、町方支配区域の拡張を示すものであった。とくに元禄期（一六八八〜一七〇三年）は、江戸の町並化と宅地の造成が一つのピークに達した時期といわれる。かかる状況をうけて、正徳三年（一七一三）には、本所・深川・浅草・小石川・牛込・市ヶ谷・四谷・赤坂・麻布《あざぶ》辺りの代官支配地の内で、町屋が成立した場所二五九町が、新たに町奉行支配に編入された。この結果、従来の六七四町と合わせて九三三町となり、北は千住《せんじゅ》から南は品川《しながわ》まで町屋が続く大江戸が出現した。したがって、この時期には、江戸の町も四里四方といわれるまでに拡大していた。ついで享保四年（一七一九）には、本所・深川がすべて町奉行支配に入った。さらに、八代将軍吉宗が隠居する延享二年（一七四五）には、寺社門前地四四〇ヵ所、境内二二七町が町奉行支配に組み入れられたため、江戸の総町数は一六七八町に達したのである。

このような江戸の都市域の拡大は、当然人口の増加が背景にあった。江戸の町方人口は、寛文初年（一六六一年頃）にほぼ三〇万人であったといわれている。幕府の正式の人口調査は、すでにみたごとく享保六年（一七二一）に実施されたが、そのとき江戸の町奉行支配だけで、町方人口は五〇万一三九四人であった。寛文初年と比べると、二〇万人余増加したことになる。つまり、町方人口五〇万に武士人口五〇万、その他、僧侶・神官などを加えると一〇〇万人を超すことになり、当時ヨーロッパ第一の都市であったロンドンの人口が七〇万人に達しなかったので、江戸は、すでに一八世紀初頭から世界最大の都市であったといえる。

ところで、江戸の範囲については、当時「御府内《ごふない》」という表現が一般に使用されていた。しかし、「御府内」と「御府外」との境界は、幕府関係者も一定の認識をもっていたわけではない。そこで、幕府として統一見解を示す必要があり、文政《ぶんせい》元年（一八一八）に正式見解が出された。それによると、「御府内」は、町奉行支配地域よりかなり広く、周辺の代官支配地も含まれていた。この範囲は、地図に朱線で書き込まれたため、「朱引内《しゅびきない》」ともいう。これに対し、町奉行の支配地は黒線で書きこまれたので、「墨引内《すみびきない》」と称した。以後、江戸府内の範囲は、朱引内の地域をさすことになった。その範囲は、東は中川限り、北は荒川《あらかわ》・石神井川《しゃくじいがわ》下流限り、西は神田上水限り、南は南品川を含む目黒川辺が境界であった（『東京百年史』第一巻）。

火消制度の強化

明暦の大火は、江戸の火消制度にとっても大きな転機となった。大火の翌年の万治元年（一六五八）九月、幕府直轄の消防組織である定火消《じょうひけし》が創設された。すなわち幕府は、秋山正房《あきやままさふさ》他四人の旗本にそれぞれ役屋敷を与え、火消人足を抱えるための役料三〇〇人扶持を給し、与力六人・同心三〇人を付属させた。定火消は、その後万治二年に二組、同三年に二組、寛文二年（一六六二）に二組、元禄八年（一六九五）に五組が増設されて一五組となったが、宝永元年

（一七〇四）に一〇組に減少され、以後幕末までこの数が維持されたので、一〇人火消とも呼ばれた。その火消屋敷は、八重洲《やえす》河岸・赤坂溜池・半蔵門《はんぞうもん》外・御茶の水・駿河台・赤坂門外・飯田橋《いいだばし》・小川《おがわ》町《ちょう》・四谷門外・市谷佐内坂にあり、いずれも江戸城の北部と西部にあたっていた。これは、冬に北西の季節風が強く吹くとき、この地域から出火すると大火になり、江戸城に火が及ぶ危険性が高かったからである。

　武家の消火組織としては、幕臣の定火消の他に大名火消も設けられていた。寛永二〇年（一六四三）、幕府は六万石以下の大名一六家を四組に編成して火消役に任じたが、これが大名火消の起源とされる。そのほか、江戸城や幕府関係の重要施設の消火にあたった所々火消、江戸城への延焼を防ぐために出動する方角火消なども設置された。また、各大名家は自衛の消防組織をもっており、これを各自火消と称したが、幕府は天和元年（一六八一）、御三家と加賀藩の各自火消が近隣の火災に出動することを認め、翌年には他の大藩にも近所の消火にあたらせた。さらに享保二年（一七一七）、幕府は各大名に、藩邸の周辺の消火に出動するよう義務づけた。これは、三町火消、近所火消とも呼ばれ、初期消火により火災を最小限にくい止めようとしたもので、その効果は大きかったという。

　町方の消防組織は、明暦の大火の翌万治元年（一六五八）に、日本橋、京橋《きょうばし》辺りの二三町がそれぞれ人足を常雇いし、協力して消火にあたることを約したのに始まるという。しかし、その後火消組合の設立は容易に進まず、享保三年（一七一八）に至って、町奉行大岡忠相の命により、各町に町火消が設置された。すなわち、出火のときは風上二町、風脇左右二町、計六町が一町三〇人ずつの人足を出して消火にあたることになった。ついで享保五年に組合の再編成が行われ、隅田川《すみだがわ》以西の町々をほぼ二〇町ごとに四七の組に分け、いろは四七文字を組名とした（ただし、へ・ら・ひの三字については百・千・万を用いた）。本所・深川は、別に一六の組に分けた。このとき、各組ごとに纏《まとい》と幟《のぼり》を定め、目印とさせた。さらに享保一五年には、四七組を一番組から一〇番組の大組に分け、一組ごとに大纏が与えられた。この改正により、火元の風下の町の代わりに、風上・風脇にあたる町々から人足を招集して消火にあたらせることができるようになったため、従来に比べてはるかに多くの人数を火元に集めることが可能になったという。そして元文三年（一七三八）頃、大組は八組となり、本所・深川の一六組も、南・中・北の三つの大組に編成された。

町火消は、初め武家屋敷の消火活動を許されなかったが、享保七年（一七二二）に認められ、さらに延享四年（一七四七）の江戸城二の丸御殿炎上の際、江戸城内に入ることを許された。こうして町火消は、一八世紀の中頃から江戸の消防組織の中核的な役割を果たすようになったのである（池上彰彦「江戸火消制度の成立と展開」）。

百姓一揆の増加

近世前期の百姓一揆は、平百姓の要求に押されて、村役人、多くは庄屋（名主）・組頭層が村を代表して幕府や藩に越訴する「代表越訴型一揆」が主流であった。

しかし、一七世紀末から一八世紀、五代綱吉～八代吉宗時代になると、惣百姓が結集し、膨大な数の集団の圧力を背景に、直接領主に百姓らの要求をつきつける闘争形態が現れた。これを「惣百姓一揆」という。なかでも、全領の百姓が参加する大規模な一揆の場合は、「全藩一揆」と呼ばれた。

では、何ゆえこのような一揆が発生したのであろうか。それは、新たな財政収入を必要とするようになった領主が、領民に対して年貢を増徴した他、経営の補いにしている無年貢のさまざまな作間稼《さくまかせぎ》についても、新税を課して経営を圧迫したことに原因があった。つまり、領内全域に極限状況が生まれ、自己犠牲を決意した頭取が、村々に参加を説いて訴状をまとめ、強訴の先頭に立ったときに初めて一揆は実現した。したがって、頭取には一揆を統率する資質や能力が不可欠であり、訴状も村々の代表が合意して作成された。そして、惣百姓参加の意識も共有される必要があり、村代表による起請文や連判状も作られた。その際、度々傘連判《からかされんぱん》が作成されたが、これは、代表者の平等と頭取を隠す目的があった。また、一揆を正当化するため、参加者は、火付け・盗みなどを厳禁する掟に基づいて行動した。かくして一揆は、参加者の数で圧倒的な力を発揮し、領主に要求を実現させた。しかし解散後、頭取らはすぐに逮捕され、拷問などで牢死させられたり、断罪されたりする場合が多かった。

このような全藩的一揆は、元禄期（一六八八～一七〇三年）以降各地に出現し、しだいにその規模と組織性・闘争性を増していった。たとえば、元禄一一年（一六九八）の美作《みまさか》津山《つやま》藩の一揆では、天狗状を回して一揆を組織し、大庄屋の管轄区域ごとに目印の旗をかかげて城下に押し寄せた。彼らは、不参加の村に対しては焼打ちにすると脅して、一揆の組織を拡大していったという。宝永六年（一七〇九）の常陸水戸藩の一揆では、三〇〇〇人もの農民が江戸へ出訴して、さまざまな集団的示威行動をとったため、藩はやむをえず年貢諸役の増徴を撤回し、改革責任者松波勘十郎《まつなみかんじゅうろう》の罷免と宝永改革の中止を承認した。また正徳二年（一七一二）の加賀大聖寺《だいしょうじ》藩の一揆では、地域により、一軒に一人ずつ、成人男子は一人も残らず、といった基準で動員され、しかも、村役人から水呑百姓・下人に至るまで、十村（大庄屋）以外のすべての農民諸階層が参加したという。かかる全藩的一揆は、一七一〇年代に至ると、ほぼ毎年のごとく各地で頻発するようになり、さらに享保元～三年（一七一六～一八）には、個々の一揆が互いに影響を与えて波及する事例さえ現れたのである。

幕府領でも、元禄～正徳期（一六八八～一七一五年）に、元禄検地による増徴や代官の苛政などをめぐって、全藩一揆に相当する規模の闘争が起きた。しかし、それらはまだ幕府評定所や巡見使などへの越訴に止まっていたが、享保期（一七一六～三五年）には強訴形態をとるものが現れた。その最初のものが、享保五年（一七二〇）の会津南山御蔵入一揆である。この一揆では、農民七～八〇〇人が代官所に強訴するとともに、百姓惣代三五人が幕府に上訴し、代官の免職をかちとった。

すでに「新田開発と年貢増徴策」の項でもふれたごとく、幕府は定免制による年貢増徴策を推進したが、これに真っ向から反対した一揆も発生した。すなわち、岩代国信夫《いわしろこくしのぶ》・伊達《だて》両郡下の幕府領では、代官岡田庄大夫《おかだしょうだゆう》が享保七年（一七二二）以降、定免制の切り替えごとに増免を課し、荒地からも年貢を徴収するなどしたため、大森代官所付き三五ヵ村の農民と川俣代官所付き一六ヵ村の農民は、同一四年、まず代官の陣屋におしかけて強訴し、さらにそれぞれ福島藩と二本松《にほんまつ》藩の城下へも強訴に及び、年貢減免の目的を果たすことに成功した。しかし、農民たちは二本松藩の援兵によって一斉に逮捕され、死罪獄門二人・遠島九人など九四人の処罰者を出すことになった。この一揆への弾圧は、その後の徒党禁令にも大きな影響を与え、幕領で一揆が起きた場合、鎮圧に隣接藩の出兵を認めるという、享保一九年の軍役動員令の発布につながったのである。

元文二年(一七三七)には、「百姓と胡麻《ごま》の油は搾れば搾るほどでるものなり」と放言したといわれる神尾春央が勘定奉行に就任し、新たな年貢増徴策を推し進めた。その結果、吉宗隠居の前年にあたる延享元年(一七四四)には、江戸時代最高の年貢収納高に達したが、神尾の増徴策に対する農民の抵抗は激しく、以後幕府は、大規模な基本年貢の増徴策を実施することができなかったのである(青木美智男『百姓一揆の時代』、斎藤純・吉武佳一郎「百姓一揆」)。

飢饉と水害

江戸中期の飢饉としては、稲虫(稲の害虫)の大量発生による享保一七年(一七三二)の大飢饉が知られる。それは、以下のような発生状況であった。六月初旬には涼しすぎる日が続いていたが、六月中旬から急に暑くなり、病中害が蔓延しやすい天気となった。七~八月に至ると、いなごやうんかがまず九州に発生、稲の茎を食い荒らし始め、これは九州から四国・中国を経て畿内にまで広がり、大凶作になったという。

各藩から幕府に報告された被害届によると、年貢半減以下の藩は、西海道二七藩・南海道一〇藩・

山陽道四藩・山陰道四藩・畿内一藩の四六藩に及び、その合計の過去五ヵ年平均収穫高が二三六万二〇〇〇石余であったのに、享保一七年の収穫高はわずかに六二万八〇〇〇石余にすぎず、七三％の減収であった。また、飢餓人数は幕領・旗本領六七万一九六一人、諸藩領一九七万四〇五九人、餓死人は一万二一七二人とされている（『日本災異志』）が、それを上回った可能性も高い。

かかる被害に対し、幕府の対応もすばやかった。まず七月には、代官・勘定衆を被災地へ派遣して検視せしめるとともに、諸国の蓄え米を調査させた。ついで九月には、勘定吟味役神谷久敬を大坂に遣わし、救済の指揮をとらせている。具体的な救援策は、被災大名に対する回米と恩貸金（拝借金）が主なものであった。すなわち、西国（九州）・四国・中国筋で米が払底しているため、東山・東海・北陸に領知のある大名・旗本に対し、例年よりなるべく多く、大坂や被災地に回米するよう命じた。また幕府自身も、西日本諸藩への回米・売却を積極的に実施し、その総供給量は二五万六五二五石に及んだ。しかし、被災大名にとっては、こうした回米を購入するためには資金が必要となる。幕府は、その資金についても支援している。

拝借金の対象になったのは、享保一七年の年貢収納高が、それまでの五ヵ年平均高の五割以下の大名・旗本らである。拝借金は、三〇万石以上は二万両、二万石未満一万石以上は二〇〇〇両といったように領知高に応じて支給され、総額三三万九一四〇両に達した。かくして、幕府が幕領のみならず、大名・旗本領を含めて飢饉救済に積極的・全面的に乗り出したのは、幕政史上でも最初にして最後であったという（菊池勇夫『飢饉から読む近世社会』）。

つぎに、寛保二年（一七四二）の大水害をみよう。この水害では、台風の影響で、まず七月二八日から八月一日にかけて畿内で大風雨があり、京都の三条大橋が流れ、淀《よど》・伏見《ふしみ》辺りでも大水がでた。これが東へ移ってきて、一日から二日にかけて関八州《かんはっしゅう》・北国筋で大洪水となった。とくに関東地方の被害が大きく、利根川の土手が決壊、その水が江戸市中まで流れ込み、ことに本所辺りはひどく、水位が五～七尺（一・五～二メートル）にも及んだという。そのため、下谷・浅草・本所辺りのみで溺死者は三九〇〇人余に達し、幕府は救助船を出して孤立していた人々を救い、また被災者に対して粥や握り飯を支給した。こうした食糧支援は、延べ一八万六〇〇〇人分が用意されたことになるという。

そして幕府は、水害が一段落したあと、江戸近郊の河川の他、利根川・渡良瀬川《わたらせがわ》・鬼怒川などの河川整備にとりかかった。まず八月二三日、勘定組頭八木半三郎《やぎはんざぶろう》以下の勘定方役人を派遣して、各河川の破損状況を見分させた。ついで一〇月六日、その報告をもとに、備前岡山《びぜんおかやま》藩主池田継政《いけだつぐまさ》をはじめ一〇人（この他毛利《もうり》家臣吉川経永《きっかわつねなが》も加わる）の大名に、手伝普請を命じたのである（小鹿島果編『日本災異志』、野中利夫編『江戸の自然災害』）。

五　江戸城御殿の構造と殿中儀礼

1―江戸城御殿の構造

江戸城の造営と内郭

江戸城は後北条《ごほうじょう》氏の支城の一つであったが、天正《てんしょう》一八年（一五九〇）豊臣秀吉《とよとみひでよし》の関東進攻により後北条氏が滅亡すると、その旧領は徳川家康《とくがわいえやす》に与えられ、家康は江戸城を居城に定めた。入城式は同年八月一日に行われたが、当初は主に城下町の建設に力が注がれ、江戸城の本格的な工事が始まったのは、慶長《けいちょう》八年（一六〇三）に家康が江戸幕府を開いてからである。

すなわち、江戸城が将軍の居城になると、工事には、全国の諸大名に助役を賦課する御手伝普請《ふしん》の形式がとられた。まず慶長八年には、七〇余家の大名が動員されて江戸市街の大拡張工事が行われ、ついで同一一年には、西国諸大名に城郭の大拡張工事が命じられ、本丸御殿、二の丸・三の丸・石垣などが築造された。さらに翌一二年には、関東《かんとう》・甲信越《こうしんえつ》・奥州《おうしゅう》の諸大名が工事を続行するとともに、五層の天守閣が建設された。これらの工事によって、江戸城は大城郭としての形を整えたものの、な

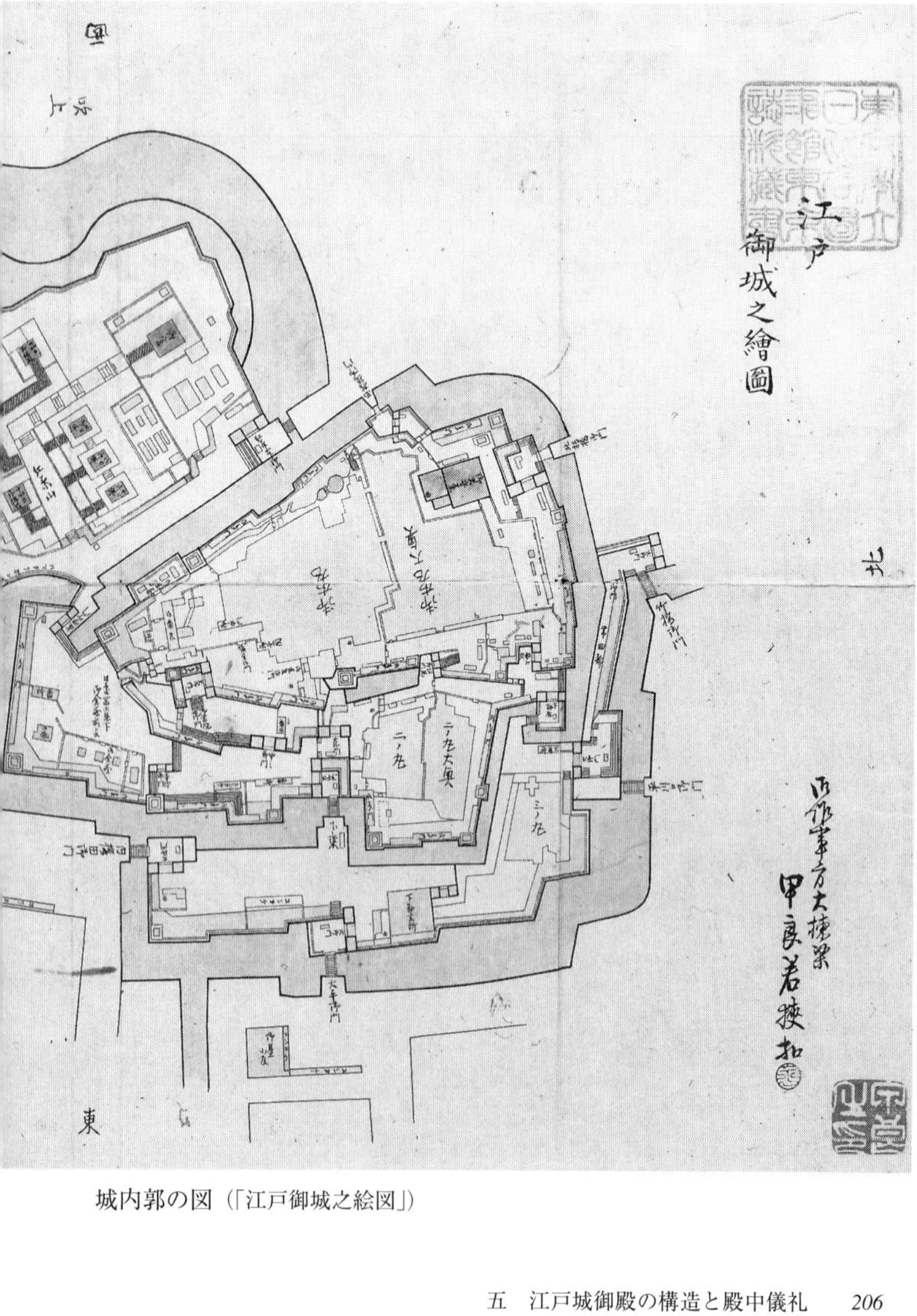

城内郭の図（「江戸御城之絵図」）

お工事は継続され、元和《げんな》八年（一六二二）の本丸御殿《ごてん》改築（その後、寛永《かんえい》一四年（一六三七）にも改築されたが、同一六年に焼失したため、翌一七年に再建された）、寛永元年（一六二四）の西の丸御殿造営、同一二年の二の丸の拡張と三の丸の縮小を経て、同一三年の大規模な外郭修築工事によって江戸城の総構が完成したという。

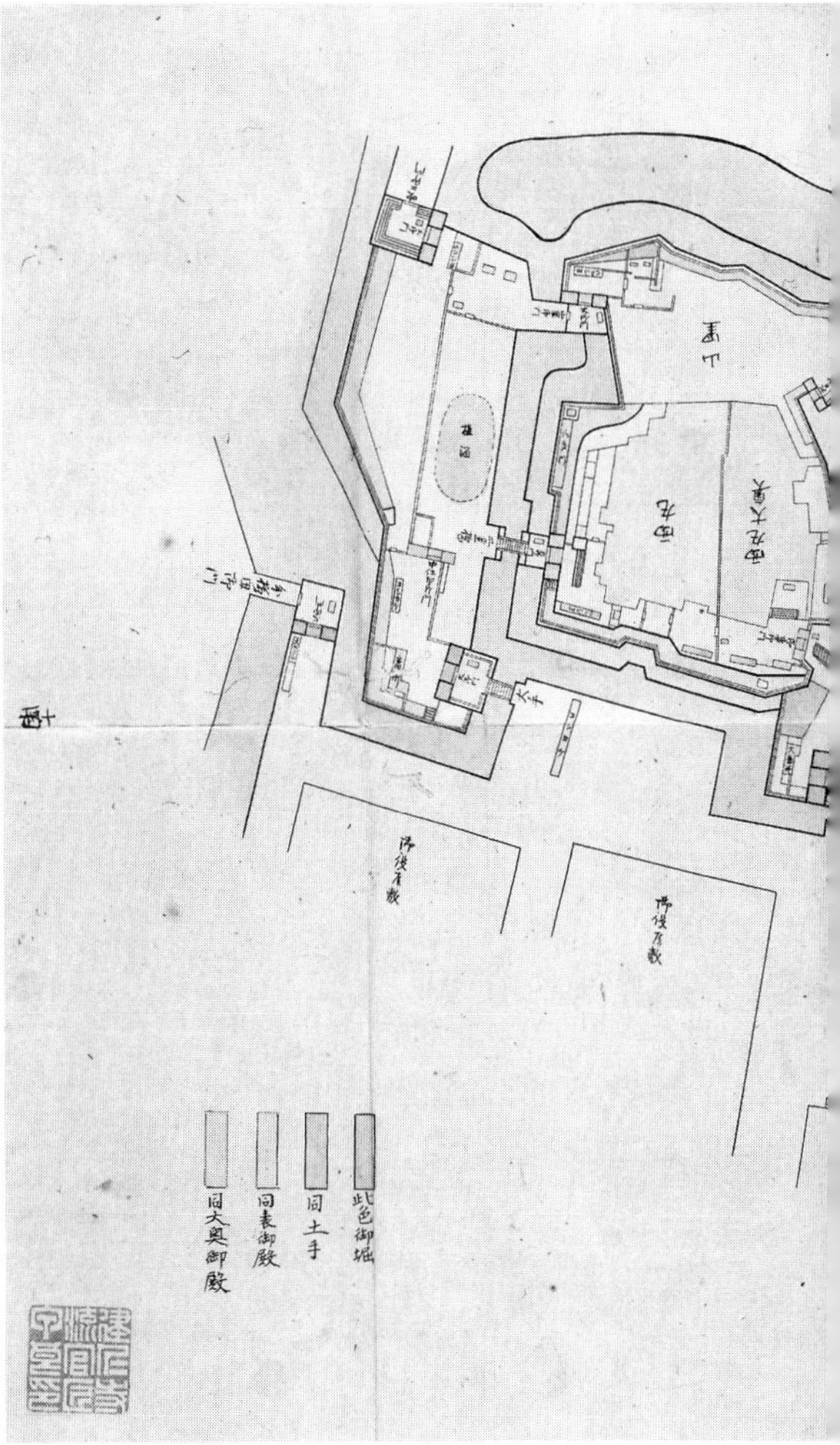

図17　江戸

江戸城の総構は、武家地・町地・寺社地が配された外郭と、狭義の城内である内郭とに大別される。図17は、七代家継《いえつぐ》から八代吉宗《よしむね》時代にかけての、吹上御《ふきあげお》庭《にわ》を除く内郭のほぼ全域を描いた絵図である。内郭は、図に見えるごとく、本丸・二の丸・三の丸からなる本城と、西の丸・紅葉山《もみじやま》・山里からなる西城、および吹上御庭などにより構成され、内濠によって囲まれていた。内郭の面積は、本城九万三八〇九坪、西城六万八三八五坪、吹上御庭一三万五六八坪、吹上・西城間の堀一万三九九八坪、計三〇万六七六〇坪（ただし、皇居になってからの面積）であった。

このうち、本丸には本丸御殿（弘化《こうか》二年（一八四五）造営の建物で一万一三七三坪）と天守閣があった。本丸御殿はいうまでもなく、将軍の住居と幕府の政庁を兼ね、天守閣は外観五層、内部は地階（穴蔵）を含めると六階であったが、明暦《めいれき》三年（一六五七）の大火で焼失したのちは再建されず、天守台のみが残った。本丸御殿は、明暦の大火後万治《まんじ》二年（一六五九）に再建され、その後三回（天保《てんぽう》一五＝弘化元年〈一八四四〉、安政《あんせい》六年〈一八五九〉、文久《ぶんきゅう》三年〈一八六三〉）焼失し、二回（弘化二年、万延《まんえん》元年〈一八六〇〉）造営されたが、最後の文久三年の罹災後は再建されなかった。二の丸には二の丸御殿（寛永一三年〈一六三六〉創建、四回焼失、五回造営）、三の丸には三の丸御殿（寛永二〇年〈一六四三〉創建、一回焼失、三回造営）が設けられていた。二の丸御殿は、六代将軍家宣《いえのぶ》の御台所《みだいどころ》（正室）であった天英院《てんえいいん》の住居、九代将軍家重《いえしげ》の元服前と大御所時代の住居などに使用されているが、のちには前将軍の御《お》手付中臈《てつきちゅうろう》（側室）が晩年をすごす場所になったという。三の丸御殿は、五代将軍綱吉《つなよし》の幼少時代の住居、生母桂《けい》昌院《しょういん》および側室であった瑞春院《ずいしゅんいん》の住居として使われたことがあるが、のちにはあまり使用されなかったという。

西の丸には、大御所もしくは将軍の世子が住む西の丸御殿（嘉永《かえい》五年〔一八五二〕造営の建物で六五七四坪）があり、同御殿は文禄《ぶんろく》三年（一五九四）の創建以来五回焼失し、造営・修築は七回に及んでいる。ことに、幕末の元治《げんじ》元年（一八六四）に再建された建物は仮御殿ではあったが、既述したごとく、本丸御殿は文久三年に焼失したあと再建されなかったため、以後この仮御殿が将軍の住居兼幕府の政庁として使用された。西の丸の西側につづく山里は西の丸の庭園であり、北側の紅葉山には東照宮《とうしょうぐう》はじめ歴代将軍の霊廟、および具足蔵・書物蔵が設けられていた。また吹上は、初めは尾張《おわり》・紀伊《きい》・水戸《みと》の御三家など大名屋敷が置かれていたが、明暦の大火ののち、防火上の見地からこれらの建物を移転し、広大な庭園「吹上御庭」となった。

本丸御殿の構造

江戸城の中心である本丸御殿は、用途により表・奥・大奥に三区分されていた。表は、儀式と政治の場である。すなわち、図18に示したように、東側に玄関と老中・若年寄・諸役人の下部屋（控え室）、西側に儀礼や将軍との謁見に使用される大広間・白書院・黒書院と二つの中庭、中央部に諸役人の詰所や勤番士の番所、および大名・諸役人などの「殿中席《でんちゅうせき》」（以下殿席と略す、後述）となる座敷が配置されていた。かかる基本構造や各部屋の位置関係は、五代将軍綱吉時代以降幕末期に至るまで、ほとんど変わっていない。これは、表で行われる儀式や政治が慣

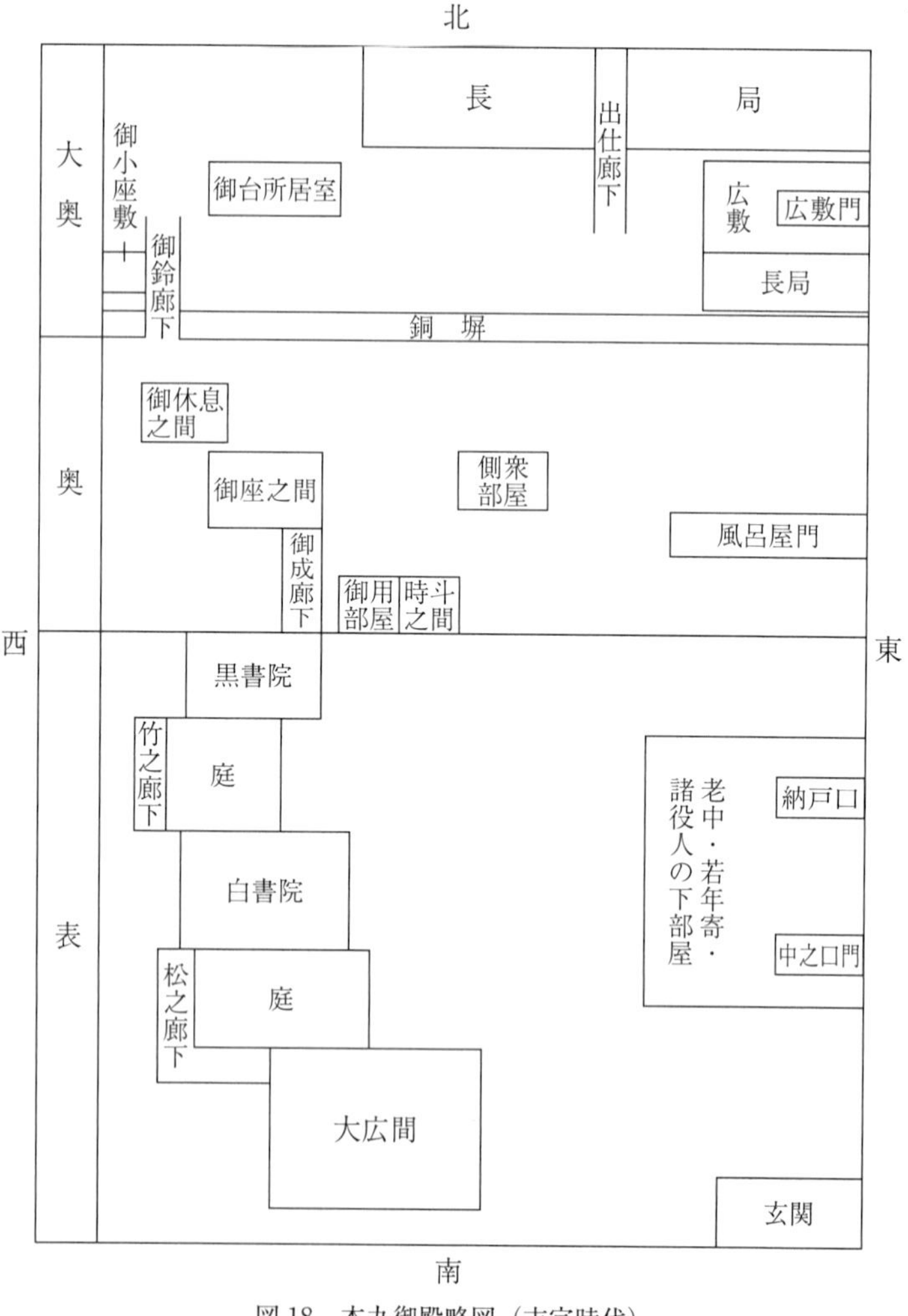

図18　本丸御殿略図（吉宗時代）
（「東武御本丸絵図」、「江戸御本丸全図」により作成）

例化していることを示す。

一方、奥は将軍の執務・生活空間である。表との境界は、御成《おなり》廊下と時斗《とけい》之間（土圭《とけい》之間とも書く）の二ヵ所であった。その一ヵ所、奥の御成廊下と表の黒書院の間は杉戸で仕切られ、これを「上ノ錠《かみのじょう》口《ぐち》」と称した。「上ノ錠口」は、将軍が御成廊下を通って表の黒書院・白書院・大広間などへ出御したり（これを「表出御」という）、大名・諸役人が御座之間で将軍に御目見えする場合を除いて閉鎖されていた。もう一ヵ所の時斗之間は「口奥《くちおく》」と称し、そこには「口奥坊主」（正式名称は時斗之間坊主）が常駐して表の役人が奥へ入らないように見張り、こちらも夜には閉鎖されていたのである。

奥の西側には、将軍の応接間として使用される御座之間、将軍の執務室や居間あるいは寝所として使われる御休息之間などを中心に、湯殿や能舞台などが設けられていた。つまり、将軍の執務・生活空間は西側にまとめられていたのである。これに対し東側には、将軍側近役人である側衆《そばしゅう》・小性《こしょう》・小《こ》納戸《なんど》・奥医師や、奥で雑務を処理する奥坊主などの詰所が置かれていた。なかでも、奥の長官にあたる側用人《そばようにん》や御側御用取次の執務室は、奥のほぼ中心部に設置されていた。こうした基本構造は変わらないものの、奥は、表とは異なり、将軍の個性に応じ、将軍の代ごとに改造されていたことに特徴がある（この点は後述する）。

また大奥は、女性たちの生活の場であるため、奥との境は銅塀で厳重に区切られ、奥と大奥は、御休息之間近くにある御鈴《おすず》廊下によってつながっていた。この御鈴廊下が上・下の二本になったのは、後期になってからである。大奥は、将軍の大奥での寝所となる御小座敷、御台所（正室）の居室、奥女中の詰所などがある御殿向《ごてんむき》、奥女中の住居である長局向《ながつぼねむき》、事務や警備を担当する広敷役人《ひろしき》（男性）の詰所がある広敷向の三つの区域によって構成されていた。

表・奥・大奥それぞれの、中期における面積は不明であるが、幕末の弘化二年（一八四五）造営の建物によると、表と奥は四六八八坪、大奥は六三一八坪であった。

老中の登城・廻り・退出と御用部屋

表の長官と副長官にあたる老中・若年寄は、西の丸の太鼓櫓にある太鼓の音（四つ時＝午前一〇時頃）を合図に、一斉に駕籠で役宅を出て下乗橋《げじょうばし》の外で落ち合い、そこからは駕籠を乗り捨て、それぞれが供の者を従え、一緒に歩いて納戸口（老中口ともいう）から本丸御殿に入ったという。このように、通常、役宅を出て御殿に至る行為を登城というが、別の意味の「登城」もあったのである。すなわち、老中が下部屋のある納戸口から、列を組んで執務室（上御用部屋）に入るまでの道筋は決まっており、その行為を「登城」、執務室を出て、ほぼ逆のコースをたどって納戸口に至るまでの行為を「退出」と称し、老中はその間、各殿席にいる諸役人から挨拶をうける行事を毎日繰り返していた。また老中は、毎日九つ時（午後〇時）頃執務室を出て、近くの部屋を一巡する「廻り」という行事も行っていたのである（図19参照）。

かかる老中の「登城」・「廻り」・「退出」という行事が、いつから始まったのか不明である。しかし、寺社奉行時代の大岡忠相の「日記」には散見するので、吉宗時代の後期に行われていたことは確かで

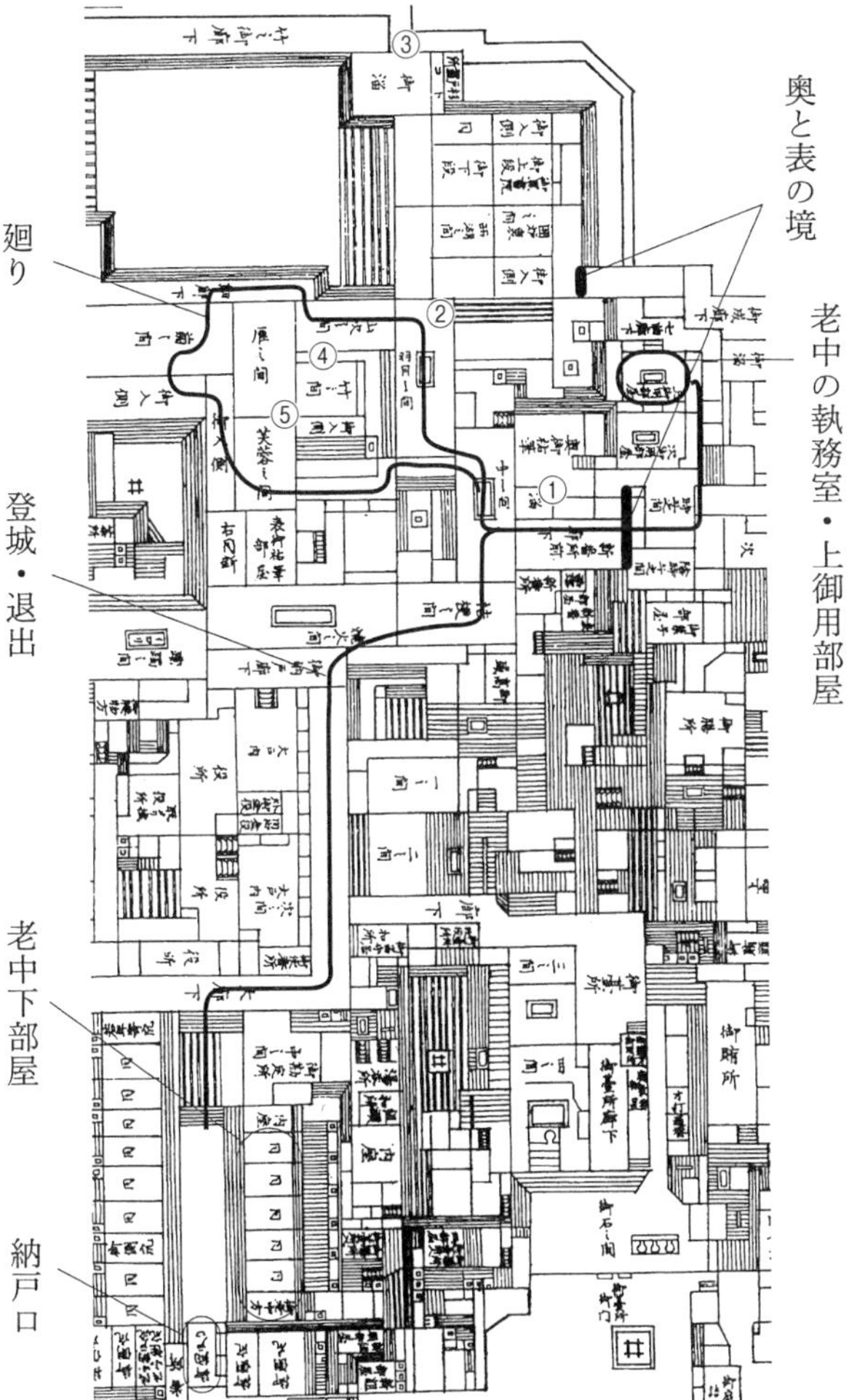

図 19　老中の登城・廻り・退出と用談所の図
(「御老中方御登城絵図」・「御老中方表御座所廻り絵図」・「御老中方退出絵図」［名古屋市蓬左文庫蔵］により作成)

あろう。一例を示そう。

元文二年（一七三七）四月二九日条

一、中務大輔《なかつかさたいふ》（老中本多《ほんだ》忠良《ただよし》）殿登城の節、辻大膳《つじだいぜん》昨日仰せ聞かされ候とおり、凌《（陵）》王の面持参つかまつり候旨申し上げ候ところ、請け取り差し上げ候ように仰せられ候（後略）

同年八月八日条

一、年寄（老中）衆御座敷廻りの節、芙蓉之間にまかり在り、御目にかかり、九ツ半時（午後一時頃）退出（後略）

四月二九日条では、老中の「登城」の際、大岡忠相《おおおかただすけ》は老中本多忠良に、楽人惣代《がくにんそうだい》の辻大膳が陵王の面を持参したと報告していることがわかる。これは、将軍吉宗が陵王の面を見たいと望んだからである。また八月八日条によると、老中の「廻り」のとき、大岡は、寺社奉行の殿席の芙蓉之間で挨拶していることがわかる。四月二九日条にも見えるとおり、こうした「登城」・「廻り」・「退出」の際、老中と諸役人の用談が行われる慣例になっていたのである。その部屋は、時期によって若干異なっているものの、吉宗時代後期には、新番所前溜（図19の①、以下同じ）や羽目之間（②）などが主に使われていた。しかし、老中全員が列席して比較的重要な案件を申し渡す場合は、黒書院松溜（溜之間、③）・竹之間（④）・芙蓉之間（⑤）で諸役人に伝達されている。これは、この三部屋が格式の高い部屋であることを物語るものといえよう。これらの部屋はすべて表に属しており、このことは、表向勤務の諸役人が奥に設けられた老中の執務室に入室できなかったことを示している。

江戸時代の初期、老中たちは将軍の居室近くの部屋に集まって諸事を相談・決裁し、これを奉行所と称したが、のちには、御座之間の相之間（もしくは三之間）がその相談部屋になったという。つまり初期には、老中たちの詰所は将軍の居室近くに設けられていたのである。これは、老中たちが将軍の側近であったことを示している。ところが、五代将軍綱吉時代前期の貞享《じょうきょう》元年（一六八四）に、若年寄稲葉《いなば》正休《まさやす》が大老堀田《ほった》正俊《まさとし》をここで殺害するという刃傷事件が発生したため、以後将軍の居室から離して御用部屋を設けるようになったという。この場所は、当初御膳立之間であったが、その後さらに将軍の居室から遠ざけられたという。この点について新井《あらい》白石《はくせき》は、「是より老中御前を遠ざけられし事幾間といふ事をしらず」と述べている。

綱吉時代後期と推測される御殿図によると、図19の「上御用部屋」のところに「御老中部屋」、その下の「次御用部屋」のところに「若御老中（若年寄）部屋」と記されているので、同時期以降幕末期に至るまで、老中・若年寄の執務室はこの場所、奥と表の境に定着していたことになる。

このように、綱吉初政に発生した大老堀田正俊殺害事件を契機に、将軍の御座所から離して老中たちの御用部屋を設け、そのために将軍と老中との間の取り次ぎ役である側用人の権力が増大したといわれる。しかし、この事件が直接の契機になったとはいえ、老中たちの御用部屋が将軍の御座所から遠ざけられた本当の理由は、四代将軍家綱《いえつな》時代の老中合議制から綱吉時代の将軍独裁制への転換という政治形態の変化によるものと考えられる。すなわち将軍綱吉は、行政機構の長官である老中よりも、同格の将軍側近役として新設した側用人を中心に政治を行おうとしたのである。そのため、執行役の老中たちの部屋を遠ざけたものと思われる。

老中は通常四〜五名、全国支配のための諸政務を統轄した重職である。一方、若年寄は通常三〜五名、徳川氏としての家政面を担当した役職といわれる。共に大事は合議で、日常的なことは月交代の月番制で処理をしていた。また、老中・若年寄の部屋とも、上席の人より、各御用箱を脇に置いて列座しており、老中の執務時間は、通常四つ半時（午前一一時頃）から八つ〜八つ半時（午後二時〜三時頃）までであったという。したがって、老中の御用部屋での執務時間は三〜四時間と、かなり限られていたことになる。

老中・若年寄の秘書官・補佐官

老中と若年寄には、三種類の秘書官が付属していた。奥右筆《おくゆうひつ》（祐筆とも書く）は、五代将軍綱吉時代の天和元年（一六八一）八月に新設され、老中・若年寄の執務室である御用部屋に所属して、両者のいわば政務補佐官兼秘書官ともいうべき職務を担当することになったといわれる。しかし当時の奥右筆は、老中や若年寄の執務室より奥に詰所を設けられていることから、むしろ将軍や側用人のブレーンである可能性が高いといえよう。ところが、六代将軍家宣時代には、その詰所は老中・若年寄の執務室より表側に移され、以後、幕末期に至るまで図20にみえる場所に定着している。つまりこの時点で、奥右筆は老中・若年寄専属の政務補佐

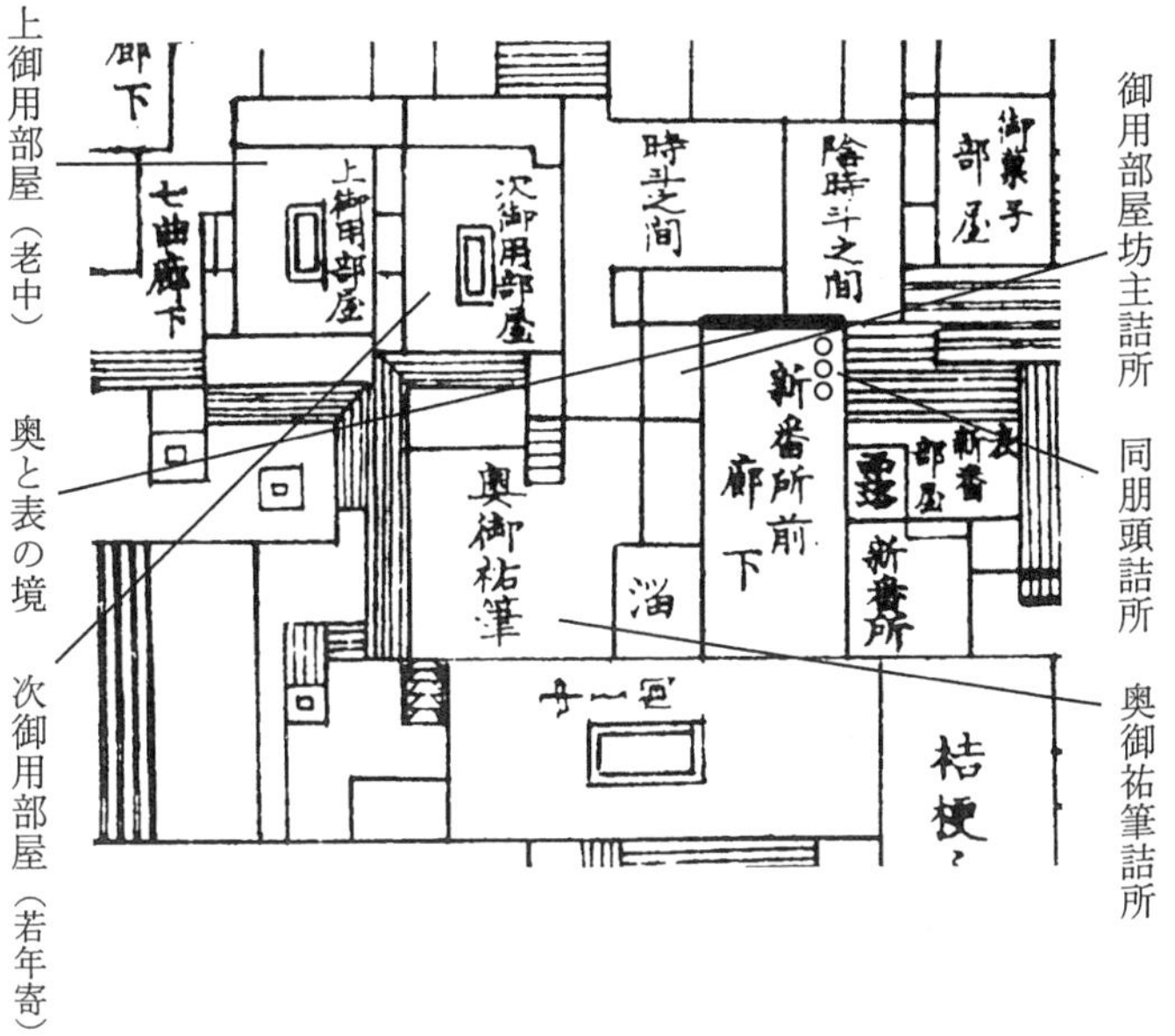

図20　秘書官の詰所
（「御本丸表中奥絵図」［『徳川礼典録附図』所収］により作成）

官になったものと思われる。人員は、設置当初は二人であったが、八代将軍吉宗時代後期には、組頭二人を合わせ一五人前後となった（表26参照）。

同朋頭は、三代将軍家光《いえみつ》時代後半から四代将軍家綱時代初めの頃の創置とされ、人員は二〜三人である。同職は、奥・表坊主を支配する一方、老中・若年寄と大名・諸役人との間で取り次ぎに従事した。また御用部屋坊主は、設置時期と吉宗時代までの人員は不明、老中登城前の部屋の掃除、机の配置、文房具の用意、茶の提供などの雑務を処理したという。したがって両者の詰所も、図20にみえるごとく、奥への入口となる時斗之間の近くに設けられていたのである。

表26　老中・若年寄の秘書官（吉宗時代後期）

格　式	役職名	人　数	職　務
旗本役	奥右筆	15人前後	政務補佐
	同朋頭	2〜3人	取り次ぎ
御家人役	御用部屋坊主	不明	雑務

註　『武鑑』などにより作成。

三種類の秘書官の職務については、おおむね右に述べたような相違がみられるが、ここではさらに老中・若年寄と諸役人との取り次ぎ行為に注目し、『大岡越前守《えちぜんのかみ》忠相日記』により、吉宗時代後期における三者の係わり方の違いをみてみよう。

まず、奥右筆の取り次ぎ行為についてみてみよう。寛保《かんぽう》三年（一七四三）五月七日条にはつぎのように見える。寺社奉行大岡忠相・町奉行石河《いしこ》政朝《まさとも》・勘定奉行水野《みずの》忠伸《ただのぶ》の三奉行は、去三日に、老中本多忠良から奥右筆の山中新八郎《やまなかしんはちろう》を通じて、旗本間宮《まみや》造酒之丞《みきのじょう》（知行一二〇〇石）の知行所相模《さがみ》国三浦《みうら》郡長坂《ながさか》村の百姓人殺しの件につき、地頭で処罰を申し付けることについての伺書一通を渡され、この件が「公事方御定書《くじかたおさだめがき》」と符合しているかどうか調べて上申するよう、指示されている。また同年六月八日条によれば、大岡は、老中松《まつ》平《だいら》信祝《のぶとき》から奥右筆深谷《ふかや》喜四郎《きしろう》を通じて、今後処罰についての伺書を上申する際、この処罰は「公事方御定書」にある旨の書付を提出すること、「御定書」にない処罰であるならば、この処罰は「御定書」にない旨の書付を提出すること、このことは同役にも伝達するように、と命じられている。

ついで、同朋頭と御用部屋坊主の取り次ぎ行為についてみよう。元文《げんぶん》二年（一七三七）四月二八日条にはつぎのように記されている。大岡は、老中松平《まつだいら》乗邑《のりさと》から同朋頭の原田《はらだ》順阿弥《じゅんあみ》を通じて、先日上申した、上坂安左衛門《うえさかやすざえもん》代官所のうち北武蔵野《きたむさしの》新田場の井戸の件はこのとおり申し付けるべきこと、将来人数が多くなった場合は自力で申し付けるべき旨の承書の案文を渡され、このとおり書いて上申するように、と指示されている。また寛保二年（一七四二）八月七日条によると、大岡は、若年寄の本《ほん》多忠統《だただむね》へ同朋頭の奥山三阿弥《おくやまさんあみ》を通じて、上坂安左衛門代官所の内四谷《よつや》上水元羽村入口仮普請の件についての書付一通・帳面一冊・絵図一枚を上げたところ、その後、御用部屋坊主の養哲《ようてつ》を通じて、この普請はいよいよ申し付けるべきことと、この旨の承書を上申するように命じられたので、すぐに承書を作成し、同人を通じて本多へ進達している。

奥右筆と同朋頭・御用部屋坊主との取り次ぎ行為を比較すると、奥右筆は老中・若年寄の職務に係わる具体的な指示を諸役人に伝達しているのに対し、同朋頭・御用部屋坊主は書類の授受が中心である。両者の職務の違いは明らかといえよう。奥右筆の主な職務は、諸役人・諸大名などから老中・若年寄へ提出される書類や届けを整理し、また両者の決裁を要する諸願書などについては前もって先例を調査・検討し、場合によっては、その諮問に応じて当否の判断を提示することといわれる（本間修平「徳川幕府奥右筆の史的考察」）。

奥右筆は、老中・若年寄の政務補佐官として、政治の社会で大きな役割を果たしたといえよう。

法令の伝達

幕府において決定された法令＝触書は、どのような経路で全国各地の住民のもとへ伝達されていたのか。一般に、決定された法令は、行政機構の長官・副長官である老中・若年寄から、文書で大名・旗本・諸役人へ伝達されたのち、幕府直轄領・大名領・旗本領などの住民へ伝達される仕組みがとられていた。こうした仕組みが形成されたのは、一六三〇年代から七〇年代、とくに武断政治から文治政治への転換が行われた寛文《かんぶん》・延宝《えんぽう》期（一六六一〜八〇）頃といわれる。つまりこの頃、主として「老中奉書による政治」から、「触書による政治」へ、変化したとみることができよう。

ここでは、全国法令が大名・旗本・諸役人などに伝達される仕組みについてみてみよう。全国法令は、主に奥右筆が中心になって起案し、その法令を記した書付数百通は、書記官である表右筆所において作成された。まず、五代将軍綱吉時代の元禄《げんろく》一五年（一七〇二）五月に発令された、馬に重荷を負わすことを禁じた法令の伝達経路についてみよう（図21参照）。法令の伝達の際にも、本丸御殿の表・奥・大奥それぞれの場所に勤務、もしくは出仕する大名・諸役人ごとに区別して伝達されていた。

大名と交代寄合（参勤交代をする旗本）に対しては、月番老中の役宅にそれぞれの家来を呼び、一通ずつ書付を渡している。その数二七〇通。この法令の場合、写しが四六〇通作成されているので、これだけで約六〇％を占めることになる。大名のうち、将軍綱吉の甥にあたる徳川綱豊《とくがわつなとよ》家（甲斐《かい》甲府三五万石、のちの六代将軍家宣）と尾張・紀伊・水戸の御三家は、幕府との連絡のため、「城付」という職名の家臣を本丸御殿に常駐させており、この城付に同朋頭を通して伝達される。表勤務の諸役人は、老中支配と若年寄支配に分かれているが、老中支配の役人は大目付を通して、若年寄支配の役人は目付

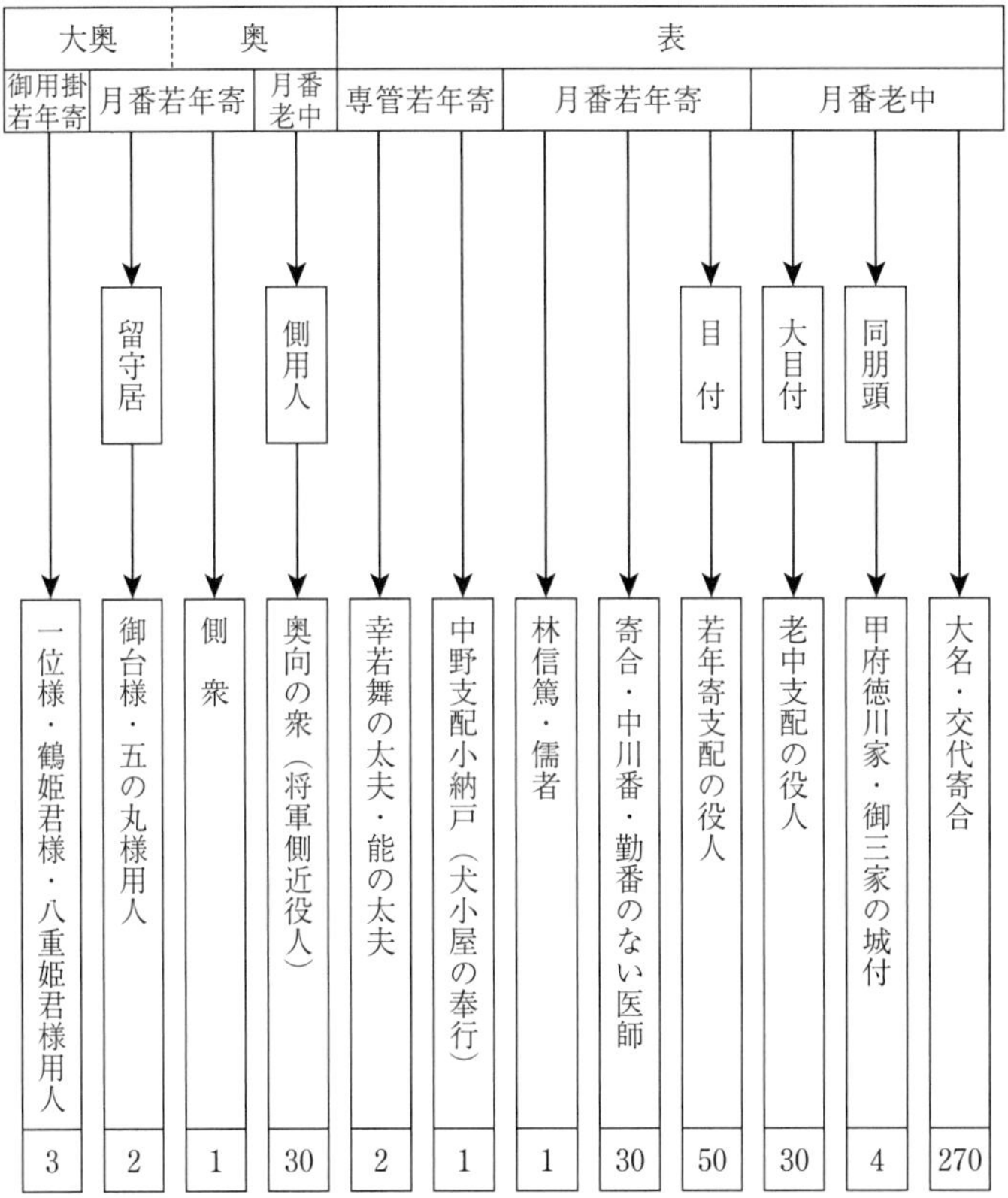

図21　法令の伝達経路（1）（元禄15年〈1702〉）
（深井雅海「生類憐み令と元禄政治」により作成）

を通して伝達される。この分が三〇通と五〇通である。無役の寄合と勤番のない医師（寄合医師や小普請医師）、および中川番（通航する川船の積荷や乗客を検査する役）には、月番若年寄の役宅で渡された。この分が三〇通。儒者の頭《かしら》である林信篤《はやしのぶあつ》へは、江戸城において月番若年寄が伝達し、配下の儒者へは林が渡した。こうした通常の役職には、月番の老中や若年寄から伝達されるのが慣例であったが、特別な職務については、専管の若年寄から伝達された。中野《なかの》支配の小納戸は、元禄八年（一六九五）に中野に建てられた犬小屋の奉行を務める小納戸のことである。かかる犬小屋の奉行に、将軍側近役人の小納戸が任命されていたことは、綱吉の犬に対する思い入れをうかがうに十分である。この中野支配の小納戸へは、専管若年寄より手紙を添えて遣わした。また、幕府に召し抱えられていた幸若舞《こうわかまい》の太《た》夫《ゆう》や能の太夫にも、法令が伝達されている。当時の幸若舞は三組、能は五組で構成されていたが、幸若舞と能それぞれへ一通ずつ、専管若年寄より渡された。ここまでが、表で配布される書付ということになる。

ついで、将軍の生活空間である奥に配られる書付をみよう。小性・小納戸・奥医師などの将軍側近役人へ伝達する分は、月番老中から側用人へ三〇通が渡された。これは、側用人が奥の長官を務めていたからであり、その配下の将軍側近役人には側用人から伝達されたのである。ただし、側衆も将軍側近役人の一つであるが、こちらは月番若年寄より伝達されている。その理由は不明である。大奥は、よく知られているように女性たちの生活空間である。御台様は将軍綱吉の正室、五の丸様は側室の一人お伝《でん》の方のことである。両者とも大奥に居住していたが、かかる将軍家の女性たちにはそれぞれ日常生活をサポートする奥女中の他、事務や警護を担当する男性の役人が付属していた。彼らは大奥の広敷向に勤務していたため広敷役人と呼ばれたが、その頭が用人である。したがって、御台様と五の丸様付きの広敷役人に伝達される分については、月番若年寄から大奥の取り締まりにあたる留守居にまず渡され、そこから両者の用人に渡ったことになる。将軍綱吉の家族は、他に生母と娘二人がいた。一位様は、生母桂昌院のことである。桂昌院は綱吉が将軍となって以降、江戸城三の丸御殿に居住していたので三の丸様と呼ばれていたが、この法令が発令された二ヵ月前の元禄一五年三月九日従一位に叙せられたため、以後一位様と称されるようになった。鶴姫《つるひめ》は綱吉の実子で、生母は側室お伝の方＝五の丸様である。当時は、三代紀州藩主徳川綱教《とくがわつなのり》の正室として紀州藩の江戸屋敷に居住していた。八重姫《やえひめ》は綱吉の養女（鷹司兼熙《たかつかさかねひろ》の娘、御台様の姪）で、こちらは三代水戸藩主徳川綱条《つなえだ》の継嗣《けいし》吉孚《よしざね》の正室として水戸藩の江戸屋敷に居住していた。この三人の女性たちには、御用掛の若年寄が定められていたため、御付きの各用人へはその若年寄から伝達されたのである。

つぎに、八代将軍吉宗時代に発令された法令の伝達経路を掲示し、元禄期と比較してみよう。図22は、享保《きようほう》三年（一七一八）六月に発令された、唐船抜荷取り締まりについての法令の伝達経路を示す。まず注意されるのは、伝達担当者の老中が、月番から御用掛に変わっていることである。これは、将軍吉宗自身が政治の主導権を握っていることを示すためか、主な法令ごとに老中の専管者を決めてい

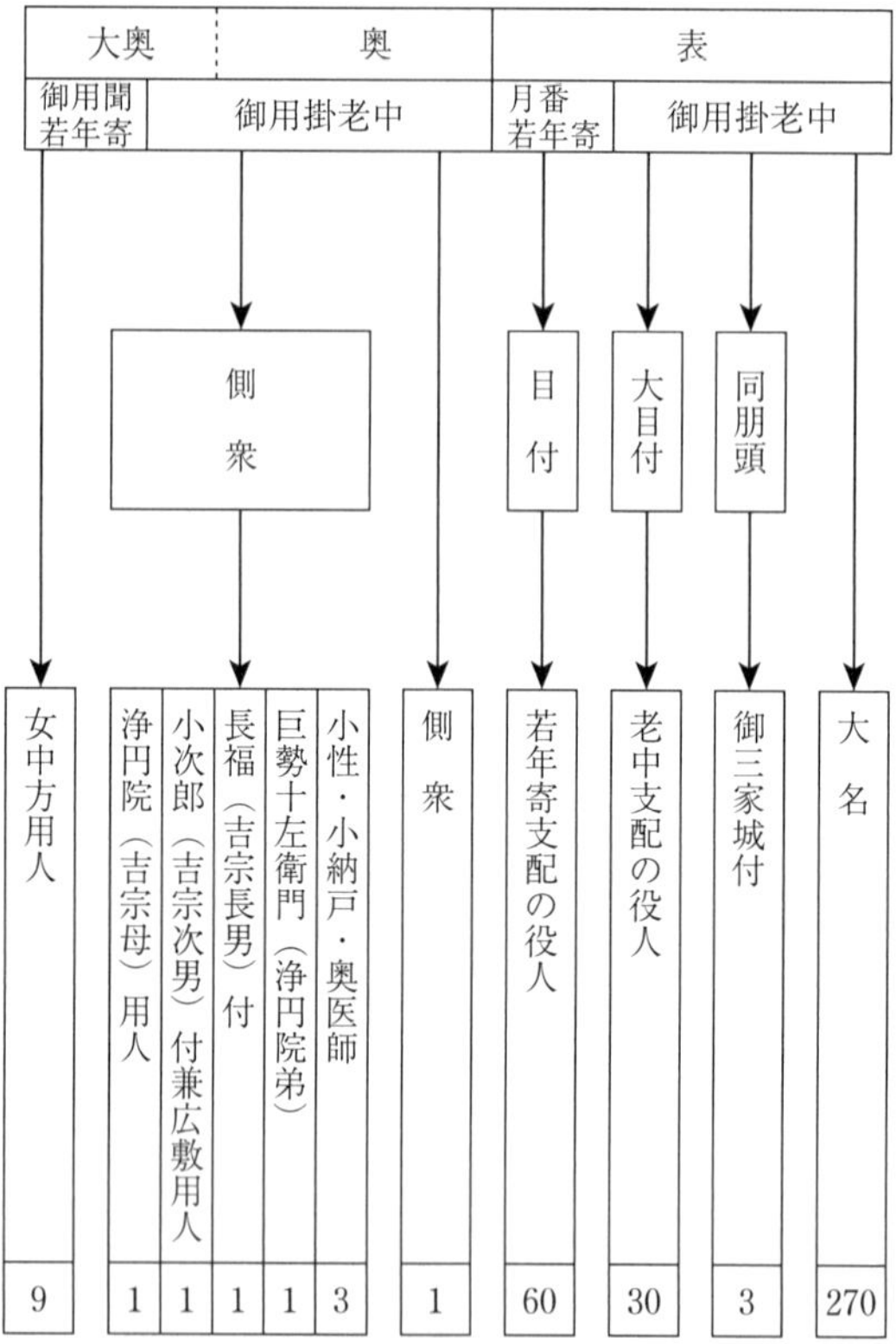

図22　法令の伝達経路（2）（享保3年〈1718〉）
（深井雅海「法令の伝達と将軍吉宗の主導」により作成）

たことによる。伝達のあり方を比較すると、大名、老中支配の役人、若年寄支配の役人、御三家、女中方用人については、元禄期の伝達担当者が踏襲されている。しかし伝達枚数は、若年寄支配の役人の分が享保期に一〇通増加し、その代わりに、無役の寄合、儒者、幸若舞・能の太夫などへ伝達する分が消滅している。これは、彼らに渡す分が、若年寄支配の役人同様、目付から伝達されることになったためと思われる。

奥に配布する分についても、変化がみられる。元禄期の奥の長官は側用人であったが、廃止されたため、享保期には側衆が奥の長官となった。したがって、小性・小納戸・奥医師などの将軍側近役人には、側衆から伝達されている。また、伝達枚数もかなり減少している。これは、綱吉時代に設けられていた奥向番衆などが廃止されたことによる。ただし、将軍吉宗の長男長福《ながとみ》（二の丸御殿住居）付き、次男小次郎《こじろう》（大奥住居）付き、生母浄円院《じょうえんいん》（二の丸御殿住居）付き、その弟巨勢十左衛門《こせじゅうざえもん》（知行五〇〇〇石の旗本、御側上座）など、吉宗の親族付きの幕臣の分は、増加している。

かくして、全国法令を発令する場合、元禄期には予備も含め四六〇通の書付を必要としたが、享保初期には四〇〇通程度に減らしている。将軍吉宗は、さらに省力化を進め、享保五年五月に出された法令では、大名の家来や役人に書付を写し取らせたため、五〇通未満に減らし、三五〇通もの書付の減少につながったのである。

下部屋と役人の殿席・詰所

老中・側用人・若年寄などの幕閣や諸役人は、本丸御殿に出入りする際、玄関を使用する大名とは異なり、いわば通用口にあたる納戸口（老中口ともいう）や中之口から出入りした。そこを入ると、役職ごとに、「下部屋」と称される小部屋が設けられており、幕閣や諸役人は、まずこの部屋に入って衣服を着替えたり、身なりを整えたりしていたという。また、供として付き従ってきた用人などの主な家臣も、主人が下城するまでここで待機していたものと思われる。

納戸口には、幕閣や将軍側近役人のように奥に詰所がある役職、中之口には、奏者番、高家、大目付、目付、寺社・町・勘定の三奉行など、表勤務の役職の部屋が設けられていた。とくに、老中・側用人・若年寄などの幕閣には個室が与えられていた。図23の綱吉時代後期の下部屋付近図によると、老中下部屋には七人、側用人下部屋には五人（四部屋）、若年寄下部屋には四人の名前が見える。これら在職者の名前から、この図は宝永《ほうえい》二〜三年（一七〇五〜〇六）頃の図であることがわかる。そのうち、側用人下部屋の左から三部屋目、「松平美濃守《みののかみ》」とあるのが、ときの権力者柳沢吉保《やなぎさわよしやす》の部屋である。

かかる下部屋は、全役職に与えられたわけではない。二〇〇近くの大名役・旗本役のうち、下部屋を与えられていたのは四五の役職にすぎない。下部屋を与えられる役職は、遠国勤務の役人を除けば、主要な役職や日常的に登城する必要のある役職などに限定されていたといえよう。

諸役人にとって、本丸御殿の座席は、右にみた下部屋の他、礼席・殿席・詰所があった。礼席は、将軍に御目見えする際の座席のことである。また殿席は、そのときの控えの席であり、老中の「登城」・「廻り」・「退出」の際に、老中に目見えする席であるといえよう。この殿席は、将軍側近役人・奥右筆・表右筆などを除くと、御目見え以上のほとんどの役職に設けられていた。主な役職の殿席を、表27に示した。これらの殿席、雁之間・菊之間・芙蓉之間・山吹之間・中之間は、老中が「廻り」（図19参照）の際通行する部屋にあたる。つまり表27に示した役職は、一部を除き、老中の「廻り」の

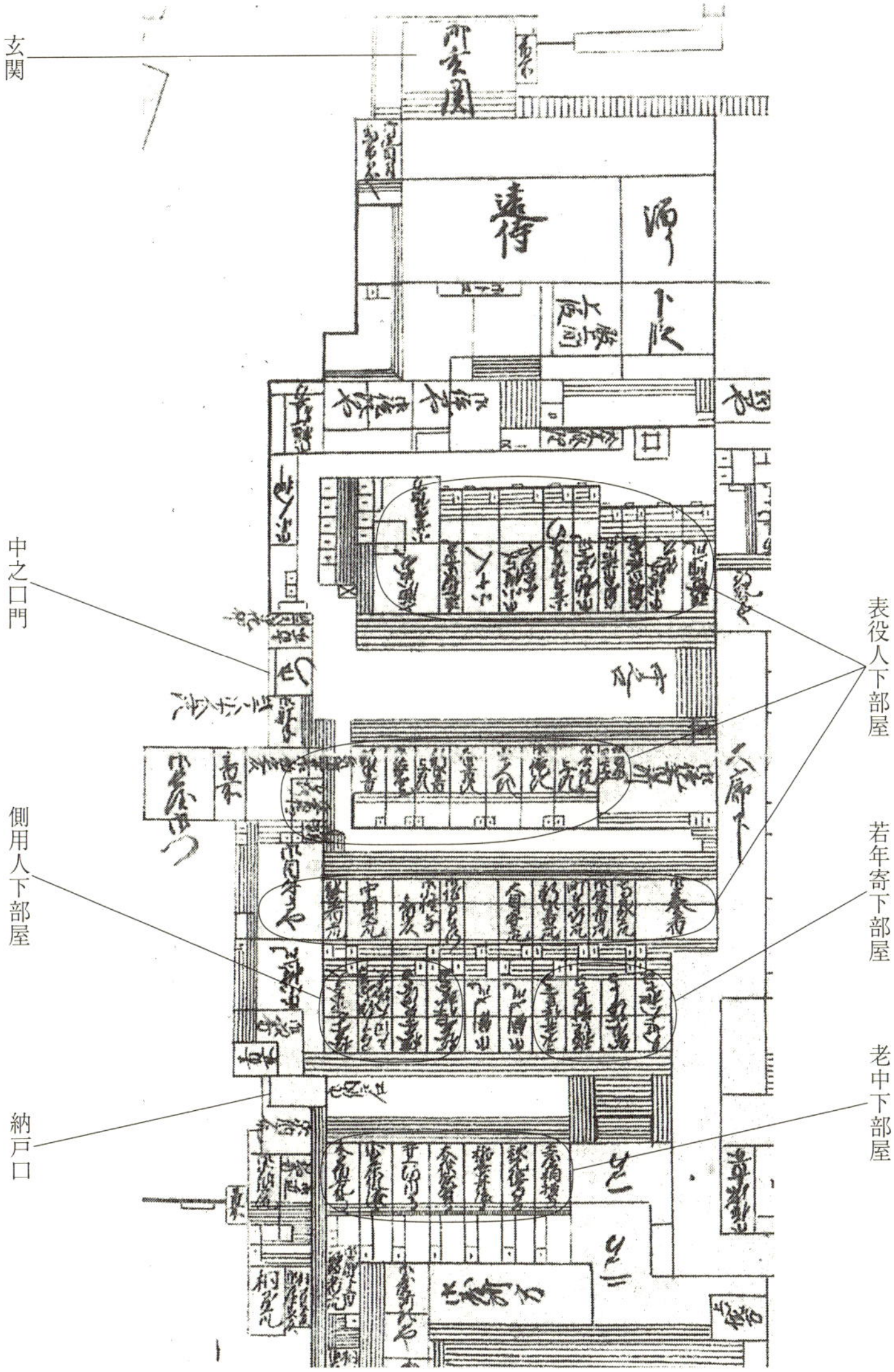

図 23　綱吉時代の下部屋付近図
(「江戸城御本丸御表御中奥御大奥総絵図」[東京都立中央図書館特別文庫室蔵] により作成)

表27　主な役職の殿席

殿　席	役職名
雁之間	高家
菊之間	大番頭
	書院番頭
	小性組番頭
芙蓉之間	奏者番
	寺社奉行
	留守居
	大目付
	町奉行
	勘定奉行
	作事奉行
	普請奉行
山吹之間	中奥小性
	中奥番
	林大学頭
中之間	小普請奉行
	新番頭
	勘定吟味役

註　延享元年（1744）6月「当時殿中席書」（『御触書寛保集成』21号）により作成。

行事に参加することを許された役職である。なかでも、芙蓉之間を殿席とする役職は、役方の代表的な役職を示し、「芙蓉之間役人」と総称されていた。

一方、殿中に詰所（執務室）を与えられていた役職は、限られていた。主な役職のなかでは、勘定奉行と勘定吟味役が上勘定所（御殿勘定所）、目付が目付部屋に詰所を与えられているぐらいである。したがって、それ以外の役職は、殿中に登城した際、殿席や下部屋が控え室になっていたものと思われる。

綱吉時代の「奥」

将軍の執務・生活空間である「奥」は、「表」とは異なり、将軍の代ごとに改造されていたことに特徴がある。つまり、そのときどきの将軍の個性や政治状況などにより、改変されていたのである。以下、御殿図を基に、その改変の状況をみてみよう。

図24は、綱吉時代後期の宝永二〜三年（一七〇五〜〇六）頃の「奥」の西側部分を示す。「御座之

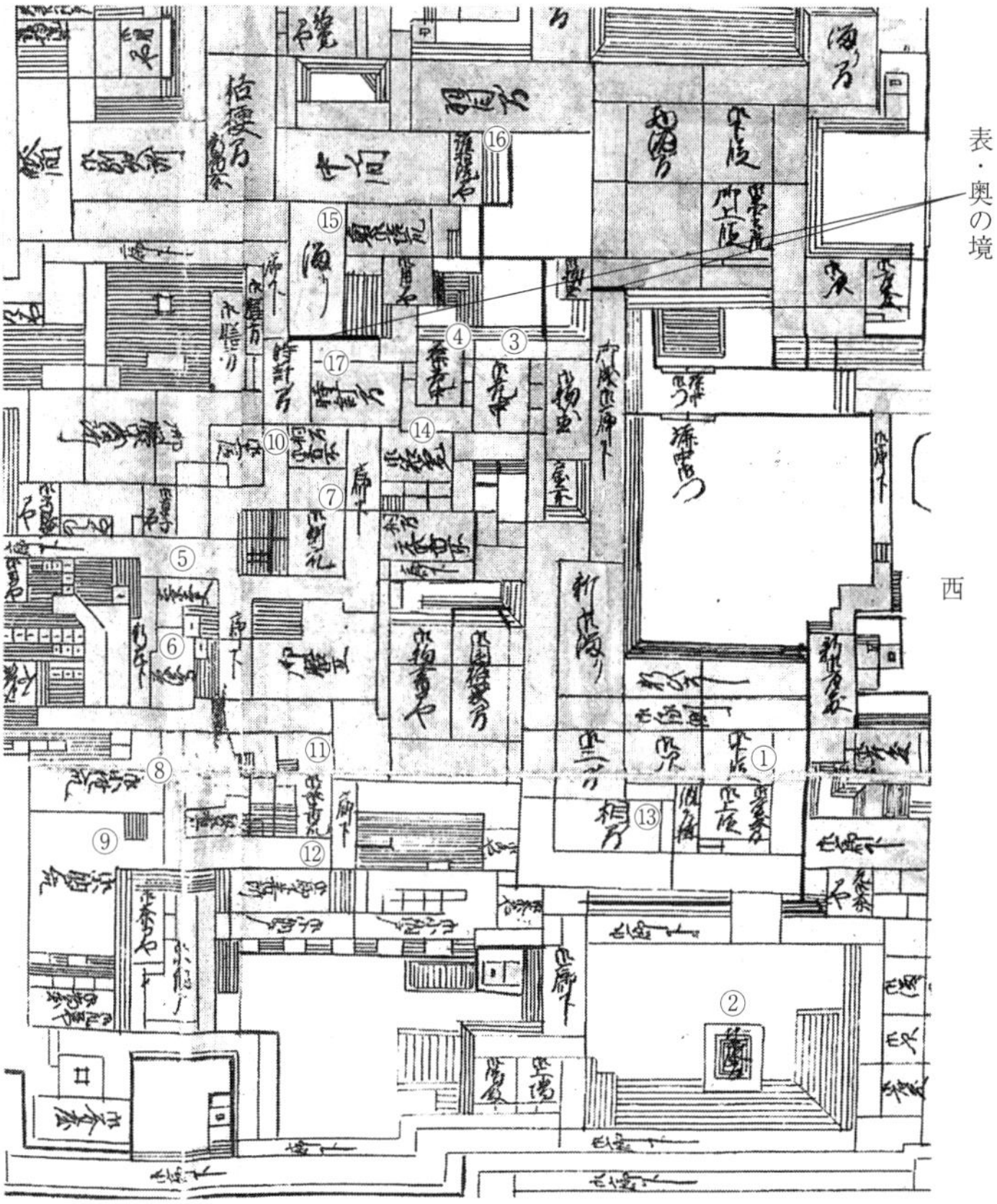

図24　綱吉時代の「奥」図（部分図）
（「江戸城御本丸御表御中奥御大奥総絵図」［東京都立中央図書館特別文庫室蔵］により作成）

①御座之間　②地震間　③御老中　④若御老中（若年寄）　⑤　右京大夫（松平輝貞）　⑥美濃守（松平吉保）　⑦御側衆　⑧御小性衆　⑨御小納戸衆　⑩桐間御番所　⑪御次御番衆　⑫御廊下番所　⑬相ノ間　⑭御祐筆（奥右筆）　⑮奥御詰衆　⑯護持院部屋　⑰時計ノ間

間」は、上段（将軍の御座所）・下段・次之間・三之間・相之間などに分かれ、将軍の応接間である。したがって、老中や諸役人との面会にはこの部屋が使用された。また、地震発生の際の将軍の緊急避難所として、その下には「地震之間」が設置されている。図には見えないものの、「御座之間」の右側には、居間や寝室として使われる「御休息」・「御小座敷」が設けられており、将軍の生活空間は西側の端にまとめられていたことがわかる。この「御休息」の前庭にも、「地震之間」が設けられていた。「地震之間」は、元禄一六年（一七〇三）の大地震を契機に設置されたという。

一方、「表」の長官・副長官にあたる「御老中」・「若御老中（若年寄）」の執務室は、「御座之間」の左上、かなり離れた「表」近くに置かれている。両者の執務室がここに設けられるようになった経緯については、すでに「老中の登城・廻り・退出と御用部屋」の項で述べたため、再度叙述しないが、両者の執務室が将軍の居室から遠く離れたことにより、将軍の御用を老中・若年寄に取り次ぐことを職務とする側用人の権力が増大したことは確かであろう。その側用人の執務室は、「御座之間」の左側、「奥」のほぼ中心部に設置されていた。「右京大夫《うきょうのだいぶ》」とあるのが松平輝貞《まつだいらてるさだ》、「美濃守」とあるのが松平（柳沢）吉保の部屋である。老中の大部屋と異なって両名とも個室を与えられており、綱吉の信頼を物語っている。なお当時、松平忠栄《ただよし》（忠周《ただちか》）も本丸側用人に在職（宝永二年九月二一日就任）していた。しかし忠栄の場合、下部屋は与えられているものの、執務室は設けられていない。これは、輝貞・吉保との職務権限の違いを示すものであろうか。

綱吉時代に側用人が新設されるまで将軍側近の最高職であった側衆の部屋は、輝貞の部屋の右上、将軍の身の回りの世話をする小性・小納戸の部屋は、吉保の部屋の左下に見える。また、側衆の部屋の上に「桐間御番所」、その下のほうに「御次御番衆」部屋、「御廊下番所」が設けられているが、これらは、奥向番衆の番所とみられる。奥向番衆は、奥向の各々受け持ちの場所に交代で勤番することを職務とし、綱吉時代には、桐之間番・御次番・廊下番の他、近習番と相之間番が置かれていた。うち、近習番の番所は不明であるが、相之間番の場合は、御座之間の一画に「相之間」が見えるので、ここが受け持ちの場所と思われる（間宮暁「江戸幕府『相之間番』について」）。

「若御老中」部屋の下に見える「御祐筆」部屋は、奥右筆の詰所と推測される。奥右筆は、老中・若年寄の詰所に付属して、両者のいわば政務補佐官兼秘書官ともいうべき職務を担当することになったといわれているが、その詰所が、老中や若年寄の部屋より奥に設けられていることから、この時期の奥右筆は、将軍や側用人の側近でもあったものと考えられる。

「若御老中」部屋の上に見える「奥御詰衆」も、綱吉時代特有の役職である。同職は、元禄二年（一六八九）に五人の大名が初めて任命され、交代で一日おきに「奥」の「山水之間」（図の「御老中」部屋の右側、「御物置」の場所）に詰めることを職務としたが、図では「表」側に移されていることがわかる。同部屋の右上に見える「護持院部屋」は、綱吉に近侍した護持僧である隆光《りゅうこう》の部屋と思われる。隆光は、毎月一七日に講釈のため登城する他、折に触れて登城し、将軍の居間の「御休息」の間で綱吉の相談相手になっており、側用人同様個室を与えられていることをみても、綱吉の隆光に対する信頼の厚さがうかがえる。

このように綱吉時代の「奥」は、ほぼ中心部に側用人の部屋が設けられ、その周囲や「表」と「奥」の境にも側近の部屋が配置されており、綱吉政権の側近重視の姿勢を反映する構造になっていたのである。

家宣・家継時代の「奥」

図25は、六代将軍家宣時代の「奥」の西側部分を示す略図である。五代将軍綱吉時代後期の図24と比較しながら、綱吉時代から家宣時代への変化をみよう。

将軍の「御座之間」、老中と若年寄の部屋、および「奥」への入口にあたる「時計之間」は、両図とも同じ場所に見える。しかし、それ以外の構造については、明らかに異なっていることがわかる。

まず、綱吉時代の側用人松平（柳沢）吉保・松平輝貞両名の部屋は、図25では消滅している。彼らに代わって家宣から側用人に任命されたのは、間部詮房《まなべあきふさ》と本多忠良である。ことに間部詮房は、家宣の甲府藩主時代からの側近中の側近として知られ、家宣政権第一の権力者であった。これに対し、本多忠良は、古くからの譜代大名の出身で、形式的に任命された可能性が高い。彼らの部屋は図25には記載されていないが、「御小性衆部屋」の右側にみえる二つの個室が、当時の側用人部屋と推測される。すると、側用人の部屋は綱吉時代よりさらに「御座之間」に近づいたといえよう。また小性・小

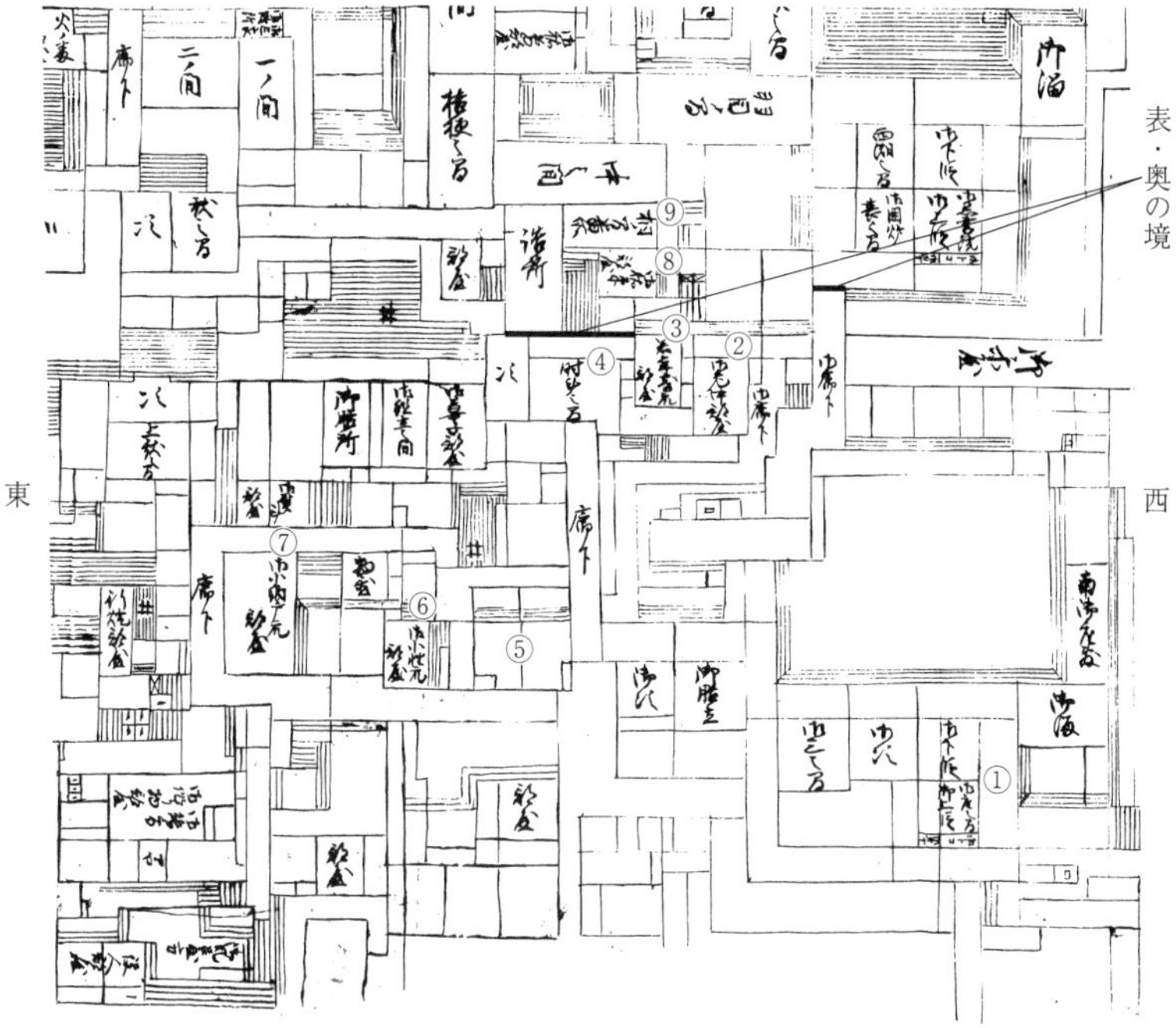

図 25　家宣時代の「奥」図（部分図）
（「江戸城本丸之図」［徳川林政史研究所蔵］により作成）

①御座之間　②御老中部屋　③若年寄衆部屋　④時計之間　⑤（側用人部屋）　⑥御小性衆部屋　⑦御小納戸衆部屋　⑧御祐筆部屋（奥右筆）　⑨桐ノ間番所

納戸の部屋は、綱吉時代には側用人部屋の奥に設けられていたが、家宣時代には側用人部屋の左側に移されている。つまり家宣時代には、綱吉時代の図（図24）の「御囲炉裏ノ間」の部分に「御膳立」、「御膳立」の部分に側用人部屋、側用人部屋の部分に小性・小納戸の部屋が設けられたといえよう。

さらに、家宣時代には、「御祐筆」（奥右筆）部屋と「桐ノ間番所」が時計之間の外＝「表」へ移され、「奥御詰衆」部屋と「護持院部屋」は消滅している。すなわち、綱吉時代の図でみると、奥右筆の部屋は時計之間の外にある「御用部屋」の部分、「桐ノ間番所」は「奥御詰衆」部屋の部分へ移動している。奥右筆の部屋が「表」へ移された理由としては、家宣時代に側用人間部詮房直属の御用方右筆が新設されたため、奥右筆に側用人の右筆を兼帯させる必要がなくなったことが考えられる。つまり、この時点で奥右筆は老中・若年寄専属の右筆になったといえよう。以後、奥右筆の詰所はこの場所に定着している。なお、家宣時代の略図には、側用人同様御用方右筆の部屋も記載されておらず、その場所は不明である。また、桐之間番所が「表」へ移された理由は不明であるが、この移動により、桐之間番は将軍側近役からはずされたものと思われる。これは、正徳《しょうとく》二年（一七一二）一〇月一三日、将軍家宣が没してその遺言が将軍側近役へ伝えられた際、桐之間番の組頭と番衆には伝達されていないことからも裏付けられる（深井雅海「将軍側近役の範囲について」）。

つぎに、七代将軍家継時代の「奥」の状況をみてみよう。この時期の大きな特徴は、家継が数えわずか四歳で将軍家を相続し、八歳で没したことである。通常であるならば、このくらいの年齢の男子は、まだ大奥で女中に囲まれて生活しているはずである。しかし、将軍家相続により、「奥」の休息所を改造し、家継はそこで生活することになった。そして、本来なら「女子禁制」の「奥」や「表」にも女中が進出できるよう、特別な処置がとられたのである。事実、側用人間部詮房の公務日記である「間部日記」(国立公文書館内閣文庫所蔵)によると、家継が「表」へ出御するときには、間部が抱きかかえ、これに丹後(大年寄並)・乳人(同上)・倉橋(年寄)・清科(中臈頭)の四人の女中が付き従っていることがわかる。将軍が幼児の家継時代ならば、当然の成り行きといえよう。

したがって、当時の「奥」においては、右の状況を反映した部屋割りがなされていた。図26は、家継時代の「奥」の西側部分を示す図と考えられる。同図によれば、「御座之間」、老中・若年寄の「御用部屋」、「時計之間」、側用人の部屋などは、家宣時代と同じ場所に見える。注目されるのは、将軍の生活空間である。まず、「御座之間」の下に、「御鈴番所」が見える。「御鈴番所」は元々「大奥」にある部屋の一つで、将軍が「奥」へ戻るときに、ここで鈴を鳴らして「奥」にその旨を知らせるという機能をもつ。かかる部屋が設けられていることは、「御座之間」との間に「錠口」が設置され、そこから下(奥)は、女中たちによって管理されていた可能性が高い。すなわち、幼児将軍家継は、「奥」で先述の丹後たち女中に囲まれて生活していたものと思われる。そして、「御鈴番所」の右下に見える「御座敷御上段」が、将軍の休息所=居間兼寝室と推測される。女中たちは、その左中央に見える「女中詰所」に控え、右の休息所に出仕して幼児将軍に奉公していたものと考えられる。また、

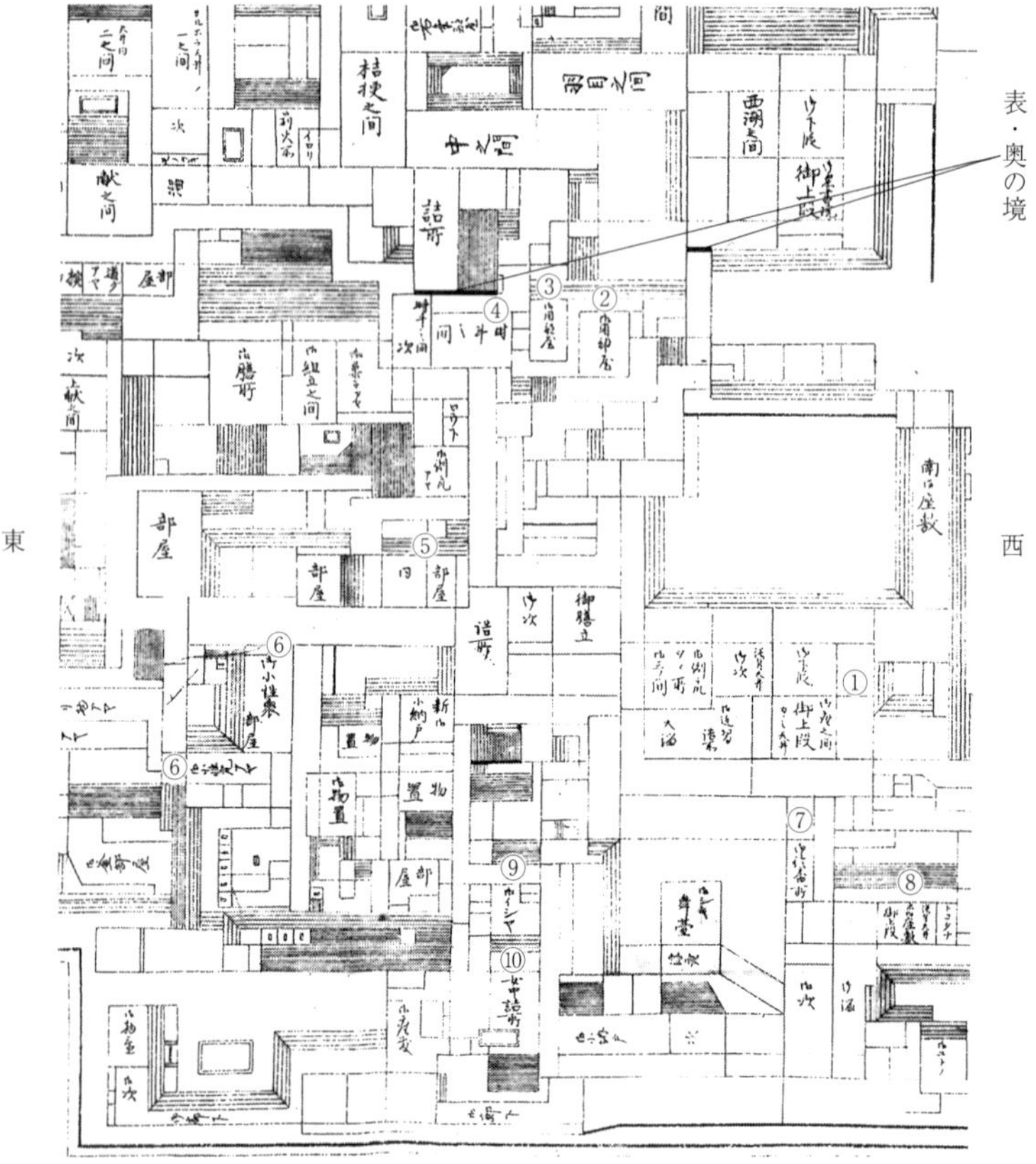

図 26　家継時代の「奥」図（部分図）
（「江戸御城殿中図」［徳川林政史研究所蔵］により作成）

①御座之間　②御用部屋（老中）　③御用部屋（若年寄）　④時計之間　⑤（側用人部屋）　⑥御小性衆部屋　⑦御鈴番所　⑧御座敷御上段（将軍の休息所）　⑨御イシヤ（奥医師）　⑩女中詰所

「女中詰所」に隣接する「御イシヤ」部屋は奥医師の詰所であり、病気がちの家継のために、女中と協力して看護にあたる体制が整えられていたことをうかがわせる。

まさに、家継時代の「奥」は、幼児将軍に対応する、異例の構造になっていたといえよう。

吉宗時代の「奥」

図27は、八代将軍吉宗時代の「奥」の西側部分を示す。七代将軍家継時代の図26と比較しながら、家継時代から吉宗時代への変化をみよう。

将軍の応接間である「御座（之）間」、老中・若年寄の「御用部屋」、「奥」への入口「時計之間」は、同じ場所に見える。しかし、将軍の生活空間は異なっていることがわかる。すなわち、家継時代の「御鈴番所」・「御イシヤ」部屋・「女中詰所」とも消滅し、将軍の休息所であった「御座敷御上段」は、「囲炉裏間」に変わっている。吉宗の休息所としては、図には見えないものの、「御座（之）間」の右側、廊下を通った所に、新たに「御休息」と「御小座敷」が設けられたのである。

吉宗時代の特色は、綱吉〜家継時代に権勢をふるった側用人をいったん廃止し、その代わりに旗本役の側衆のなかに御用取次を新設して、これに紀州藩出身の有馬《ありま》氏倫《うじのり》・加納久通《かのうひさみち》両名を起用したことである（以後、一般の側衆は平《ひら》御側と称した）。図によると、「時計之間」の下に見える「御側衆」部屋（ここが平御側の詰所）の位置は綱吉時代以来変わっていないが、廊下をはさんだすぐ下の部屋も「御側衆」と記載されているので、この部屋が御用取次の詰所と思われる。すなわち、家宣・家継時代の図（図25・26）ではこの部屋を側用人の詰所と推測したが、吉宗時代に側用人がいったん廃止されたため、

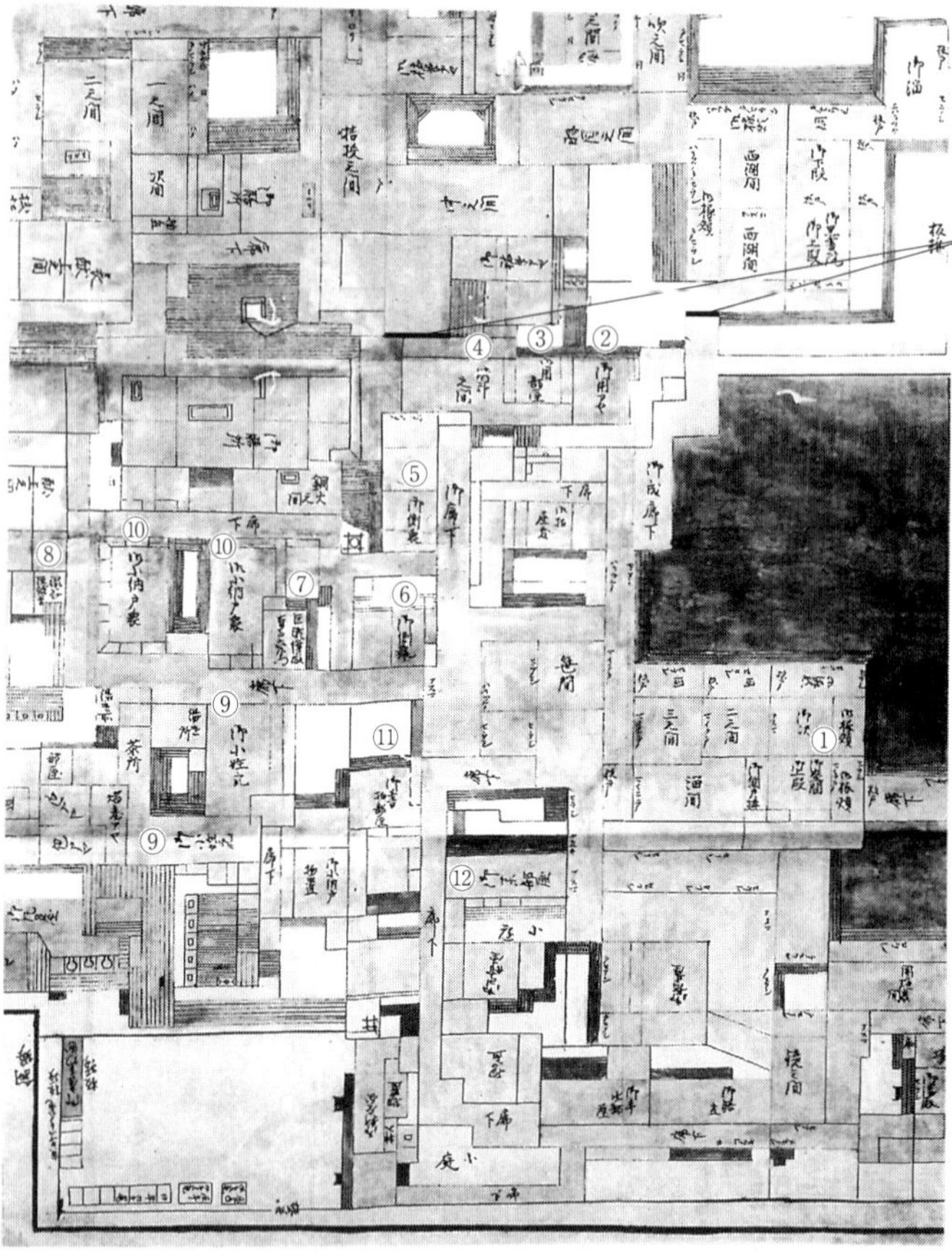

図27　吉宗時代の「奥」図（部分図）
（「東武御本丸絵図」［徳川林政史研究所蔵］により作成）

①御座間　②御用部屋（老中）　③御用部屋（若年寄）　④時計之間　⑤御側衆（平御側）　⑥御側衆（御用取次）　⑦巨瀬縫殿・有馬六左衛門　⑧渋谷隠岐守　⑨御小姓衆　⑩御小納戸衆　⑪御書物部屋　⑫御薬部屋

同部屋を御用取次の詰所に改めたものと考えられる。

その御用取次の詰所の左側に、個人名が書かれた部屋が二つ見えるのが注目される。一つは「巨瀬《こせ》（勢）縫殿《ぬいどの》・有馬《ありま》六左衛門《ろくざえもん》」、もう一つには「渋谷隠岐守《しぶやおきのかみ》」とある。巨勢縫殿頭至信《ゆきのぶ》は、将軍吉宗の生母浄円院の弟の子、つまり吉宗の従兄弟にあたる人物であり、将軍側近役の小納戸を務めていた。禄は二〇〇〇石（のち五〇〇〇石）である。有馬六左衛門氏久《うじひさ》は、先述の御用取次・有馬氏倫の跡継ぎで、世子のままこちらも小納戸を務めていた。したがって、父氏倫は一万石の大名であるが、氏久の禄は三〇〇俵である。小納戸は、人員も四〇人前後と多く、部屋も大部屋であるが、巨勢・有馬両名は、それぞれの境遇を考慮されて個室を与えられたものと思われる。渋谷隠岐守良信《よしのぶ》は、「表」勤務の小性組番頭の一人、禄は三〇〇〇石である。しかし彼は、「近侍」＝将軍側近も兼帯していたので、「奥」に部屋を与えられたものと考えられる。以上の三人の官職名や通称からみると、図27は享保一五〜一六年（一七三〇〜三一）頃の状況を示すものと推測される。

右の二つの個室に挟まれて「御小納戸衆」部屋、その下に「御小姓衆」部屋が、それぞれ二部屋見える。既述した平御側や御用取次の詰所と合わせ、この辺りに将軍側近役の部屋が集中していたといえよう。

「御小姓衆」部屋の右側には、「御書物部屋」と「御薬部屋」が設けられている。とくに「御書物部屋」については、「有徳院殿《ゆうとくいん》（吉宗）御実紀付録巻十」につぎのごとく記載されている。

奥の書房にも群臣編集の書をあつめて、御勘考の用にそなへたまふ。これは小姓、小納戸、又は成島道筑信遍《なるしまどうちくのぶゆき》（同朋格奥詰）等つかさどれり。其品によりては糸川玄清安長《いとかわげんせいやすなが》、河合久円成盈《かあいきゆうえんなりみつ》、岡本《おかもと》善悦豊久《ぜんえつとよひさ》（以上とも同朋格奥詰）があづかりまうせしも少からず。此書房は四方に棚を造り、鼠防がん為にかねの網戸をたて、、和漢の書をたくはへ置れしなり。

この「奥の書房」＝「御書物部屋」は吉宗専用の書庫であり、小性・小納戸・同朋格奥詰などの側近が管理していたことがわかる。おそらくここに収蔵された和漢の書物は、吉宗が改革を推進するにあたって、施政の参考に供されたものと思われる。また吉宗は、医学・薬学にも興味をもち、多くの薬を作って、老中・若年寄をはじめ側衆・小性・小納戸・大奥の女中たちに与えていた。とくに、兎《と》脳催生丹《のうさいしょうたん》・陰陽二血丸《いんようにけつがん》という薬は評判が高く、世人の求めに応じたため世間に流布したという。「御薬部屋」は、こうした薬の製造、保管のために設けられた部屋と考えられる。これらは、実学を好む吉宗らしい部屋の設置といえよう。

さらに吉宗は、暦や天文学にも関心をもっていた。たとえば、享保一一年に『暦算全書《れきざんぜんしょ》』が初めて輸入されたとき、中根元圭《げんけい》・建部賢弘《たけべかたひろ》に命じて校訂させている。そして元文五年（一七四〇）には、天文暦算家として知られる西川如見《じょけん》の子忠次郎正休を新規に取り立て、延享四年（一七四七）に天文方を命じているが、これは、吉宗が西洋天文学の成果による改暦の実施を目論んでいたためといわれる。

綱吉〜吉宗時代の大奥

将軍の正室＝御台所は、三代家光以降、宮家（伏見宮《ふしみのみや》・京極宮《きょうごくのみや》・有栖川宮《ありすがわのみや》・閑院宮《かんいんのみや》）や公家の五摂家（近衛《このえ》・九条《くじょう》・一条《いちじょう》・二条《にじょう》・鷹司《たかつかさ》）から選ばれるのが慣例であった。

五代綱吉の御台所信子《のぶこ》は、鷹司前左大臣教平《のりひら》の娘である。彼女が綱吉と結婚したのは、綱吉が館林《たてばやし》藩主であった寛文四年（一六六四）九月のことである。延宝七〜八年（一六七九〜八〇）頃の「館林様分限帳」（東京国立博物館所蔵）によると、彼女には、かん以下三〇人の女中と、儀我小左衛門《ぎがこざえもん》以下七四人の広敷役人が付属していた。これら多くの付き人は、延宝八年に綱吉が将軍家を相続した際幕臣となり、信子に従って江戸城大奥に配置されたものと思われる。同分限帳には、「御部屋方」＝側室として「お伝」と「ます」も登録されている。このうち、お伝の方は鶴姫・徳松《とくまつ》の生母であり、綱吉の将軍就任後「御袋様」、元禄七年（一六九四）七月からは「五の丸様」と呼ばれた。「ます」のその後は、不明である。この他、綱吉の将軍家相続後、「大典侍《おおすけ》」・「新典侍」二人の側室がいた。大典侍は清閑寺《せいかんじ》権中納言《ごんちゅうなごん》熙房《ひろふさ》の娘、新典侍は豊岡《とよおか》大蔵権大輔有尚《ありなお》の娘、共に公家の娘である。

綱吉は、将軍家相続後たびたび大奥の改造や修理を行っているが、図28は、おそらくその最後、宝永二〜三年（一七〇五〜〇六）頃の大奥図と推定される。同図によれば、御台所の住居である御守殿《ごしゅでん》や、対面所・台所・広敷（男性役人の詰所）などの場所が判明する。また、上局・裏局・長局（女中たちの住居）が大奥の大部分を占めていたこともわかる。しかし、側室の住居については記載されていない。当時、お伝の方は「五の丸様」、大典侍は「北の丸殿」と呼ばれていた。これは、住居の場所を示し

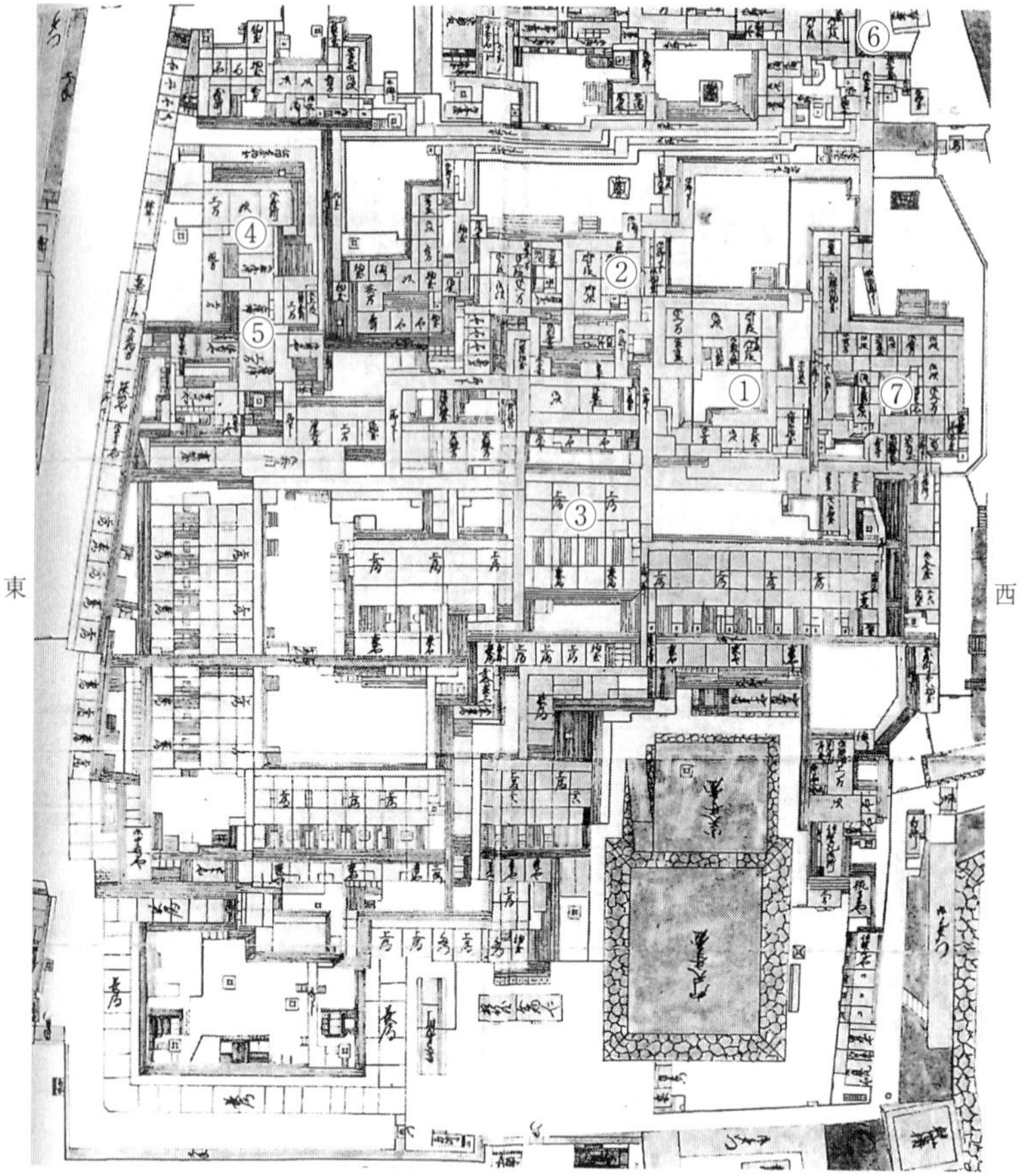

図28　綱吉時代の大奥図
(「江戸城御本丸御表御中奥御大奥総絵図」［東京都立中央図書館特別文庫室蔵］により作成)

①御主（守）殿　②御対面所　③上局・裏局・長局　④御台所　⑤御広鋪（敷）　⑥将軍の生活空間　⑦五の丸

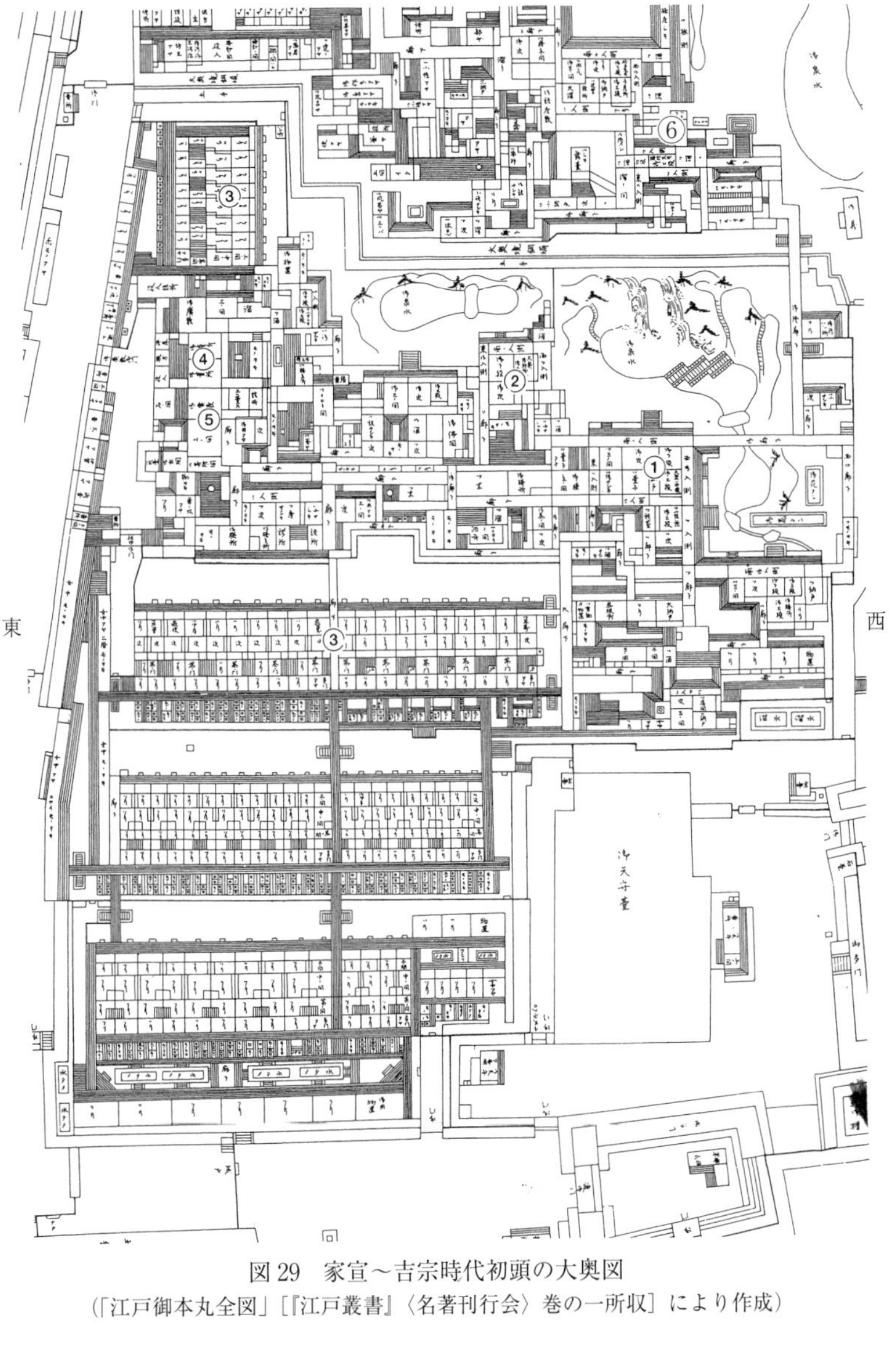

図29　家宣～吉宗時代初頭の大奥図
（「江戸御本丸全図」［『江戸叢書』〈名著刊行会〉巻の一所収］により作成）

ているものと思われる。通常、五の丸という御殿は存在しないが、綱吉時代後期には、大奥の一郭がそう呼ばれていた。その場所は、御守殿の右側である。つまり、お伝の方の住居は、御台所の住居より、「奥」の将軍の生活空間（「御休息」や「御小座敷」）に近く、その寵愛を物語っている。一方、大典侍の住居は大奥にはなく、彼女は北の丸＝竹橋《たけばし》御殿に住んでいたのである（『徳川諸家系譜』第二）。

つぎに、六代家宣以降の妻妾についてみよう。家宣の御台所熙子は、近衛左大臣基熙《もとひろ》の娘である。彼女は、家宣（綱豊）がまだ甲府藩主であった時期の延宝七年（一六七九）一二月、同人と結婚している。二人の間には男子・女子が一人ずつ生まれており（夭折）、睦まじい関係にあったことがうかがわれる。側室としては、うこん・おすめ・おきよの三人が知られる。それぞれ、一の部屋・二の部屋・三の部屋と称され、家千代《いえちよ》、大五郎《だいごろう》・虎吉《とらきち》、鍋松《なべまつ》と、各人が男子を出生している。このうち、おきよが産んだ鍋松がのちの七代将軍家継である。家継は、霊元《れいげん》天皇の娘八十宮と婚約したものの、本人が八歳で没したため、降嫁には至らなかった。八代吉宗の正室は、伏見宮《ふしみのみや》貞致親王の娘真宮理子女王である。真宮は、宝永三年（一七〇六）一一月、紀州藩主の吉宗と結婚したが、同七年六月に亡くなった。以後、吉宗は正室をもたず、したがって、彼に御台所はいない。側室には、おすま・おこん・お久・おくめ、などがいた。お久を除く三人は、紀州藩士の娘である。おすまは長福（のちの九代将軍家重）、おこんは小次郎（のちの田安宗武《たやすむねたけ》）、お久は小五郎《こごろう》（のちの一橋宗尹《ひとつばしむねただ》）、おくめは芳姫の生母である。

では、家宣や吉宗の妻妾は大奥のどこに住んでいたのであろうか。図29は、家宣から吉宗時代にかけての大奥図と推測される。綱吉時代（図28）と比較すると、御主（守）殿・対面所・台所・広敷などがある場所は同じであるが、構造が変化していることは明らかである。まず、綱吉の愛妾お伝の住居であった五の丸殿舎は、消滅している。そして大きな違いは、女中の住居である長局が、天守台の左（東）側へ横三列にまとめられ、台所や広敷の上（南）にも設けられたことである。以後、幕末まで大奥の基本構造は変わっていないが、この改造は、家宣時代に実行された可能性が高い。すなわち家宣は、将軍家相続後の宝永六年、側用人間部詮房らに本丸および大奥普請御用を命じ、同年九月竣工ののち、一一月に本丸御殿へ移徙している。図29は、改造後の大奥の状況を示しているものと思われる。したがって、①の「御守殿」が家宣御台所の住居と考えられる。他方、側室の住居については、このとき以降長局の中にそうした部屋ができたとの説もある（畑尚子『江戸奥女中物語』など）。しかし、図29の長局には、「御年寄」・「若年寄」・「御中居」・「表使」・「御右筆」など女中の職名は記されているものの、家宣側室の「一の部屋（おこん）」・「二の部屋（おすめ）」・「三の部屋（おきよ）」という名称は見あたらない。むしろ、御守殿の左右に見える部屋が、側室の住居と推測される。ただし、この点の検証は、吉宗の側室の住居ともども今後の課題とする他ない。

2—殿中儀礼の世界

本丸御殿の儀礼空間

「表」の西側には、将軍の生活空間である「奥」から近い順に、黒書院・白書院・大広間が設けられていた。黒書院は、上段(一八畳)・下段(一八畳)・囲炉裏之間(一五畳)・西湖《せいこ》之間(一五畳)の四室、周囲を入側(縁頬《えんがわ》)で囲まれ、溜之間(松溜ともいう、二四畳)が付属していた。入側にも畳が敷いてあり、約一九〇畳の広さである。白書院も、上段(二八畳)・下段(二四畳半)・連歌之間(二八畳)・帝鑑之間(三八畳半)の四室、入側で囲まれ、小溜(八畳)が付属、合わせて約三〇〇畳の広さ。大広間は、上段(二八畳)・中段(二八畳)・下段(三六畳)・二之間(五四畳)・三之間(六七畳半)・四之間(八二畳半)の六室、入側なども含めると約四九〇畳の広さである。また、黒書院と白書院は竹之廊下、白書院と大広間は松之廊下によってつながれていた。共に廊下とはいえ畳が敷いてあり、竹之廊下は東西四畳、南北一六畳の六四畳、松之廊下は東西五畳、南北一八畳の九〇畳である(ただし、以上の畳数は江戸後期の状況を示す)。このように、入側や廊下にも畳が敷いてあるのは、これらの場所も謁見の場として使用されたからであろうか。

黒書院・白書院・大広間では、さまざまな儀式や将軍との謁見が執り行われた。部屋の規模が大きいほど、また玄関に近いほど、公式性が強まるため、たとえば将軍の就任式(将軍宣下)は大広間で

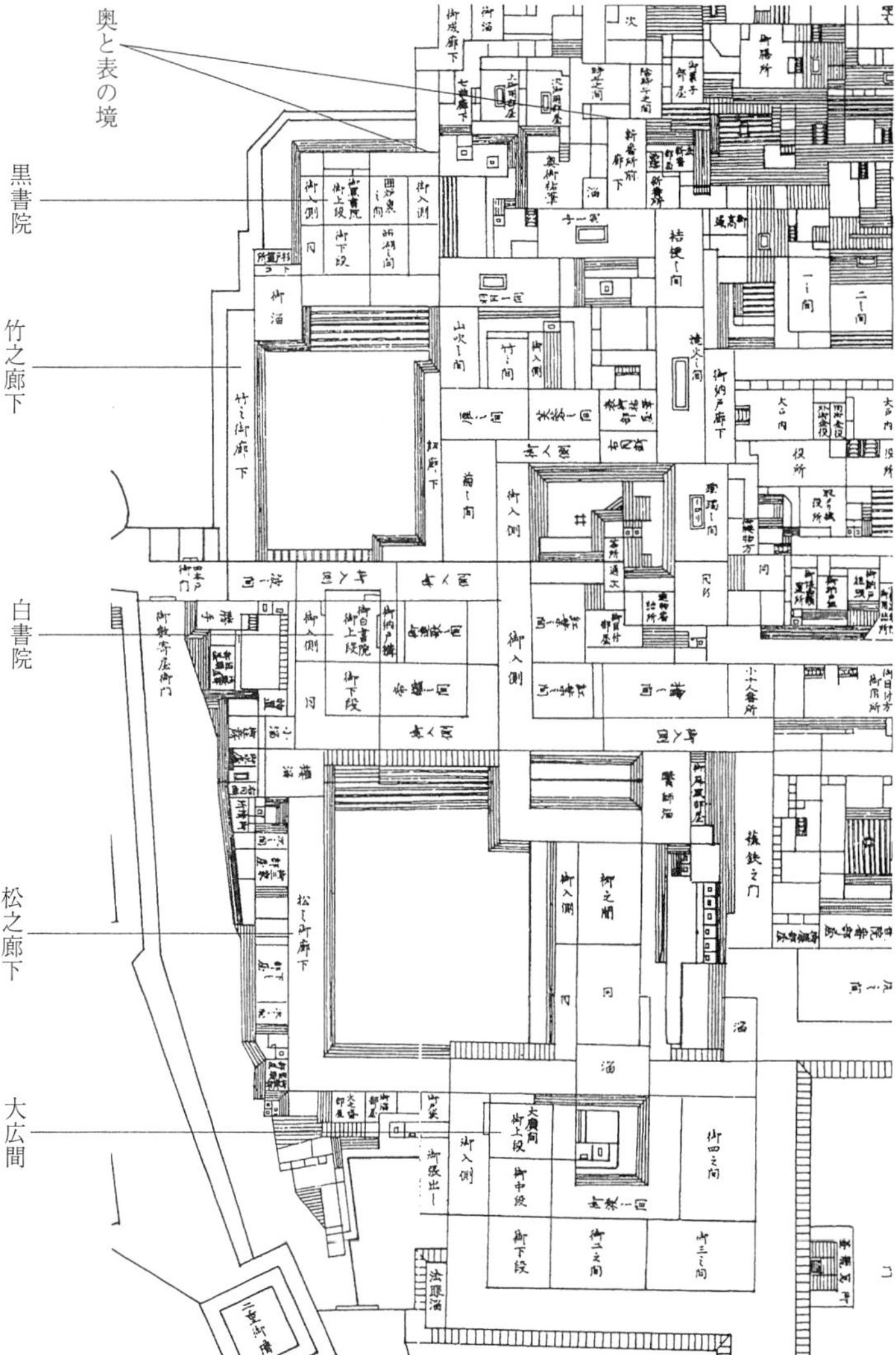

図 30　黒書院・白書院・大広間付近図
（「御本丸表中奥絵図」［『徳川礼典録附図』所収］により作成）

挙行された。各部屋のうち、将軍との対面が行われるのは、上段・下段、もしくは上段・中段・下段と、その入側の空間であり、対面の際の将軍との距離、とくに下段の内に入って謁見できるか否かが重視されたのである。

将軍宣下

将軍宣下、つまり将軍の就任式は、徳川氏の礼典中最重要の儀式で、四代家綱以降、朝廷より勅使が下向して宣命を伝えることを例とした。紀州藩五代藩主徳川吉宗は、七代将軍家継が正徳六年（享保元、一七一六）四月三〇日数え年八歳で没したのちに将軍家を相続し、同年八月一三日将軍に就任した。したがって吉宗は、正式に将軍に就く前は「上様《うえ》」と称し、就任後に「公方様《くぼう》」と呼ばれることになったのである。

ここでは、吉宗の将軍宣下の状況をみてみよう。吉宗は前述のごとく、紀伊徳川家から入って将軍家を相続したため、位官は従三位権中納言のままであった。そのため、将軍宣下の前に、将軍世継にふさわしい官職に任官する必要があった。その式は黒書院で行われ、吉宗は正二位権大納言に叙任された。また同じ黒書院では、高倉永福《たかくらながよし》による衣紋《えもん》の式、土御門泰連《つちみかどやすつら》による身固《みがため》の式も行われた。高倉・土御門ともに堂上《とうしょう》公家の一人で、高倉は装束《しょうぞく》・衣紋、土御門は陰陽道を、家業としていた。つまり、高倉は吉宗が着ている「束帯」の装着の確認、土御門は将軍に就任する吉宗の穢や邪気をはらうための呪術を行ったのである。

ついで吉宗は、白書院に出御し、御三家や溜詰大名などの挨拶をうけた。すなわち、水戸綱条・尾

表28　将軍宣下の式の主な登場人物

幕府側						朝廷側								
						堂上公家				地下				
①	②	③		④	⑤	⑥		⑦		⑧	⑨		⑩	
将軍・徳川吉宗	溜詰大名	高家・中条信実	高家・大友義閭	若年寄・大久保教寛	奏者番・松平近禎	勅使・徳大寺公全	勅使・庭田重条	法皇使・東園基雅	女院使・園基香	告使・山科正量	副使・青木行篤	副使・結城右衛門尉	左大史・壬生章弘	大外記・押小路師英

註　『徳川実紀』の享保元年8月13日条により作成。

張継友《つぐとも》・紀伊宗直《むねなお》の御三家は一人ずつ、松平正容《まつだいらまさかた》（会津《あいづ》松平）・松平頼豊《よりとよ》（高松《たかまつ》松平）・松平忠雅《ただまさ》（桑名《くわな》松平）・松平正甫（正容の世子）の溜詰はいっしょに拝謁した。それが終わると、吉宗は大広間に出向いて上段に着座し、将軍宣下の式が執り行われた（表28参照）。御三家は中段西の入側（縁頬）、溜詰大名は下段西の入側、老中と雁之間詰大名は下段南の入側東のほう、その他の大名は二之間・三之間に座っていた。

かかる座席のなか、まず勅使徳大寺《とくだいじ》公全《きんとも》・庭田《にわた》重条《しげえだ》の二人が上段に進み、将軍宣下の宣旨を贈られる旨を述べて中段の左に座し、法皇使東園基雅《ひがしぞのもとまさ》・女院使園基香《そのもとか》の二人も吉宗に挨拶をして中段右に着座したのち、告使山科《やましな》正量が当日雨のため下段南の入側端（慣例は庭の上）から、吉宗のほうに向かって「御昇進、御昇進」と二声さけんで退いた。これを合図に、官方副使青木《あおき》行篤は宣旨が入った覧箱を南の入側に持参して左大史壬生《みぶ》章弘《あきひろ》に渡し、それを入側中央で高家中条信実《ちゅうじょうのぶざね》が受け取り（図31・其一）、上段に座る吉宗に届けた。吉宗は、

〈其一〉

〈其二〉

下の式の想像図（番号は表28の人物に該当）

〈其三〉

〈其四〉

図 31　将軍宣

覧箱に入った宣旨を披見し（其二）、拝礼してのち若年寄大久保《おおくぼ》教寛《のりひろ》に渡した（其三・其四）。ここにおいて、吉宗は征夷大将軍に任じられ、右近衛大将《うこんえのだいしょう》・右馬寮御監《うまりょうのごげん》・淳和奨学両院別当《じゅんなしょうがくりょういんのべっとう》・源氏長者に補任された。空の覧箱には、奏者番松平近禎《まつだいらちかよし》が砂金二包を入れて、壬生章弘に返却した。

ついで、人物は異なるものの、まったく同じ手順でふたたび宣旨を入れた覧箱が持ち出された。すなわち、外記方《げきかた》副使結城右衛門尉《ゆうきうえもんのじょう》は、覧箱を南の入側に持参して大外記押小路師英《おしこうじもろひで》に渡し、それを入側中央で高家大友義閭《おおともよしさと》が受け取り、上段に座る吉宗に届けた。吉宗は、覧箱に入った宣旨を披見し、前回と同じく拝礼したのち、若年寄大久保教寛に渡した。このとき吉宗は、内大臣に任命され、右近衛大将は元のごとく、随身《ずいじん》・兵仗《へいじょう》を賜い、牛車《ぎっしゃ》を許された。つまり吉宗は、源氏長者と牛車の宣旨が二通作成される先例のため、前回六通、今回五通計一一通の宣旨を受け取ったことになる。そして空の覧箱には、奏者番松平近禎が砂金一包を入れて、押小路師英に返した。

ここで注意すべきは、宣旨の持ち出しが二度繰り返されることである。これは、初回の征夷大将軍と二回目の内大臣の宣旨の作成者が異なることに起因するものと思われる。すなわち、征夷大将軍・淳和奨学両院別当・源氏長者・牛車の四通の宣旨は壬生章弘、内大臣・右近衛大将・右馬寮御監・源氏長者（二通目）・右近衛大将は元のごとく・随身兵仗・牛車（二通目）の七通の宣旨は押小路師英によって作成された（「享保将軍宣下宣旨御奉譲」）。そのため、両者には将軍から「禄物」として砂金が与えられた。この禄物は、征夷大将軍の宣旨のみ二〇両、その他は一通一〇両という。したがって、壬生には五〇両、押小路には七〇両の砂金が渡ったことになる（「享保元年丙申将軍宣下記」）。

もう一つ重要な点は、吉宗が征夷大将軍の他、内大臣に任命されていることである。これは、幕府が武家官位により大名たちを序列化していたことによる。大名に与えられる最高の官職は大納言であり、将軍はそれより上の官職、つまり内大臣に就任する必要があったのである。

武家諸法度の公布

将軍代替わりにおける重要な政治的行事に、武家諸法度の公布がある。歴代の将軍は、就任後に自分の「憲法」ともいうべき武家諸法度を公布したが、ここでは八代吉宗の公布の状況をみよう。

徳川吉宗は、将軍家相続の二ヵ月後、享保元年（一七一六）七月に、老中の戸田忠真《とだただざね》、儒者の林信篤・信充《のぶみつ》・信智《のぶのり》父子、奥右筆組頭の本目親良《ほんめちかよし》、奥右筆の下田師古《しもだもろひさ》を武家諸法度の御用掛に任命した。彼らは数日間、老中戸田の役宅に集合し、代々の武家諸法度を比較検討したうえ、今回の法度の下書を作成した。この下書作成にあたっては、天和（綱吉）・宝永（家宣）の法度の御用掛も務めた林信篤が起草に主導的な役割を果たしたものと思われる。そして、その下書を老中全員に回覧したが、とくに意見はみられなかったため、それを吉宗に上申した。吉宗は、二度にわたって修正を指示したものの、結局、翌享保二年二月、奥書のみを改めて、天和の法度を用いるという方針を示した。

かくして、享保期の武家諸法度は成立した。それまで武家諸法度のことを「御条目」と称してきたが、これからは「御法令」と唱えることも決まった。この「御法令」は、享保二年三月九日、まず奥

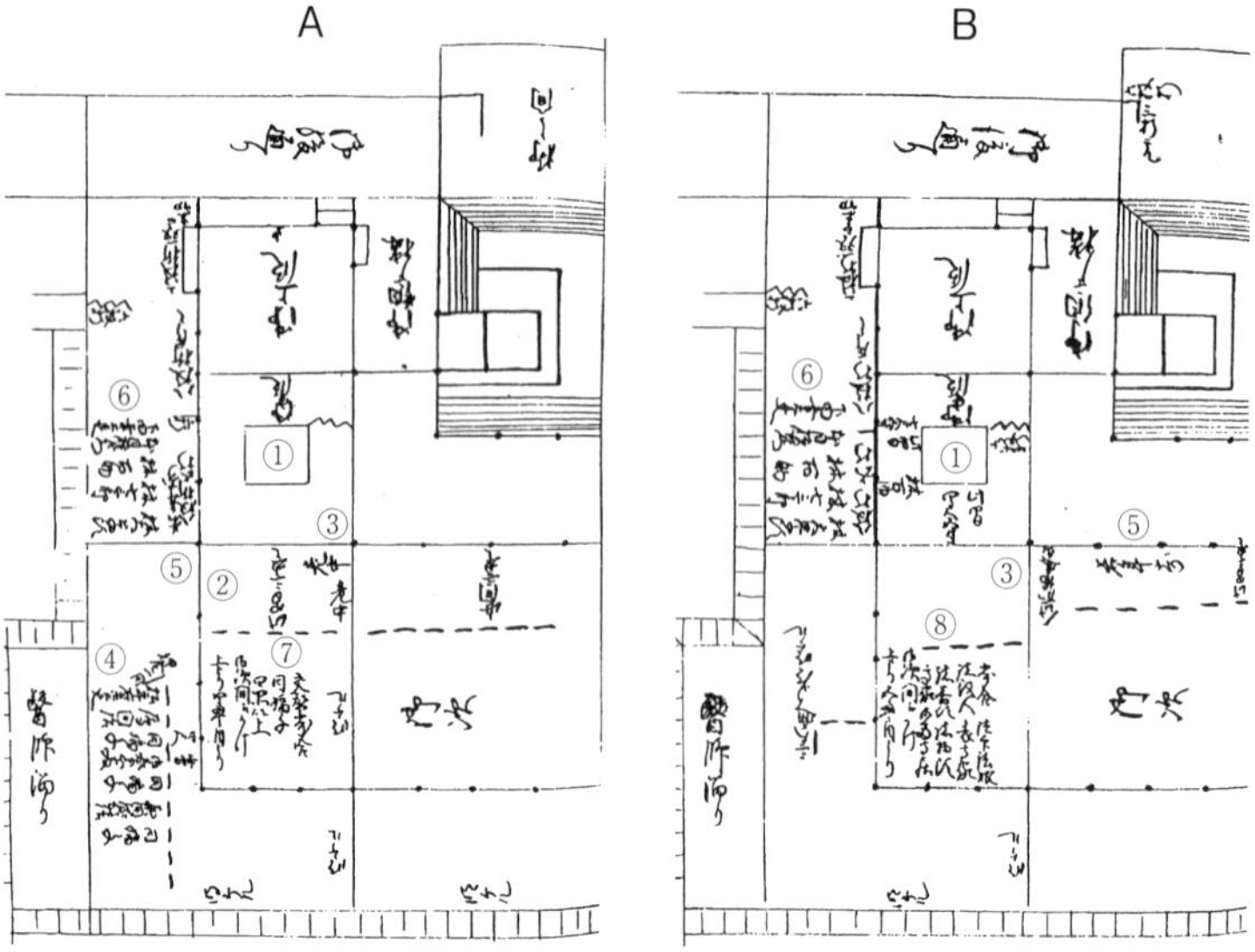

図32　武家諸法度公布の際の座席図（A大名・B幕臣）
（「御法令之留」［「仰出之留」〈国立公文書館内閣文庫蔵〉に収録］より作成）

①将軍吉宗　②溜詰　③老中　④松平輝貞・雁之間詰・奏者番・菊之間縁頬詰　⑤若年寄　⑥「御法令」御用掛　⑦その他大名・交替寄合　⑧高家以下御目見え以上の諸役人・寄合など

の御座之間で、水戸綱条・尾張継友・紀伊宗直の御三家に提示された。他の大名や幕臣に公布されたのは、三月一一・一二日である。

三月一一日には、吉宗が黒書院に出御し、加賀《かが》金沢《かなざわ》藩主前田《まえだ》綱紀《つなのり》は一人で、陸奥《むつ》会津藩主松平正容・伊勢《いせ》桑名藩主松平忠雅ら溜詰はいっしょに御目見えし、それぞれ「御法令仰せ出さる」旨の上意をうけた。その後、吉宗は大広間に出御し、中段に着座した（図32・A参照、以下同じ）。溜詰は下段西側、老中は下段東側、老中並の松平輝貞と雁之間詰・奏者番・菊之間縁頬詰父子は下段西の入側（縁頬）、若年寄と「御法令」の御用掛五人は中段西の入側、その他の大名や交替寄合は下段の四畳目から二之間（「御次」）にかけて、座った。かかる座席のなか、大名と交替寄合が吉宗に御目見えしたのち、御用掛老中の戸田忠真が「御法令仰せ出され候」旨を伝達し、さらに吉宗も上意を述べたあと、奥へ入御した。その後、御用掛の一人、儒者の林信充が中段西のほうに出て、「御法令」を大名・交替寄合に読み聞かせ、一一日の公布は終了した。

翌一二日には、幕臣に「御法令」が公布された。すなわち、吉宗は大広間に出御したのち、中段に着座した（図32・B参照、以下同じ）。下段東側には老中、二之間北側には若年寄、中段西の入側には御用掛五人、下段の五畳目から二之間およびその入側にかけては高家以下御目見え以上の諸役人・寄合などが、座った。かくて、一一日と同じく、御用掛老中の戸田が「御法令」の公布について伝達し、吉宗の上意、その入御ののち、儒者の林信智が中段西のほうに出て、「御法令」を幕臣に読み聞かせて終了した。

ついで、「御法令」の配布も、一一・一二日に行われた。まず一一日には、御殿の「奥」に詰所がある役職に配布された。つまり、五人の老中に一通ずつ、若年寄・側衆・「奥向」（将軍側近役人）には各一通が配られた。一二日には、大名や「表」勤務の諸役人に伝達された。大名に対しては、尾張・紀伊・水戸の御三家家老に殿中の芙蓉之間で一通ずつ渡された以外、各殿席ごとに一〜二通が、御用掛老中戸田忠真の役宅で配られたにすぎない。すなわち、溜詰の家来へ一通、大広間席（国持大名・四品〔従四位下〕以上）の家来へ二通、帝鑑之間席（譜代衆）の家来へ一通、雁之間詰の家来へ一通、菊之間縁頬詰の家来へ一通、柳之間席（上方《かみがた》大名）の家来へ二通が配布されている。したがって、各殿席に属す大名には、写しが作成されて配られたことになる。また、大目付と目付にそれぞれ八通ずつ配布されているが、これは、「表」勤務の老中支配と若年寄支配の役人に伝達されたものと思われる。しかし、数が少ないので、各役職には写しが渡された可能性が高い。

このように、将軍吉宗の意志により天和の法度が用いられたこと、朱印が押されたのは公布・保管用の一通のみであること、大名への配布も一般の法令並みに殿席ごと一、二通であることから、享保期以降、武家諸法度は武士身分の規範としてシンボル化していたこと、また法度の公布そのものも儀式化・形式化し始めたことがうかがえる（深井雅海「享保期武家諸法度の成立・伝達過程」）。

大名の登城と殿席

大名は、基本的に、諸役人とは異なり、儀式や行事が行われるとき以外は江戸城に登城しなかった。登城するときは、当然のことながらかなりの家臣を引き連れたが、江戸城大手門の橋の手前、下馬所からは供の人数を減らす定めであった。したがって大名も、定規の人数以外の多くの家臣をこの場所に残して登城したのである。

表29は、大手下馬所から本丸御殿の玄関に至る経路と、大名の供の人数を示す。登城する者は、大手門をくぐったのち下乗橋をわたり、大手三之門→中之門→中雀門を通ってようやく玄関に到達するが、下乗橋からは六尺四人が消えており、大名も下乗橋の手前で駕籠から降りなければいけないこと

がわかる（なお、御三家は中之門の手前まで駕籠に乗ることができた）。しかも、供の人数はさらに減らされ、玄関からは大名一人の行動となる。数千人の家臣をもつ大大名に対しても、登城時から将軍の威光を示し、将軍家の臣下であることを実感させる工夫がなされていたといえよう。

玄関を入ってからは、大名ごとに詰めの間もしくは控えの間が決められていた。これを殿中席、略して殿席という。この殿席は、吉宗時代末期の延享《えんきょう》元年（一七四四）六月に至って明確となった。しかし、すでに前項でもみたごとく、享保二年（一七一七）三月の武家諸法度公布の際には、大名に対して殿席ごとに伝達されているので、各大名家の殿席がほぼ固定化したのはもっと早く、四代家綱か五代綱吉の頃と推測される。現在のところ、この検証は今後の課題とする他ない。

後期の殿席については、すでに松尾美恵子氏の研究（「大名の殿席と家格」）があるので、これにより殿席がいかなるものかみて

表29　登城の経路と供の人数（元禄12年〈1699〉）

登城の経路	四品（従四位下）10万石以上	1万石以上
玄関 ↑ 中雀門 ↑ 中之門 ↑ 大手三之門 ↑ 下乗橋	侍3人 草履取1人 挟箱持1人	侍2人 草履取1人 挟箱持1人
↑ 大手門 ↑ 大手下馬所	侍6人 草履取1人 挟箱持2人 六尺(駕籠かき)4人	侍4〜5人 草履取1人 挟箱持1人 六尺(駕籠かき)4人

註　深井雅海『図解　江戸城をよむ』により作成。

おこう。大名の殿席には、大廊下（松之廊下の側に上之部屋と下之部屋があった）・溜之間・大広間（二之間と三之間の別がある）・帝鑑之間・柳之間・雁之間・菊之間の七つがあった。図33により殿席がある場所をみると、儀式や将軍との謁見に使用される黒書院・白書院・大広間の近くに設けられていることがわかる。つまり殿席は、将軍へ謁見するときの控えの席であった。

また各殿席の位置から将軍家との関係をみると、将軍の執務・生活空間の「奥」に最も近いのは溜之間詰（たんに「溜詰」と称した）である。同席は、「臣下に与えられた最高の座席」といわれ、将軍の政治顧問としての任務があり、役職に就く場合は大老に就任した。ここに詰める大名は、近江《おうみ》彦根《ひこね》藩主井伊《いい》氏・陸奥会津藩主松平氏・讃岐《さぬき》高松《たかまつ》藩主松平氏（この三家を「常溜《じょうだまり》」という）などである。ついで近いのは、「御取立之御譜代の席」、雁之間詰と菊之間詰（正しくは菊之間縁頬詰）である。両者は城郭の有無によって区別され、雁之間詰は詰衆、菊之間縁頬詰は詰衆並としての職務があり、平日も交代で登城した。両席から少し離れて、「古来御譜代の席」帝鑑之間席がある。この大名は、当時「譜代衆」と呼ばれた。ここまでが、一般的にいわれる譜代大名にあたる。

一方大廊下席は、「将軍家ゆかりの大名家に与えられた特別待遇の座席」、そのうち、上之部屋は尾張・紀伊・水戸の御三家、下之部屋は加賀金沢藩主前田氏などの席である。ただし、綱吉時代後期の本丸御殿図によると、両部屋とも「御三家部屋」と記されているので、前田氏が下之部屋を与えられたのはそれ以降と考えられる。柳之間席は、「五位の外様の席」で、「表大名」・「外様大名」・「中大

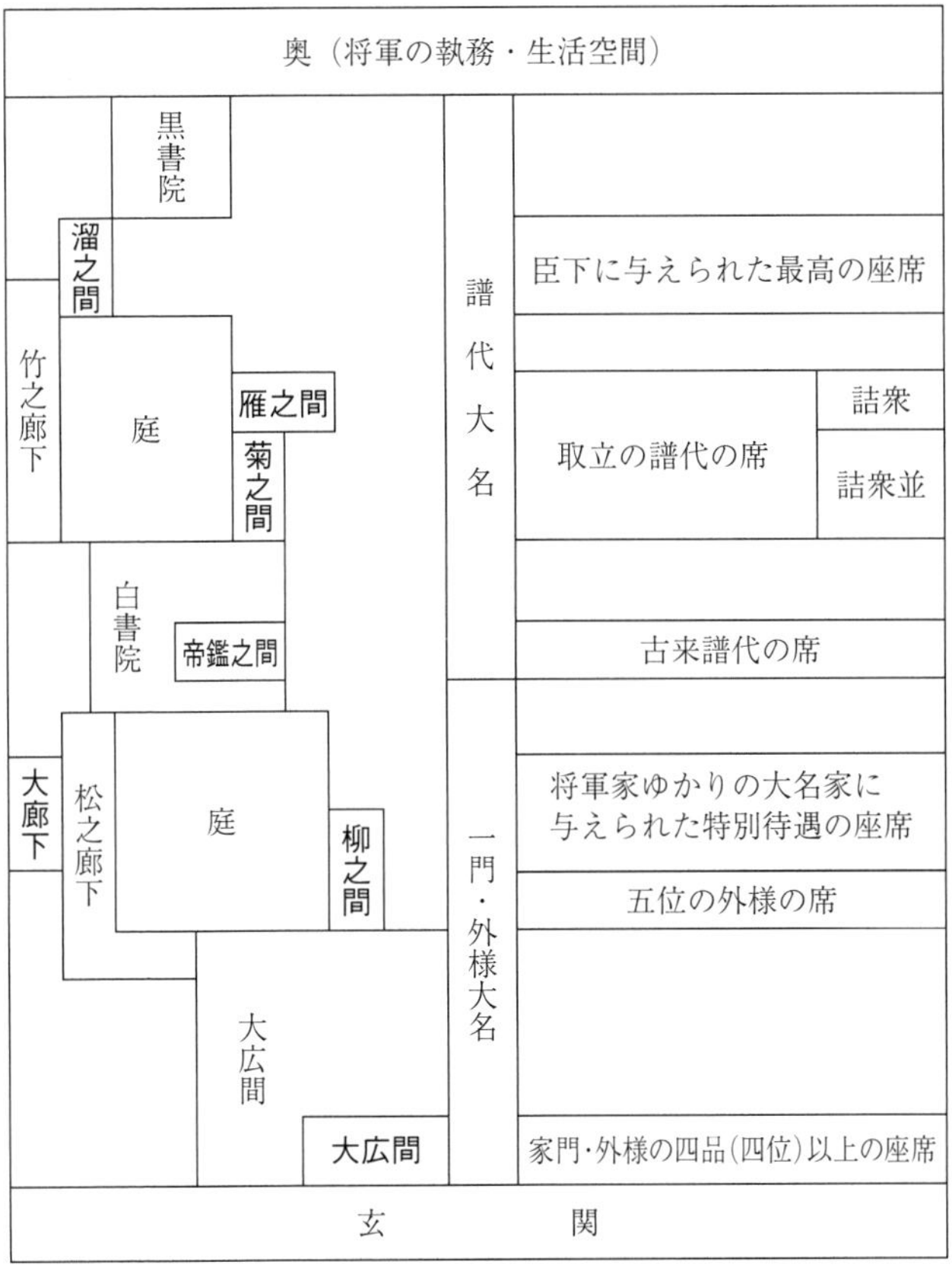

図33　殿席の位置と将軍家との関係図
（深井雅海『江戸城』より引用）

表30　大名の殿席・役職別人数（享保4年〈1719〉）

殿席・役職	在府	在国	計
御三家(大廊下)	2	1	3
四品以上(溜詰・大広間)	29	25※	54
譜代衆(帝鑑之間)	33	13	46
外様(柳之間)	42	34	76
雁之間詰	28	10	38
菊之間縁頰詰	23	5※※	28
老　中	4		4
若年寄	3		3
奏者番	9		9
大番頭	2		2
計	175	88	263

註　深井雅海「法令の伝達と将軍吉宗の主導」などにより作成。※は京都所司代・大坂城代、※※は大坂定番を含む。

名」・「上方大名」とも称されたという。大広間席は、大広間の二之間と三之間を控え所として、「家門・外様の四品（従四位下）以上の座席」、国持など有力外様大名はすべてこの席である。つまり、以上の三席が徳川一門・外様大名にあたる。

このように、殿席の配置は将軍家の信頼度を物語るといえる。では、本書で対象とする綱吉〜吉宗時代における各殿席の家数＝人数はどのようになっていたのであろうか。幸い、享保四年（一七一九）八月一六日に発令された法令によって、各殿席ごとの在府・在国の人数と、役職就任者数が判明するので、それをみよう（表30参照）。すなわち、御三家（大廊下）三人、「四品以上」（溜詰・大広間）五四人、「譜代衆」（帝鑑之間）四六人、「外様」（柳之間）七六人、雁之間詰三八人、菊之間縁頰詰二八人、となる。ただし、老中・若年寄などの役職就任者を含めた各殿席の正確な人数は不明である。

また注意すべきは、「四品以上」と一括された人たちである。「四品」とは従四位下の位階を示し、それ以上は、基本的に溜詰と大広間席の人たちを指すものと思われる。しかし、四品以上の実数となると、「四品以上」に御三家と老中を加えた六一人（全大名の約二三％）となる。彼らは、将軍に御目見えするとき特別待遇をうける人たちである（この点は後述）。

幕府の年中行事と官位

享保期に行われた幕府の年中行事を、表31に示した。このうち、大名や諸役人が参加する主な行事は、年始・八朔《はっさく》・五節句・嘉祥《かじょう》・玄猪《げんちょ》・月次《つきなみ》などである。

八朔は、旧暦の八月一日（朔日《ついたち》）に新穀を贈答して祝う民間行事であったが、鎌倉中期から武家の君臣の間で贈答が行われるようになり、室町時代には幕府の重い儀式になったという（『広辞苑』）。江戸幕府では、初代の徳川家康が天正一八年（一五九〇）のこの日、江戸に入城したことにちなみ、年始についでの祝日となし、大名および三〇〇〇石以上の旗本は、将軍に太刀を献上した。五節句は、正月七日（七種《ななくさ》）・三月三日（上巳《じょうし》）・五月五日（端午）・七月七日（七夕）・九月九日（重陽《ちょうよう》）の祝日、嘉祥は六月一六日、玄猪は一〇月初の亥の日、月次は毎月の朔望《さくぼう》、つまり一日と一五日、および月末二八日に、それぞれ登城し将軍に拝謁、嘉祥には菓子、玄猪には餅を将軍から下賜された。

これらの儀式では、あくまでも将軍が主体であり、将軍への拝謁行為を通じて、各自の将軍との関係や身分・格式が表徴されることに特徴があった。なかでも、将軍に謁見するときの格式の基準となったのが、官位であった。そこで、官位について説明しておこう。

表31　江戸幕府の年中行事一覧（主なもののみ）

月	日	行　事
1月	1日~3日	年始御礼
	上旬	天皇へ年始祝儀(高家使者)
	3日	謡初御祝
	7日	七種（若菜）御祝
	11日	具足御祝
	15日	月次御礼
	28日	月次御礼
	下旬	春御借米張紙出る
2月	1日	日光門主鏡餅献上
	15日	月次御礼
	28日	月次御礼
		和蘭陀甲比丹参府（5年に1度）
2月下旬~3月上旬		年始答礼勅使参向
3月	3日	上巳御祝
	28日	月次御礼
4月	1日	月次御礼
		夏服着用（9月8日迄）
		足袋不用（9月8日迄）
	15日	月次御礼
		参勤大名御礼
	17日	将軍紅葉山東照宮参詣
	28日	月次御礼
	下旬	夏御借米張紙出る
5月	1日	月次御礼
	5日	端午御祝
	15日	月次御礼
	28日	月次御礼
6月	1日	月次御礼
	16日	嘉祥御祝
	28日	月次御礼
7月	1日	月次御礼
	6日	鯖代献上
	7日	七夕御祝
	28日	月次御礼
8月	1日	八朔御祝
	15日	月次御礼
	28日	月次御礼
9月	1日	月次御礼
	9日	重陽御祝
		綿入を着し足袋を用いる
	15日	月次御礼
	28日	月次御礼
	下旬	冬切米張紙出る
10月	1日	月次御礼
	亥の日	玄猪御祝
		炉・炬燵・火鉢使用
	15日	月次御礼
	28日	月次御礼
11月	1日	月次御礼
	15日	月次御礼
	28日	月次御礼
12月	1日	月次御礼
	13日	煤払御祝
	15日	月次御礼
	16日	万石以上・以下に官位仰せ付け
	21日	歳暮御祝儀
	28日	月次御礼

註　享保19年「幕府日記」、『徳川実紀』8篇などにより作成。

官位とは、朝廷から与えられる官職と位階をさす。もっとも、任官については朝廷から叙任文書が発給されるものの、武家の叙任権は将軍が掌握していた。この官位は、古代の律令国家において定められた。つまり、中央集権的国家機構として、政務を司る太政官のもとに中務省《なかつかさしょう》など八省を設置、各省のもとに若干の寮・司が所属し、地方は国郡里制がしかれ、国の守《かみ》が統轄した。そして官人は、官位相当制により、位階に応じた官職に任命されたのである。かかる体制は、広義には平安末期まで機能したが、武家政権成立以降有名無実化した。しかし、鎌倉・室町幕府など武家政権も武士を序列化するうえで官位を利用、豊臣政権は大いに活用した。江戸幕府もそれにならい、江戸中期頃までには表32に見られるように武家官位の序列を定め、さらに家格の高い大名については、家ごとに極官（昇進できる最高の官位）を設けたのである。なお、大名の官位叙任が確立したのは、六代家宣家督相続後の宝永六年（一七〇九）三月七日のことである（『徳川実紀』同日条）。それまでは、成人の大名といえども、諸大夫《しょだいぶ》にすらなれない者もいたのである。

では、八代吉宗時代の大名の官位叙任の状況をみてみよう。表33は、享保二〇年（一七三五）の大名の官位についてみたものである。まず、無位無官の者が一七人いるが、彼らは元服前の大名と思われる。つまり、宝永六年三月以降も、大名といえども、元服して成人にならないと官位は与えられなかったのである。それを除くと、大半は最下位の諸大夫（従五位下）であることがわかる。四品（従四位下）以上は、五一人（一九・五％）しかいない。内訳をみると、従三位中納言は尾張宗春・紀伊宗直

表32　武家官位と就任者の関係表

	1	2	3	4	5	6	7	8	9	10	11	12
武家官位	太政大臣	左大臣	右大臣	内大臣	大納言	中納言	参議（宰相）	中将	少将	侍従	四品	諸大夫
就任者	将軍				大名				大老	老中	大坂城代	若年寄

註　深井雅海『江戸城』より引用。侍従以上は官職のため別に位階を、四品（従四位下）と諸大夫（従五位下）は位階のため別に官職を与えられた。なお、就任者のうち役職就任者については、当該官位に叙任される代表的な役職を示した。

表33　享保20年（1735）の大名の官位

官　　位	人数	%
従三位中納言	2	19.5
正四位中　将	1	
従四位上中将	3	
従四位少　将	6	
従四位侍　従	28	
四　品（従四位下）	11	
諸大夫（従五位下）	193	74
無位無官	17	6.5
計	261	100

註　享保20年の「武鑑」により作成。

の二人、正四位中将は加賀金沢藩主前田《まえだ》吉治《よしはる》一人、従四位上中将は讃岐高松藩主松平頼豊・薩摩《さつま》鹿児《かご》島《しま》藩主島津《しまづ》継豊《つぐとよ》・陸奥仙台《せんだい》藩主伊達《だて》吉村《よしむら》の三人である。すなわち上位六人は、御三家二人（なお、水戸家の当主鶴千代《つるちよ》は当時八歳の子供）、一門一人、外様国持三人となる。これを殿席別にみると、御三家二人と前田氏は大廊下席、高松松平氏は溜詰、島津・伊達氏は大広間席と推測される。また、いわば第二グループの従四位少将・従四位侍従も、御三家の分家などの一門と外様国持および老中などによって構成される。殿席も、老中を除き大広間席である。

このように、大廊下席・溜詰・大広間席は格式の高い殿席といえる。したがって年中行事では、この三席に属す大名が優先的に、官位の高い順に将軍へ謁見するのを基本とするが、実際には別の原則も加わって行われる。その詳細は次項で明らかにしたい。

年始御礼

年中行事のなかでも、大名・諸役人が一斉に参集して行われる年始の儀式は、武家社会の身分秩序を包括的に示し、重要である。したがってここでは、年始の御礼がどのように行われるのかみておこう。

年始御礼が他の行事と異なることは、まず服装にあらわれる。他の年中行事では衣服が長上下などに統一されているが、年始御礼の場合は、官位により着用する衣服が異なっていた。すなわち、将軍と侍従以上は白小袖・直垂《ひたたれ》、四品（従四位下）は白小袖・狩衣、諸大夫（従五位下）は熨斗目《のしめ》・大紋、布衣役《ほいやく》は熨斗目・布衣、御目見え以上は熨斗目・素袍《すおう》を着用した（図34参照）。四品以上は白小袖、諸大夫以下は熨斗目を着用という大きな区別があることがわかる。これは後述するごとく、四品以上は独礼ができ、諸大夫以下は集団で御目見えするという違いにつながる。このことは、視覚的に格式の差を認識させる意図があるものと思われる。なお、諸大夫の下の「布衣」は、朝廷から叙任文書は発給されないものの、六位相当とされ、幕府では、「官位」の一つに位置づけられていた。つまり、六位の者が着る礼服の布衣を着用することができる格で、旗本のうち、特定の役職に就任した者が任じられた。

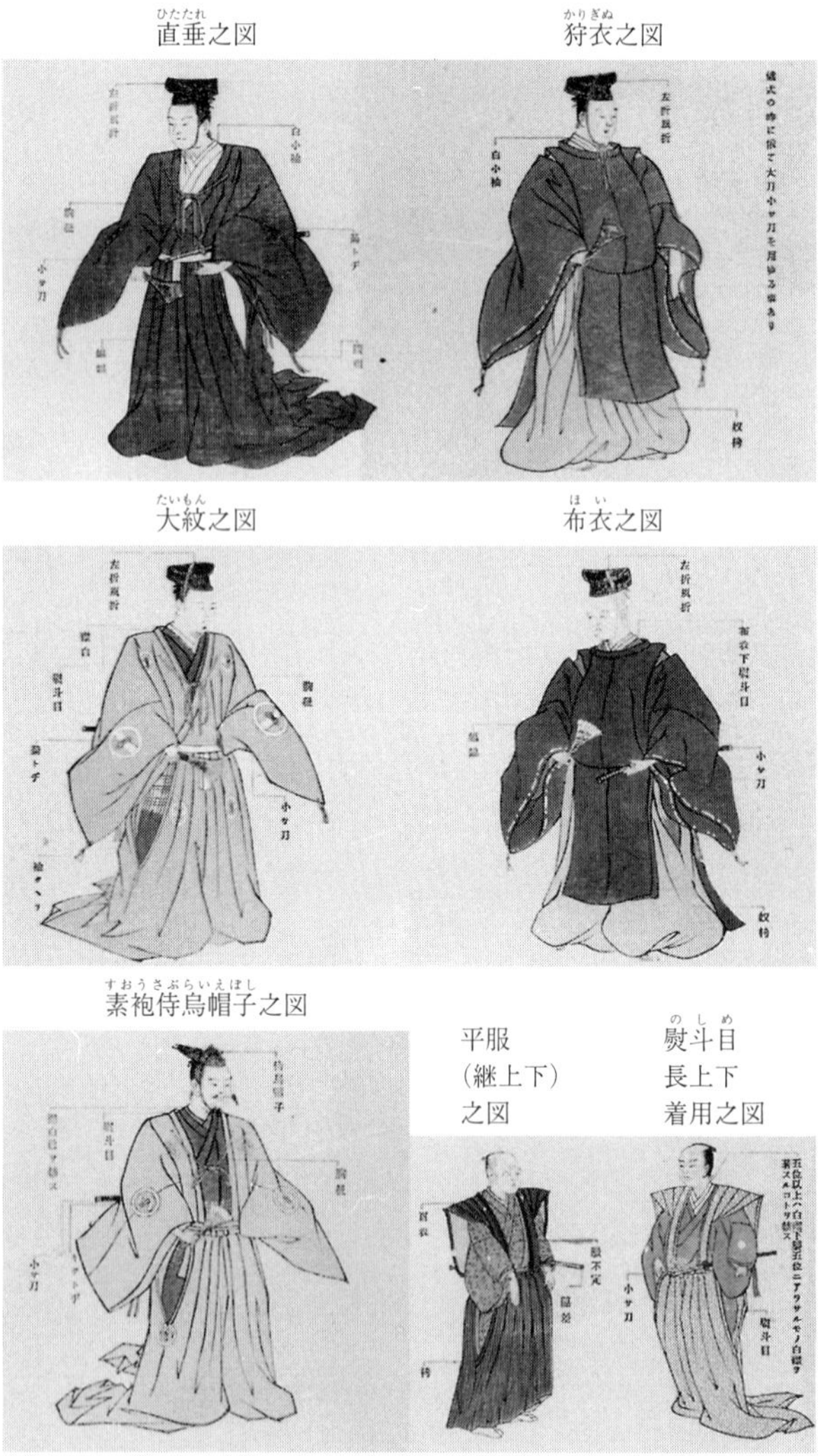

図34　礼　服　図

では、享保一九年（一七三四）の「幕府日記」などにより、正月元日・二日の状況をみよう（以下図35参照）。当時の八代将軍徳川吉宗は、正月元日には奥の御座之間→表の白書院→大広間、正月二日には白書院→大広間と移動し、年始の挨拶をうけた。すなわち、正月元日には、御座之間では世子家重（のちの九代将軍）・次男田安宗武・四男小五郎（のちの一橋宗尹）などの家族、白書院では尾張・紀伊・水戸の御三家（ただし享保一九年は、尾張・水戸は名代の使者）の他、越前福井《えちぜんふくい》藩主松平氏、讃岐高松藩主松平氏、伊予西条《いよさいじょう》藩主松平氏などの一門・譜代のうち四品（従四位下）以上の大名、および老中（侍従）、大広間では諸大夫（従五位下）以下の大名や諸役人が、それぞれ将軍に太刀および太刀目録を献上し、将軍から盃と呉服を拝領している。また正月二日には、白書院では御三家の嫡子（ただし享保一九年は、紀伊家のみ）の他、近江彦根藩主井伊氏・上野日野《こうずけひの》藩主松平氏など譜代四品以上の大名、大広間では四品以上の外様国持大名、および諸大夫以下の大名や番衆が、同じように太刀および太刀目録を献上し、盃と呉服を拝領している。

つぎに、御座之間・白書院・大広間と将軍に謁見する部屋を変えたり、元日・二日と謁見する日付を変える意味について考えてみよう。先述のごとく、奥の御座之間では将軍の家族、表の白書院では徳川一門や有力譜代大名、玄関に近い大広間では、元日と二日には諸大夫（従五位下）以下の大名や諸役人・番衆、二日には有力外様大名が謁見しているので、将軍に近く格式の高い人ほど将軍の居住空間、もしくはそこに近い場所で、しかも早い順番で、謁見していることがわかる。有力外様大名が

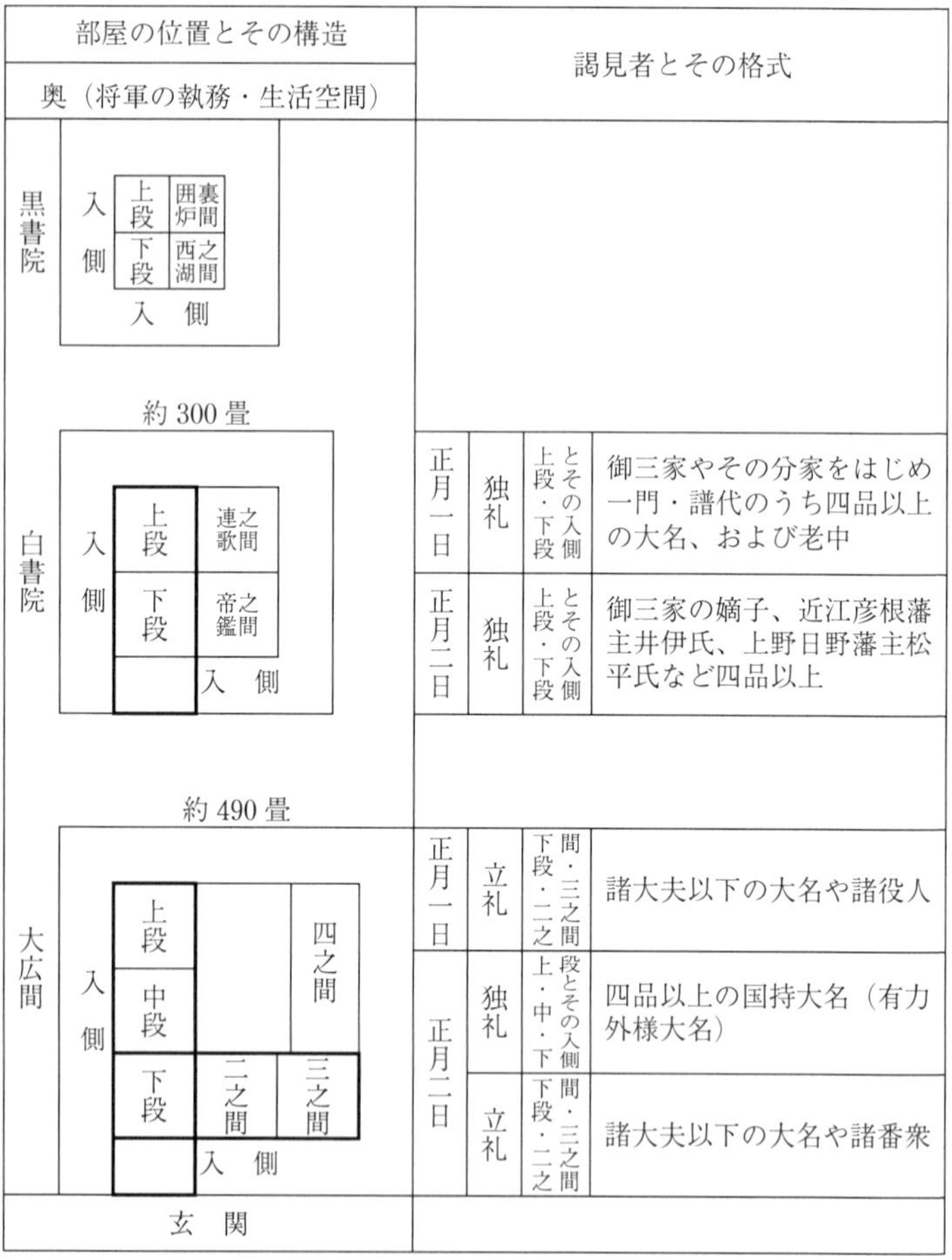
部屋の位置とその構造
謁見者とその格式
奥（将軍の執務・生活空間）
黒書院
入側
上段
囲炉裏間
下段
西湖之間
入側
約300畳
白書院
入側
上段
連歌之間
下段
帝鑑之間
入側
正月一日
独礼
上段・下段とその入側
御三家やその分家をはじめ一門・譜代のうち四品以上の大名、および老中
正月二日
独礼
上段・下段とその入側
御三家の嫡子、近江彦根藩主井伊氏、上野日野藩主松平氏など四品以上
約490畳
大広間
入側
上段
中段
四之間
下段
二之間
三之間
入側
正月一日
立礼
下段・二之間・三之間
諸大夫以下の大名や諸役人
正月二日
独礼
上・中・下段とその入側
四品以上の国持大名（有力外様大名）
立礼
下段・二之間・三之間
諸大夫以下の大名や諸番衆
玄関

図35　儀式に使用される部屋と謁見者との関係図（年始御礼）

二日に大広間（上段・中段・下段之間は合わせて九二畳という広い空間）で謁見していることは、将軍にとってそれだけ遠く、煙たい存在であったことを示しているといえよう。また、正月元日・二日の大広間では、諸大夫（従五位下）以下の人は盃を賜るとき御流である。これは、御座之間・白書院・大広間での四品（従四位下）以上の人の謁見が、上段之間に座る将軍に、下段之間において一人で御目見えする「独礼」であるのに対し、大広間での諸大夫以下の人の謁見は、下段之間に立御する将軍に、集団で御目見えする「立礼」であることを示す。

このように年始御礼の行事から、幕府が本丸御殿の空間構造をうまく活用しながら身分統制を行っていたおおよその実態が明らかとなる。さらに、四品以上の「独礼」では、拝謁者の官位により、太刀・太刀目録を置く場所、拝謁する場所、盃を受ける所、呉服を拝領する場所などが、畳目一枚ごとに異なっていた。したがって各部屋においても、官位の高い人ほど将軍に近づけることになる。

以上のように、将軍に謁見する場所が、将軍との関係や官位を基準にして殿中の部屋や畳の位置で決められていたのである。そして、将軍の居住空間により近い部屋で、しかもより近い位置で謁見できる者ほど格式が高く、かかる殿中儀礼によって、将軍の権威と、将軍を頂点とする武家社会の秩序が維持されていたといえよう。

将軍の言葉

将軍は、いろいろな行事の際にどのような言葉を発したのであろうか。これは、だれしも興味をもつと思う。しかし、将軍の生の声が江戸時代の史料に記載されることはほとんどないといってよい。幸い、幕府の行事の際の将軍の発言をそのまま記録した「御意之振《ぎょいのふり》」（徳川宗家文書）という史料が現存しているので、将軍の生の声を知ることができる。ここでは、五代将軍綱吉および世子家宣が宝永二年三月〜同六年正月（一七〇五〜〇九）に発した言葉の一端をみよう（夏目琢史「『御意之振』にみる綱吉の政治と朝幕関係」〔財団法人徳川記念財団・東京都江戸東京博物館編集図録『将軍綱吉と元禄の世――泰平のなかの転換――』所収〕に全文翻刻）。

最初に、年始の祝儀のため、将軍が朝廷へ高家を使者として派遣し、その答礼に勅使が江戸へ下向してくるが、そのときの状況をみてみよう。

○宝永五年正月九日　御座間

それへ　　織田能登守（信門・高家）

禁裏　御所方江年頭之御祝儀をあぐる　心得て申上へ

○宝永二年三月一一日

勅答　御本丸

勅使

柳原大納言（資廉）

高野中納言（保春）

公方様（綱吉・将軍）

年頭之御太刀目録被レ下てかたじけない
大納言へも下されてかたじけない　よい様に心得て
大納言(家宣・世子)様
よいやうに心得て

つぎに、宝永四年七月一一日、世子家宣に次男家千代が誕生し、その七夜祝儀のため諸大名が登城して刀剣を献上したときの状況をみよう。

○宝永四年七月一八日　御座之間
それへ　尾張(吉通)中納言殿
それへ　水戸(綱条)中納言殿
それへ　紀伊(吉宗)宰相殿
それへ　水戸(吉孚)中将殿
天気もよふて　のしを　めでたい
一右御壱人ツヽ御出、披露、着座有レ之而御七夜之御祝儀被二申上一候由、佐渡守(小笠原長重・老中)言上有レ之而右之通御意也、御のし御手つから被レ遣レ之

なお、他の大名には「それへ」のみで、「天気もよふて　のしを　めでたい」という言葉は付けられていない。ここに、御三家と他の大名との格の違いがみうけられる。

最後に、役職任命のときの言葉をみよう。

○宝永四年一一月一日　御座之間

それへ　大島肥前守（義也・作事奉行）

ねんをいれてつとめい

一於二御本丸一西丸御留守居ニ御役替被二　仰付一、依レ之還御以後　御目見被二　仰付一、右之通之　御意也、御言葉書ハ不レ上

これは、作事奉行大島義也《おおしまよしなり》が西の丸留守居に転役したときの将軍の言葉である。「云付る」といった任命の言葉がないため、老中から任命されたあと御目見えした可能性もある。

総じて、儀式・行事の際の将軍は口数が少ない。寡黙が、威厳を保つ要素といえよう。

さまざまな目見え

年始・八朔・五節句などの儀式以外のときでも、さまざまな理由で、将軍への謁見が行われた。すなわち、大名の参府・暇御礼、家督相続の御礼、大名・旗本の跡継ぎの初めての御目見え、官位・役職任命の御礼、婚姻御礼、職務に係わる出張の際の御目見え、などである。その多くは、毎月の一・一五・二八日の月次御礼のあと、つまり、将軍が「表」へ出御《しゅつぎょ》するときに行われることが慣例になっていた。

そして、その御目見えは、謁見者の格式により、場所や形式が異なっていた。まず場所、つまり謁見が行われる部屋からみると、「奥」の御座之間、「表」の黒書院・白書院、およびその周囲の部屋の

区別があった。また形式からすると、上段之間に座る将軍に、下段之間もしくはその入側で謁見する形式、立御（これを「立座」ともいう）する将軍に謁見する形式、通りがかり（通御）の将軍に謁見する形式、の別があった。さらに、一人で謁見するか、集団で謁見するか、の別もあった。

これらの謁見のなかで最上位に位置するのが、御座之間の下段之間に座って一人で御目見えする形式である。その詳細は次項で説明したい。ここでは、「表」での謁見をみよう。たとえば、享保一九年「幕府日記」の五月一日条には、つぎのように記載されている。

一、月次の御礼相《あい》済む

御白書院

参勤

但馬（秋元喬房・奏者番）

金馬代

宗対馬守（義如・対馬府中藩主）

婚礼の御礼

縮緬五巻

酒井雅楽頭（忠知・上野廏橋藩主）

（中　略）

御勝手より

二条在番帰大番頭

手綱三十筋　　　　（松平正貞・奏者番）備中
銀馬代　　（豊就・大番頭）山名因幡守　（仙石政房・奏者番）信濃

押懸十懸　　（貞朝・大番頭）秋元隼人正
銀馬代　（二条在番帰）同　（山名組・秋元組大番組頭）両　組頭　（松平正貞・奏者番）備中

（中　略）

御納戸構

二条在番帰　（山名組・秋元組大番士）両組大番
同せかれ共

月次御礼が終了したのち、白書院・その勝手・納戸構の三ヵ所で御目見えが行われていることがわかる。この場合、白書院は上段之間と下段之間およびその入側、勝手は帝鑑之間とその入側、納戸構は連歌之間北の入側を指す（図36参照）。当日、将軍吉宗は頭痛気味であったため、奏者番の取り次ぎにより謁見をうけたのは世子家重である。史料によれば、下段之間で謁見したのは参勤御礼の対馬府《つしまふち》中《ゆう》藩主宗義如《そうよしゆき》、婚礼御礼の上野廏橋《まやばし》藩主酒井《さかい》忠知《ただとも》など、帝鑑之間とその入側で謁見したのは、二条城在番から帰府した大番頭の山名豊就《やまなとよなり》・秋元貞朝《あきもとさだとも》両名、および山名組・秋元組の大番組頭、連歌之間北の入側で謁見したのは、同じく二条城在番から帰府した山名組・秋元組の大番士たち、それに「同せかれ共」である。倅たちは、大番士の跡継ぎの初御目見えを示す。

このうち、大名の宗・酒井両名については、上段之間に座る家重に、下段之間で一人ずつ謁見したものと推測される。しかし、大番頭以下については、謁見の仕方が異なっていた。図37は、時期は不明であるものの、在番を終えた大番頭・同組頭、図38は同じく大番士の御目見えの図である。これによると、大番頭は上段之間に座る家重に、下段之間入側の端で一人ずつ謁見しているのに対し、同組頭は帝鑑之間の入側で集団で謁見している。その場所から、同組頭は入側に立御する家重に御目見えしたものと思われる。また大番士に至っては、図38で明らかなとおり、大番通りがかりの謁見であった。つまり、大番組頭と大番士は、家重が白書院での謁見を終え、「奥」へ戻る道筋で御目見えしたことになる。

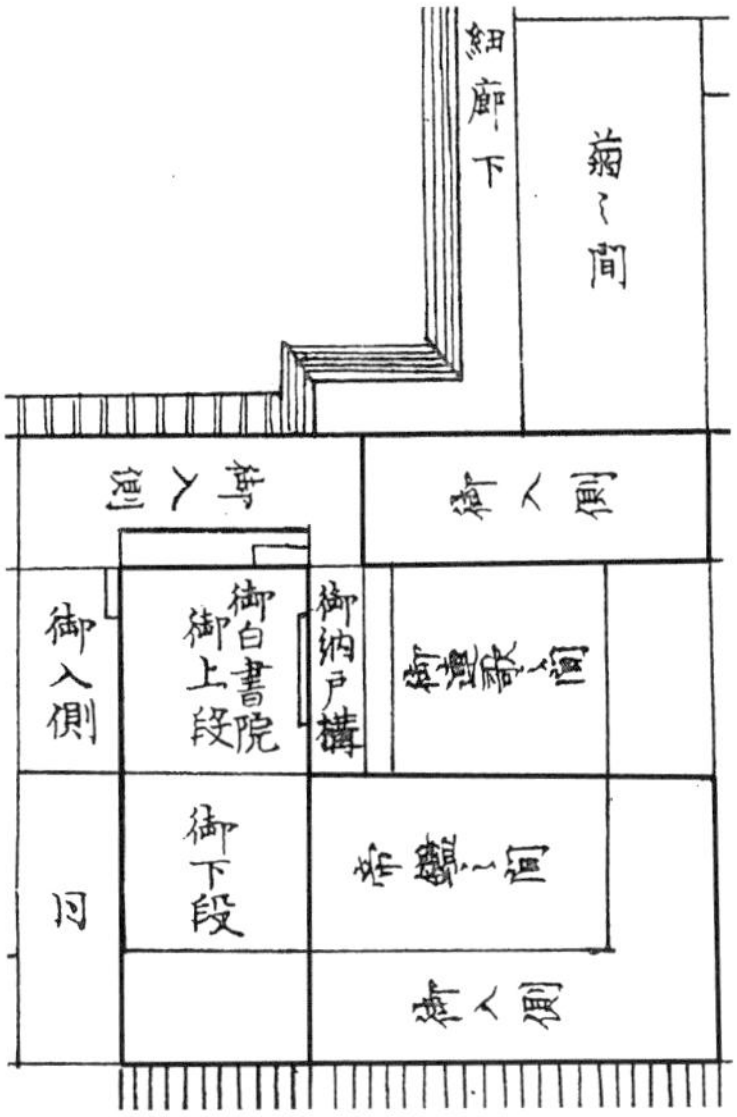

図36　白書院の図
（「御本丸表中奥絵図」〔『徳川礼典録附図』所収〕より引用）

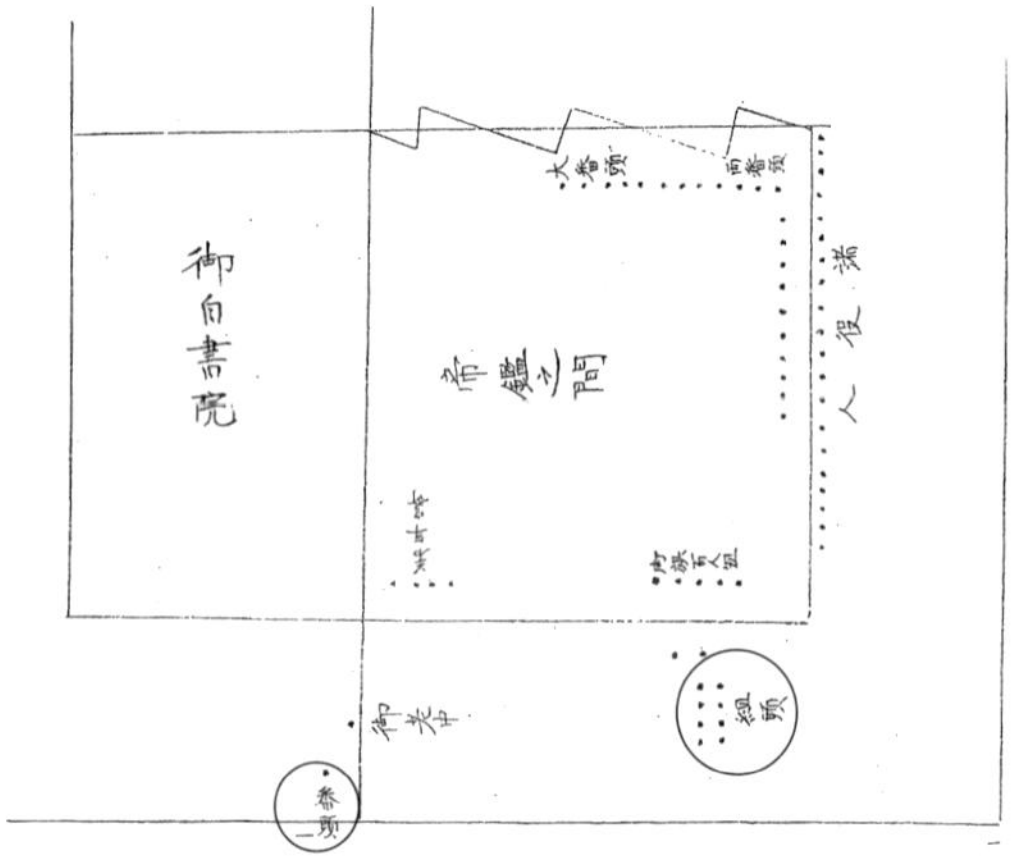

図 37　在番大番頭・同組頭御目見えの図

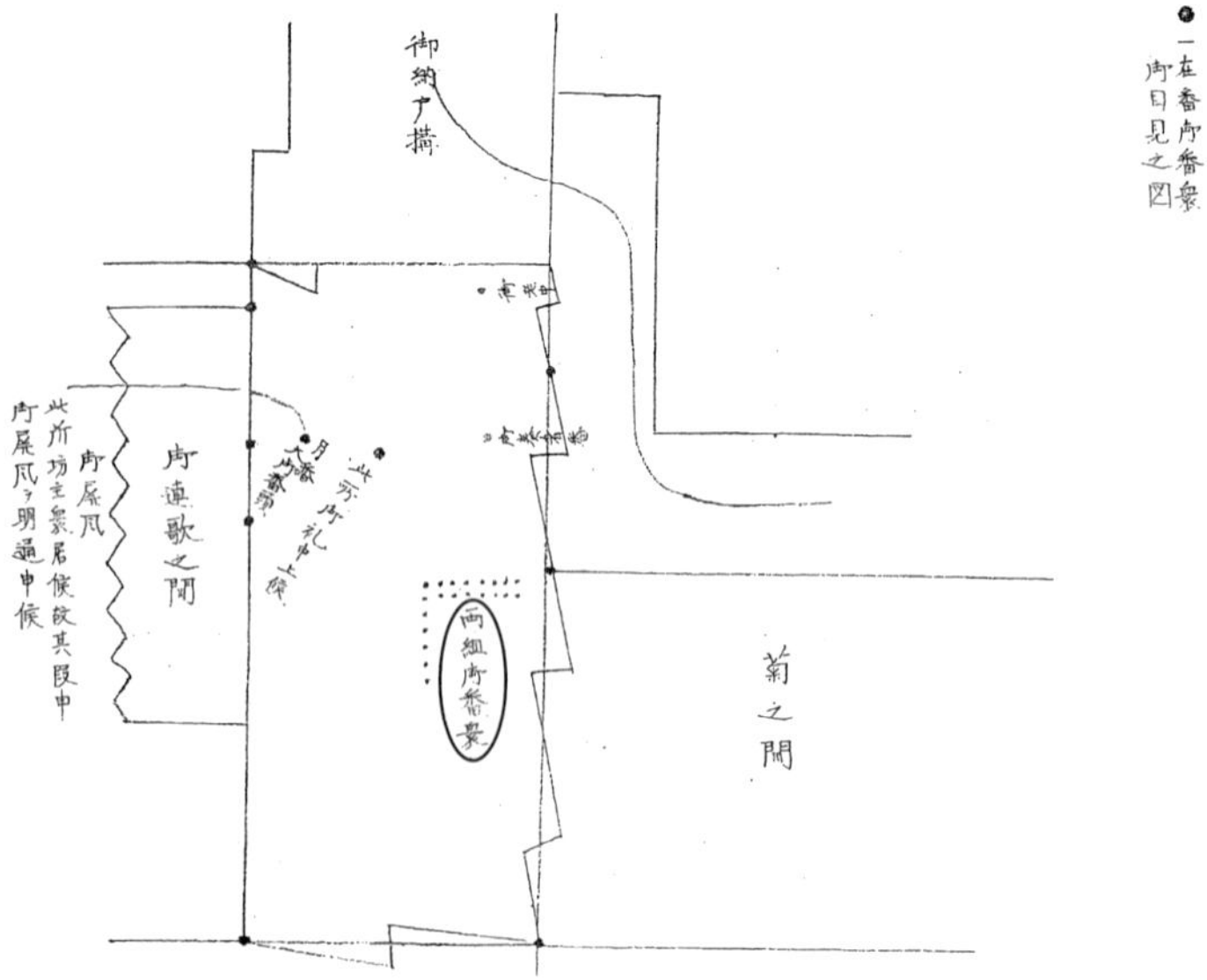

図 38　在番大番士御目見えの図
（深井雅海編『江戸時代武家行事儀礼図譜』3 巻 364〜365 頁の図より引用）

このように、格が下がるにしたがって、集団で、しかも通りがかりの御目見えとなる。さらに、通御の御目見えのなかにも、格式の違いがあったのである。つぎに、それをみよう。地方に赴任した代官や、検分のため出張した勘定が江戸に帰府したときは、将軍への謁見が許された。その格式は、「入御の節　御通かけ御黒書院御勝手」（享保一九年「幕府日記」）である。一方、奈良惣代・銀座・朱座などの町人は、「八朔」＝八月一日に将軍への謁見が許された。そのときの格式は、「入御の節御白書院御次御縁頬」（同上「日記」）である。謁見の場所は、黒書院勝手（羽目之間、図39参照）、白書院次之間（帝鑑之間、図36参照）縁頬（入側）と異なるものの、共に、将軍が「奥」へ戻る道筋での通御の御目見えである。

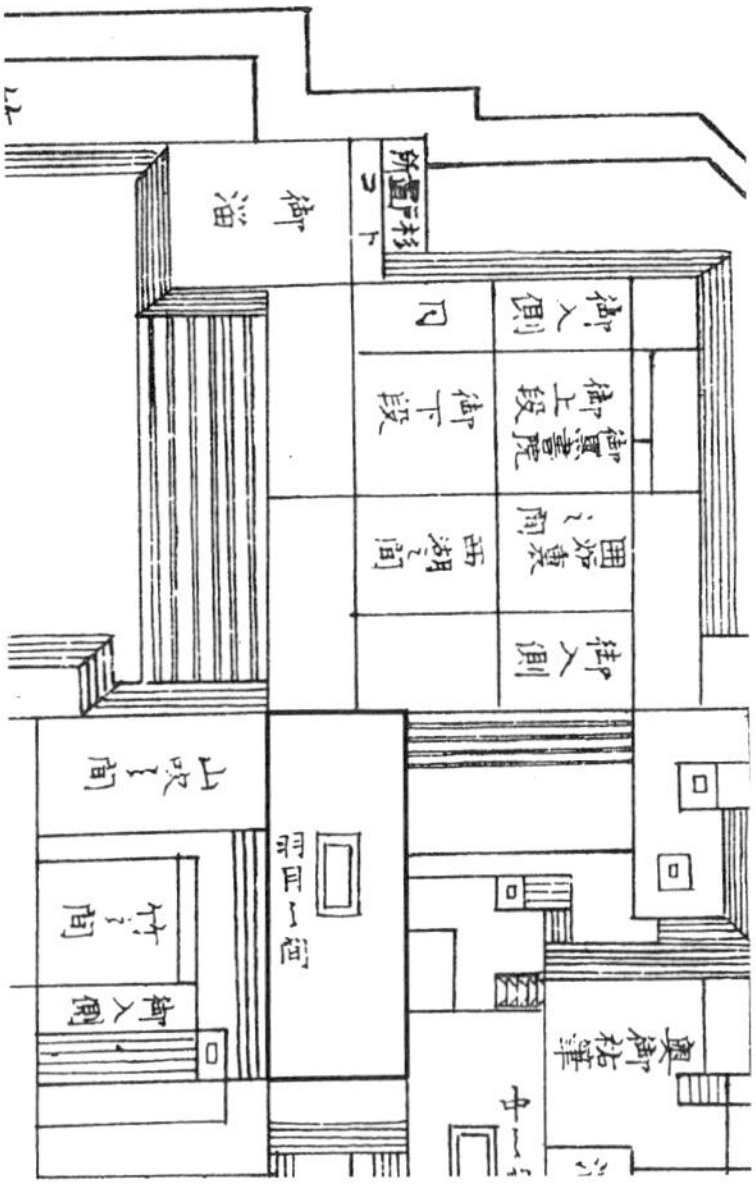

図39　黒書院付近の図
（「御本丸表中奥絵図」［『徳川礼典録附図』所収］より引用）

時期は不明であるが、図40は代官・勘定、図41は奈良惣代・銀座・朱座たちの謁見の状況を示す。両図を比較すると、奈良惣代たち町人の座席は、代官・勘定たち旗本の座席に比べ、将軍通御の場所から遠く離れていることがわかる。しかも、奈良惣代たちが座っているのは板縁である。ここに、同じ通御の御目見えで

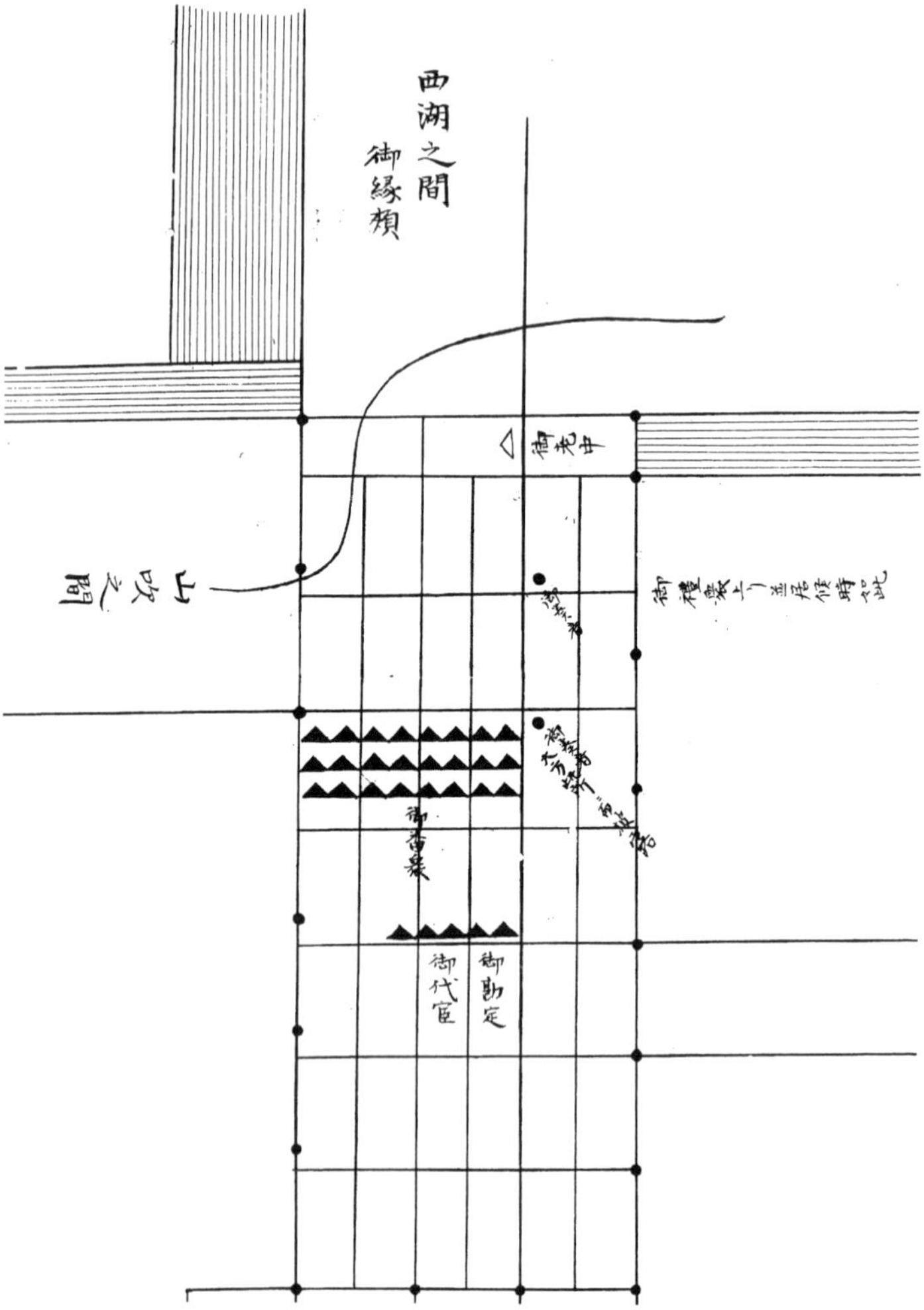

図40　代官・勘定御目見えの図
（深井雅海編『江戸時代武家行事儀礼図譜』1巻142〜143頁の図より引用）

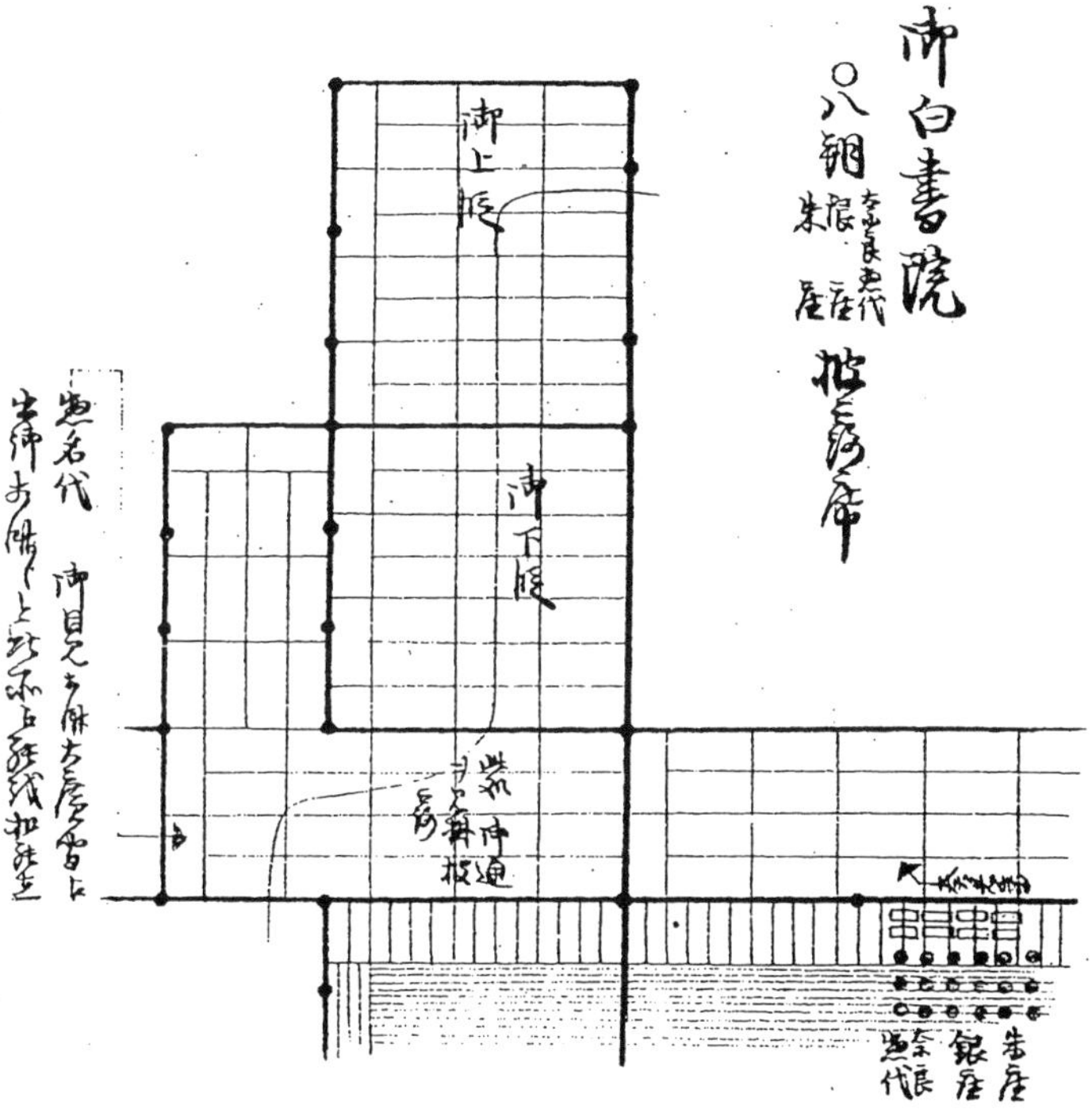

図 41　奈良惣代・銀座・朱座御目見えの図
（深井雅海編『江戸時代武家行事儀礼図譜』2 巻 186 頁の図より引用）

も、格式の違いがあらわれているといえよう。すなわち、格式の違いは、謁見の場所や形式ごとに、将軍との距離によって示されたのである。この点は、儀式の場合と同じである。

なお、よく知られているように、旗本・御家人は御目見え以上、以下で区別されるが、大半の旗本は、立御や通御の御目見えしか許されないことを認識しておく必要があろう。

御座之間での目見え

「御座之間」は、三代家光の頃までは将軍の居間であった。しかし、その晩年から応接間としての機能が強くなり、五代綱吉以降は、もっぱら「奥」の応接間として使用されるようになったものと思われる。この御座之間で将軍に謁見ができるのは、老中・若年寄などの幕閣の他は、大名・諸役人のうちでも限られた人たちであった。これは、御座之間が貴人化した将軍の生活空間に属していたため、そこは特別な空間と考えられたからであろう。

表34は、享保一九年の「幕府日記」により月ごと、事由ごとの謁見者の人数をみたものである。これによると、毎月一〇人前後、年間で一二三人の謁見者がいたことがわかる。最も多いのは、役職任命者の御目見えで、六三人（約五一％）にのぼる。これは、老中・京都所司代・大坂城代・若年寄・奏者番・寺社奉行などの大名役と、旗本役のうち布衣役以上に限られる。つまり旗本では、「諸大夫」（従五位下）と「布衣」（六位相当）という官位に任命される役職就任者でないと、御座之間での謁見は許されないことになる。ついで多いのは、使者が出発するときと、帰ったときの御目見えである。派遣先は、伊勢神宮・京都御所・日光東照宮《にっこうとうしょうぐう》・御三家、派遣者は高家・小性組番頭などである。三番

表34　御座之間での謁見（享保19年〈1734〉）

謁見事由＼月	1	2	3	4	5	6	7	8	9	10	11	12	計
役職任命	4	4	3	4	2	4	4	7	4	6	8	13	63
使者暇・帰謁	5	2		8	1	2			4	1	1		24
官位任命・御礼									1			9	10
日光門主対顔				1					2			1	4
御三家・溜詰参府、暇御礼			3		1								4
重陽御祝（御三家他）									4				4
法事御用任命・下賜										3			3
所司代・大坂城代赴任暇						1	1				1		3
その他		2	2			1	1		1			1	8
計	9	8	8	13	4	8	6	7	16	10	10	24	123

註　享保19年の「幕府日記」により作成。謁見事由が2人以下の場合は「その他」に入れた。なお、3月13日に西の丸小性・小納戸が9人任命されているが、場所は「奥」とあるのみで、「御座之間」とは記載されていないので除外した。

目の官位任命・御礼は、大坂城代の四品（従四位下）叙位と、諸大夫に叙された小性たちの御礼の御目見えを示す。以上の三つの理由での謁見が、約八〇%と大半を占める。

大名では、尾張・紀伊など御三家と彦根井伊氏・高松松平氏など溜詰が、参勤交代で江戸に参府したときや、国許に暇を賜るときに、御座之間で御目見えすることができた。表34の六番目に見える重陽（九月九日）御祝は、通常「表」の白書院での謁見となるが、この日将軍吉宗は「表」に出御しなかったため、尾張宗《むね》春《はる》・紀伊宗《むね》将《のぶ》・前田吉治（加賀金沢藩主）・松平忠雅（伊勢桑名藩主、溜詰）の四人に限り、特別に御座之間での御目見えが許された。

かくして、御座之間での謁見は、日光門主などを除くと、大名では尾張・紀伊・水戸の御三家、加賀金沢藩主前田氏、溜詰大名、役職就任者では大名役と、旗本のうち布衣以上の役人に限定されていた。しかも、彼らも、参勤交代の参府・御暇御礼や、役職就任時と、職務について将軍から直接命じられたり、報告したりするときに限られていたのである。

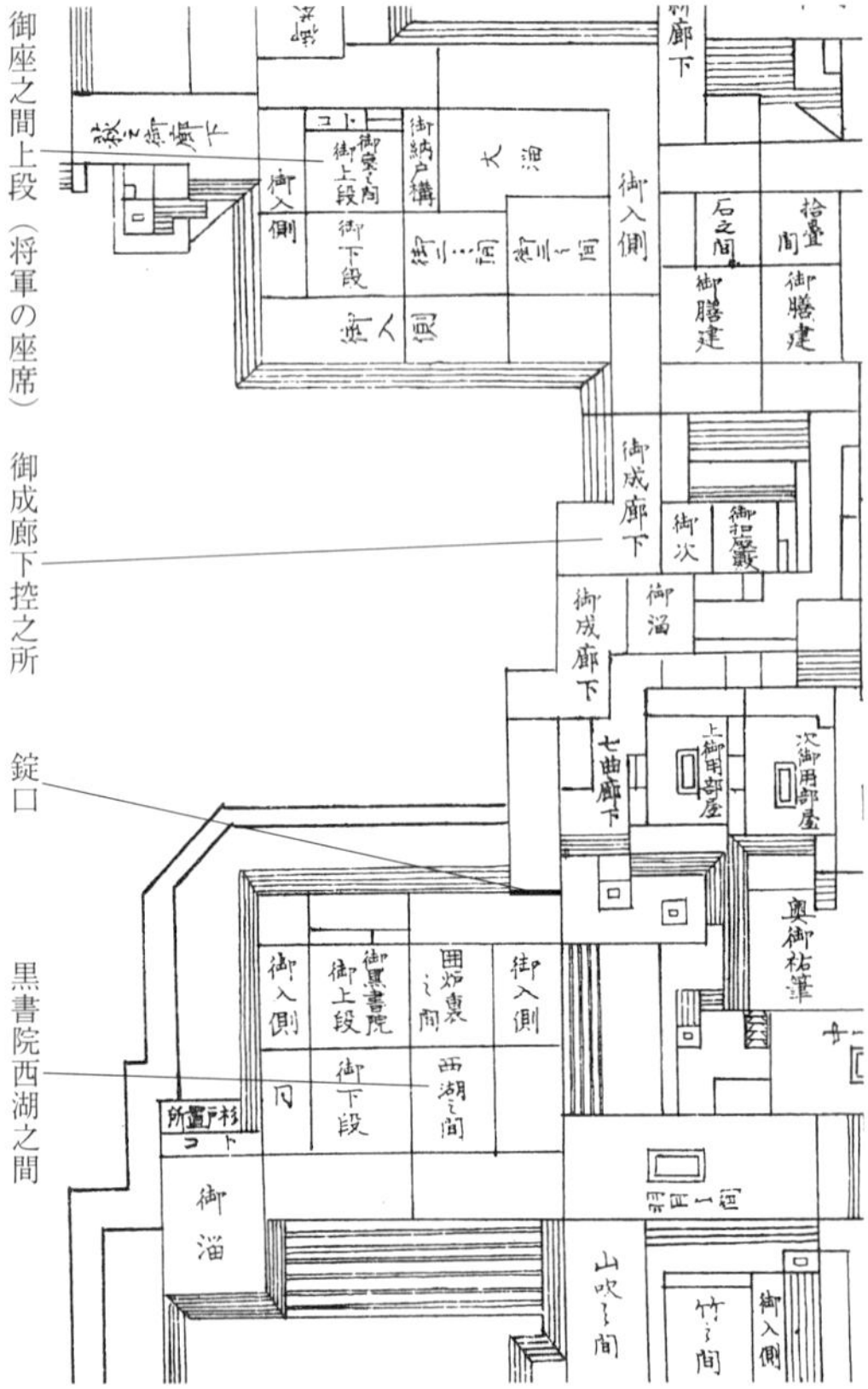

図42　御座之間・黒書院付近図
（「御本丸表中奥絵図」〔『徳川礼典録附図』所収〕により作成）

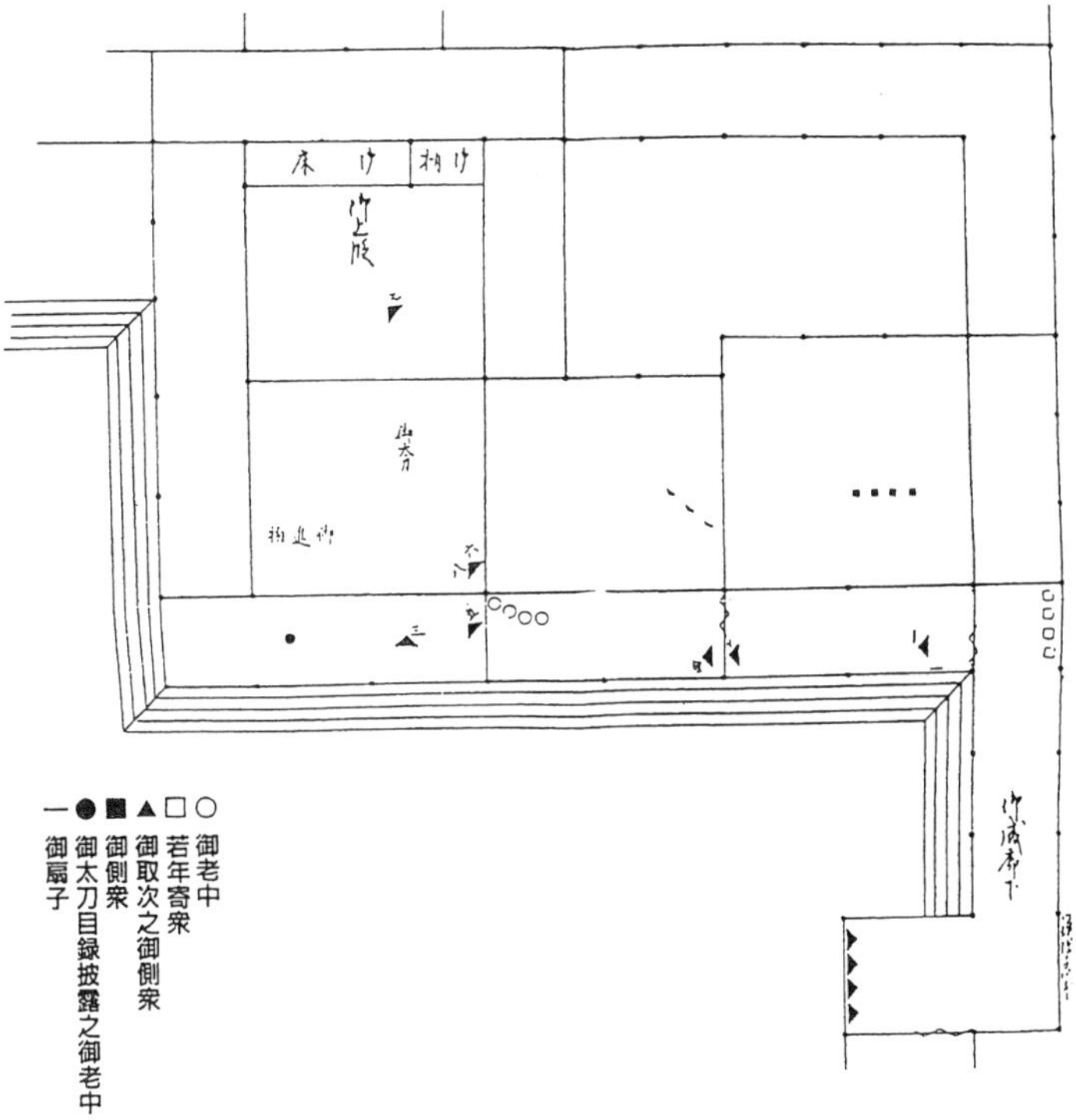

図 43　尾張藩主の御座之間での謁見
(「年中御登城之節之御式御席図」[徳川林政史研究所蔵] により作成)

表35　大岡忠相の御座之間での謁見

年・月・日	取り持ち者	謁　見　者
元文(1737) 2・5・4	側衆・加納久通	大岡ら寺社奉行3人
3・10・9	老中・松平乗邑	大岡、勘定奉行1人
5・3・2	側衆・加納久通	大岡ら寺社奉行3人
5・3・12	側衆・小笠原政登	大岡、大目付1人 町奉行1人、目付1人
寛保(1742) 2・4・24	老中・松平乗邑	大岡、大目付1人
2・5・12	側衆・小笠原政登	大岡ら寺社奉行4人
2・8・23	側衆・加納久通	大岡1人
3・閏4・3	側衆・小笠原政登	大岡ら寺社奉行4人
延享(1744) 元・3・14	〃	〃
元・12・22	〃	大岡ら寺社奉行3人
2・1・5	側衆・加納久通	大岡ら寺社奉行2人
2・3・18	老中・松平乗邑	大岡ら八講御用掛5人
2・4・7	側衆・加納久通	大岡ら寺社奉行4人
2・9・17	側衆・小笠原政登	大岡1人

註　深井雅海「『御目見え』から見た徳川吉宗と大岡忠相の関係」の表より引用。

では、尾張徳川家の当主が、参府御礼で江戸にやってきたときの謁見の状況を詳しくみてみよう。将軍の居住空間である「奥」へ入るには、厳重な手続きを必要とした。尾張家当主は、奏者番の案内により、黒書院西湖之間に着座する（以下図42参照）。しばらくして「表」と「奥」の境にある錠口が開くと、ここからは、若年寄が当主を「奥」へ案内する。つまり、大名も役人も、若年寄の案内がなければ「奥」へは入れなかったのである。

当主は御成廊下に控え（以下図43参照、▲印）、ついで三之間南入側（縁頬）の杉戸の内に着座し（一▲）、腰に差している扇子を抜き、障子際に置く。そして、二之間入側杉戸外（二▲）から下段入側二畳目へ出座し（三▲）、ここで、太刀目録（図の「御太刀」）を持ち出した老中（●印）が将軍に尾張家当主の官職名（たとえば中納言）を披露、当主は平伏のうえ二之間入側杉戸の内へ退座（四▲）、太刀目録は老中、進物は小納戸が下げる。ついで、老中の会釈を合図に、当主はふたたび下段入側二之間境の敷居内二畳目辺りへ出座（五▲）、平伏ののち下段敷居内へ入り着座（六▲）。このとき、老中は当主に代わって「御参府につき上使を進められ、今日御対顔、忝なく思し召す」旨を将軍に言上、将軍の上意ののち、当主は平伏したうえ将軍の側に出座（七▲）、将軍から直接熨斗鮑を受け取り帰座（八▲）。老中の取り合わせ、将軍の上意があり、平伏ののち退出した。このように、御三家の当主でさえ、将軍への直答は許されなかったのである。

つぎに、諸役人の謁見については、寺社奉行大岡忠相が御座之間で将軍吉宗に御目見えしたときの状況をみよう。現在残っている、吉宗時代後期の大岡の「公務日記」によると、大岡が職務に関し、将軍吉宗に謁見したのは七年間に一四回、少ないときは年一回、多いときでも年四回である（表35参照）。しかも、大岡一人で謁見したのは、七年間にわずか二回しかない。高級役人の大岡でさえ右のような状況であることは、御座之間で将軍に謁見するのがいかに難しいかを物語るものといえよう。

田沼時代への序曲—エピローグ

すでにみてきたごとく、五代綱吉《つなよし》から八代吉宗《よしむね》の時代は、主として、側用人《そばようにん》や御側《おそば》御用取次を中核とする側近政治が行われた。つまり、江戸城本丸御殿《ごてん》「表」の長官の老中に対し、側用人や御側御用取次は、将軍の執務・生活空間＝「奥」の長官であるので、将軍は彼らを手足として「奥」主導の政治（これを筆者は「奥政治」と呼んでいる）を行っていた。しかし、同じ「奥」主導の政治ではあっても、将軍によりその手法は異なる。すなわち、五代綱吉から七代家継《いえつぐ》時代の側用人は、老中上座、老中格という格式の高さゆえに、その取り次ぎ範囲は、主に将軍と老中・若年寄などの幕閣に限られていた。したがってこの時期の政治は、将軍の意向をうけた側用人が「老中政治」を主導するという体制で推進されていたのである。とくに、六代家宣《いえのぶ》〜七代家継時代の側用人間部詮房《まなべあきふさ》は、新井白石《あらいはくせき》や御用方右筆《ゆうひつ》の補佐をうけて、右の政治を強力に推し進めた。

ところが八代吉宗は、かかる側用人をいったん廃止し、その代わりに、旗本役の側衆のなかに御用取次を新設した。この御側御用取次は、将軍と幕閣との取り次ぎ役という立場は変わらなかったものの、格式を下げられたことにより、同じ旗本役の実務吏僚にも接触できるようになり、その取り次ぎ範囲が拡大した。そのため、かえって「老中政治」は形骸化したものとみられる。一方、年貢の徴収や財政運営を担う勘定所役人に、綱吉の神田《かんだ》系、家宣の桜田《さくらだ》系、吉宗の紀州《きしゅう》系の旧臣が組み込まれた結果、享保《きょうほう》中期には、勘定奉行・勘定吟味役・勘定組頭・勘定・代官などの役職は、彼らが四、五〇%以上を占めるようになった。ことに、紀州系の井沢為永《いざわためなが》は新田開発の実務責任者として活躍した。井沢が就職した享保七年（一七二二）の幕府領の石高《こくだか》は四〇四万石、年貢収納高は一四一万石、離職した元文《げんぶん》二年（一七三七）の石高は四五六万石、収納高は一六七万石、この間、石高は五二万石、収納高は二六万石の増加があったことになる。井沢を含めた勘定所役人の働きが大きかったことを物語る。かくして、吉宗の財政再建はある程度成功し、吉宗は延享《えんきょう》二年（一七四五）に隠居した（寛延四年〔一七五一〕に六八歳で没）。

しかし、こうした幕府領の石高、年貢収納高とも、吉宗が隠居する前年の延享元年をピーク（石高は四六三万石、収納高は一八〇万石）に下降線をたどる。したがって幕府は、以後年貢収入以外の新たな財源を求めざるをえなくなり、これは、次代の九代家重・一〇代家治の時期、つまり田沼時代に引き継がれたのである。

また、田沼意次《たぬまおきつぐ》の出頭は、人的な面でそれなりの必然性があった。その状況をみよう。吉宗が将軍家を相続した際、自己の側近役のみならず、長男の長福《ながとみ》（数え年で六歳、のちの九代将軍家重《いえしげ》）の側近にも紀州系幕臣を配置した。長福は享保元年八月、紀州藩の江戸赤坂《あかさか》屋敷より江戸城二の丸御殿に移っ

表36　紀州藩士の幕臣化後の役職
（長福〔家重〕側近）

	紀州藩時代		幕臣化後	
	職　名	人数	職　名	人数
長福（家重）御供	御用役（御守） 長福付御守	1 2	長福付御守	3
	小性	4	二の丸小性	4
	御伽	1	二の丸御伽	1
	御用達（小性頭） 御用達 奥頭役 物頭 近習番	1 2 2 1 5	二の丸小納戸	11
	長福付抱守 近習番	13 1	二の丸近習番	14
	医師	1	二の丸奥医	1

註　深井雅海『徳川将軍政治権力の研究』により作成。

た。そのとき長福に供奉した紀州藩士の幕臣化後の役職をみたのが、表36である。紀州藩士は、長福付御守・二の丸小性《こしょう》、二の丸御伽《おとぎ》・二の丸小納戸《こなんど》・二の丸近習番・二の丸奥医など、全員が長福の側近役に配置されていることがわかる。享保三年の『武鑑』によると、御付二人のうち二人、小性三人のうち三人、小納戸一一人のうち一一人、近習番一三人のうち一三人、つまり、長福の側近役全員が紀州藩出身幕臣であった。

かかる将軍と世子二代にわたる紀州系幕臣の側近役への配置が、その二代目も、将軍あるいは世子の側近に配するという傾向を生み、そのなかから、九代家重・一〇代家治《いえはる》時代に活躍する田沼意次と、彼を支える勘定奉行二人（石谷清昌《いしがやきよまさ》・安藤惟要《あんどうこれとし》）を出現させることになった。そして田沼は、御側御用取次・側用人を経て、側用人的性格を保持したまま老中に就任した。これは、本丸御殿の「奥」と「表」の両方を掌握したことを意味し、田沼はかかる強大な権力を背景に、重商主義的な積極政策を展開して、幕府財政の増収を図っていくのである。

参考文献

青木美智男『百姓一揆の時代』校倉書房、一九九九年
赤井達郎「元禄期の都市生活と民衆文化」『岩波講座日本歴史10　近世2』岩波書店、一九七五年
赤穂市総務部市史編さん室編『忠臣蔵』一巻、兵庫県赤穂市、一九八七年
朝尾直弘「将軍政治の権力構造」『岩波講座日本歴史10　近世2』岩波書店、一九七五年
朝倉治彦編『江戸方角安見図』東京堂出版、一九七五年
新井白石『折りたく柴の記』(中公クラシックス)桑原武夫訳、藤田覚解説、中央公論新社、二〇〇四年
池上彰彦「江戸火消制度の成立と展開」西山松之助編『江戸町人の研究』五巻、吉川弘文館、一九七八年
石井良助・服藤弘司編『幕末御触書集成』別巻　解題、岩波書店、一九九七年
泉井朝子「足高制に関する一考察」『学習院史学』二号、一九六五年
市岡正一『徳川盛世録』(東洋文庫)平凡社、一九八九年
大石慎三郎『享保改革の経済政策』増補版、御茶の水書房、一九六八年
大石慎三郎『元禄時代』(岩波新書)岩波書店、一九七〇年
大石慎三郎「〝相対済し令〟の成立と展開」学習院大学『経済論集』七巻二号・八巻一号、一九七一年
大石慎三郎「『大岡越前守忠相日記』とその史料価値についての若干の考察」『日本歴史』二八九号、一九七二年
大石慎三郎『大岡忠相』(岩波新書)岩波書店、一九七四年
大石学『享保改革の地域政策』吉川弘文館、一九九六年
大石学「享保改革の歴史的位置」藤田覚編『幕藩制改革の展開』山川出版社、二〇〇一年

大石　学「享保改革と社会変容」大石学編『日本の時代史16　享保改革と社会変容』吉川弘文館、二〇〇三年
大石　学『大岡忠相』（人物叢書）吉川弘文館、二〇〇六年
大岡家文書刊行会編『大岡越前守忠相日記』上・中・下巻、三一書房、一九七二―七五年
大舘右喜『幕藩制社会形成過程の研究』校倉書房、一九八七年
大野瑞男『江戸幕府財政史論』吉川弘文館、一九九六年
大野瑞男編『江戸幕府財政史料集成』上巻・下巻、吉川弘文館、二〇〇八年
岡崎寛徳『近世武家社会の儀礼と交際』校倉書房、二〇〇六年
小鹿島果編『日本災異志』五月書房、一九八二年
笠谷和比古『徳川吉宗』（筑摩新書）筑摩書房、一九九五年
笠谷和比古『近世武家文書の研究』法政大学出版局、一九九八年
金井圓校注『土芥寇讎記　史料叢書』新人物往来社、一九八五年
菊池勇夫『飢饉から読む近世社会』校倉書房、二〇〇三年
北区史編纂調査会編『北区史』通史編　近世、東京都北区、一九九六年
岐阜県池田町編『池田町史』史料編、池田町、一九七四年
旧事諮問会編、進士慶幹校注『旧事諮問録―江戸幕府役人の証言―』（上）・（下）（岩波文庫）岩波書店、一九八六年
茎田佳寿子『江戸幕府法の研究』巌南堂書店、一九八〇年
倉地克直『全集　日本の歴史十一巻　徳川社会のゆらぎ』小学館、二〇〇八年
黒板勝美・国史大系編修会編『新訂増補国史大系　徳川実紀』第五～九篇、吉川弘文館、一九六五―六六年
黒木　喬『明暦の大火』（講談社現代新書）講談社、一九七七年
黒木　喬「『明暦の大火』前後における屋敷移動」『地方史研究』一五五、一九七八年

ケイト・W・ナカイ、中井義幸「新井白石自筆『荻原重秀弾刻書』草稿」『史学雑誌』八九―一〇、一九八〇年
小早川欣吾『増補近世民事訴訟法の研究』名著普及会、一九八八年
斎木一馬・岩沢愿彦校訂『徳川諸家系譜』一巻、続群書類従完成会、一九七〇年
財団法人徳川記念財団編集図録『家康・吉宗・家達―転換期の徳川家―』財団法人徳川記念財団、二〇〇八年
斎藤純・吉武佳一郎「百姓一揆」青木美智男他編『一揆』二巻「一揆の歴史」東京大学出版会、一九八一年
佐藤豊三「将軍家『御成』について（八）」『金鯱叢書』十一輯、一九八四年
静岡県小山町史編さん専門委員会編『小山町史』七巻　近世通史編、小山町、一九九八年
杣田善雄『幕藩権力と寺院・門跡』思文閣出版、二〇〇三年
高塩　博「『公事方御定書』下巻の伝本と呼称について」藤田覚編『近世法の再検討―歴史学と法史学の対話』山川出版社、二〇〇五年
高埜利彦『日本の歴史13　元禄・享保の時代』集英社、一九九二年
高埜利彦「一八世紀前半の日本―泰平のなかの転換」『岩波講座日本通史　第13巻　近世3』岩波書店、一九九四年
高埜利彦「元禄の社会と文化」高埜利彦編『日本の時代史15　元禄の社会と文化』吉川弘文館、二〇〇三年
高柳真三・石井良助編『御触書寛保集成』岩波書店、一九三四年
高柳光寿監修『新訂・寛政重修諸家譜』全二六冊、続群書類従完成会、一九六四―六七年
竹内　誠『大系日本の歴史10　江戸と大坂』（小学館ライブラリー）小学館、一九九三年
田中暁龍「京都所司代土屋政直と貞享期の朝幕関係」『近世前期朝幕関係の研究』吉川弘文館、二〇一一年
玉井哲雄「改造プランと現実」『週刊朝日百科　日本の歴史72　近世Ⅰ　江戸の都市計画』朝日新聞社、一九八七年
塚本　学『生類をめぐる政治―元禄のフォークロア』平凡社、一九八三年
塚本　学『徳川綱吉』（人物叢書）吉川弘文館、一九九八年

辻　達也『享保改革の研究』創文社、一九六三年
辻　達也『徳川吉宗』（人物叢書）吉川弘文館、一九五八年
土屋喬雄・山口和雄監修、日本銀行調査局編『図録　日本の貨幣3　近世幣制の展開』東洋経済新報社、一九七四年
東京大学地震研究所編『新収日本地震史料』二巻別巻・三巻別巻、東京大学地震研究所、一九八二・八三年
東京百年史編集委員会編『東京百年史』一巻、東京都、一九七三年
徳川林政史研究所監修『江戸時代の古文書を読む　元禄時代』東京堂出版、二〇〇二年
徳川林政史研究所監修『江戸時代の古文書を読む　享保の改革』東京堂出版、二〇〇四年
所　理喜夫『徳川将軍権力の構造』吉川弘文館、一九八四年
永島今四郎・太田贇雄『千代田城大奥』（明治百年史叢書168）原書房、一九七一年復刻
夏目琢史「『御意之振』にみる綱吉の政治と朝幕関係」財団法人徳川記念財団・東京都江戸東京博物館編集図録『将軍綱吉と元禄の世―泰平のなかの転換―』財団法人徳川記念財団、二〇〇九年
根崎光男『生類憐みの世界』同成社、二〇〇六年
野中和夫編『江戸の自然災害』同成社、二〇一〇年
橋本政宣編『近世武家官位の研究』続群書類従完成会、一九九九年
畑　尚子『江戸奥女中物語』（講談社現代新書）講談社、二〇〇一年
林　由紀子『近世服忌令の研究―幕藩制国家の喪と穢―』清文堂出版、一九九八年
林　玲子『江戸と上方　人・モノ・カネ・情報』吉川弘文館、二〇〇一年
林　玲子編『日本の近世　5商人の活動』中央公論社、一九九二年
葉山禎作編『日本の近世　4生産の技術』中央公論社、一九九二年
深井雅海「元禄期旗本知行割替の一考察」『徳川林政史研究所研究紀要』昭和四九年度、一九七五年

深井雅海『徳川将軍政治権力の研究』吉川弘文館、一九九一年
深井雅海『江戸城御庭番―徳川将軍の耳と目』（中公新書）中央公論社、一九九二年
深井雅海「江戸城本丸御殿図に見る中奥・表向・大奥―その変遷を中心に―（上）（中）（下）（下の二）」『徳川林政史研究所研究紀要』二七〜三〇号、一九九三―九六年
深井雅海「将軍側近役の範囲について」『日本歴史』五四九号、一九九四年
深井雅海「東京国立博物館所蔵『館林様分限帳』について」大石慎三郎編『近世日本の文化と社会』雄山閣出版、一九九五年
深井雅海『図解・江戸城をよむ』原書房、一九九七年
深井雅海「『御目見え』から見た徳川吉宗と大岡忠相の関係」『日本歴史』六〇〇号、一九九八年
深井雅海「法令の伝達と将軍吉宗の主導」『徳川林政史研究所研究紀要』三九号、二〇〇五年
深井雅海「享保期武家諸法度の成立・伝達過程」『栃木史学』二〇号、二〇〇六年
深井雅海『江戸城―本丸御殿と幕府政治』（中公新書）中央公論新社、二〇〇八年
深井雅海編『江戸時代武家行事儀礼図譜』全八冊、東洋書林、二〇〇一―〇二年
深井雅海・藤實久美子編『江戸幕府役職武鑑編年集成』全三六冊、東洋書林、一九九六―九九年
福田千鶴『酒井忠清』（人物叢書）吉川弘文館、二〇〇〇年
福田千鶴『徳川綱吉―犬を愛護した江戸幕府五代将軍』（日本史リブレット）山川出版社、二〇一〇年
福留真紀『徳川将軍側近の研究』校倉書房、二〇〇六年
藤井譲治『幕藩領主の権力構造』岩波書店、二〇〇二年
藤田　覚「元禄期幕府財政の新史料」『史学雑誌』九〇―一〇、一九八一年
藤田　覚「近世幕政文書の史料学的考察―付札・書取・承付を中心に―」『古文書研究』三三、一九九〇年

藤田　覚「江戸時代前期の幕領石高・年貢量に関する新史料」『史学雑誌』一〇四―一〇、一九九五年
藤田　覚『近世の三大改革』（日本史リブレット）山川出版社、二〇〇二年
藤野　保『新訂　幕藩体制史の研究』吉川弘文館、一九七五年
堀田正久『堀田家三代記』新潮社、一九八五年
堀　　新「岡山藩と武家官位」『史観』一三三、一九九五年
本間修平「徳川幕府奥右筆の史的考察」服藤弘司・小山貞夫編『法と権力の史的考察』創文社、一九七七年
松尾美恵子「大名の殿席と家格」『徳川林政史研究所研究紀要』昭和五五年度、一九八一年
松尾美恵子「享保の時代」林英夫編『古文書の語る日本史』七巻、筑摩書房、一九八九年
松尾美恵子「富士山噴火と浅間山噴火」大石学編『日本の時代史16　享保改革と社会変容』吉川弘文館、二〇〇三年
松尾美恵子監修『学習院大学図書館所蔵丹鶴城旧蔵幕府史料』一巻、ゆまに書房、二〇〇七年
間宮　暁「江戸幕府『相之間番』について」『橋本歴史研究会報』一四三、二〇一〇年
宮川葉子校訂『史料纂集　楽只堂年録』一巻、八木書店、二〇一一年
宮崎勝美「江戸の武家屋敷地」高橋康夫・吉田伸之編『日本都市史入門Ⅰ　空間』東京大学出版会、一九八九年
宮崎道生『新井白石』（人物叢書）吉川弘文館、一九八九年
村井淳志『勘定奉行荻原重秀の生涯―新井白石が嫉妬した天才経済官僚』（集英社新書）集英社、二〇〇七年
室　鳩巣「兼山秘策」『日本経済大典』六巻、史誌出版社、一九二八年
森　杉夫「代官所機構の改革をめぐって」『大阪府立大学紀要』十三、一九六〇年
山梨県編『山梨県史』資料編8　近世1、山梨県、一九九八年
山本博文『江戸時代の国家・法・社会』校倉書房、二〇〇四年

略年表

西暦	和暦	事項
一六四三	寛永二〇	3・10 幕府、田畑の永代売買を禁ずる。9・27 幕府、大名火消の制を定める。
一六四四	正保 元	12・25 幕府、国絵図・郷村高帳の作成を命ずる。
一六四六	三	1・8 徳川徳松（のちの綱吉）が三代将軍家光第四子として誕生（母は桂昌院、幼名徳松）。
一六五一	慶安 四	4・3 徳松と兄長松（のちの綱重）、賄料一五万石を与えられる。4・20 三代将軍、徳川家光死去。7・23 由井正雪らの陰謀が露見（慶安事件）。8・18 徳川家綱に将軍宣下、四代将軍となる。
一六五三	承応 二	閏6・27 幕府、秤座を設置。8・12 将軍家綱、右大臣となる。8・19 徳松、元服し綱吉と改名、従三位左近衛中将・右馬頭に叙任。9・28 琉球使節（慶賀使）、家綱に謁見。
一六五四	三	6・20 幕府、玉川上水完成につき賞賜。
一六五五	明暦 元	10・8 朝鮮通信使、家綱に謁見。
一六五七	三	1・18～20 明暦の大火（振袖火事）により江戸の六割が焼失、江戸城も天守閣・本丸・二の丸・三の丸が焼失、死者一〇万人。1・27 幕府、防火対策中心の都市改造計画のため、正確な実測江戸地図作成を命ずる。9・28 綱吉、明暦の大火により神田御殿に移る。
一六五八	万治 元	9・8 江戸に定火消（四組）が創設される。
一六五九	二	8・3 本丸御殿が再建される。9・5 家綱が本丸へ移る。
一六六〇	三	7・3 牧野成貞、綱吉に勤仕するようになる。
一六六一	寛文 元	1・15 京都大火、禁裏炎上。閏8・9 徳川綱重、甲斐国甲府二五万石の藩主、綱吉、上野国館林二五万石の藩主となる。（～一六八〇）寛文延宝期、畿内で小農生産が成立。
一六六二	二	4・25 徳川綱豊（のちの家宣、幼名虎松）、徳川綱重の子として誕生。

西暦	和暦	事項
一六六四	四	4～8月 幕府、諸大名への寛文印知。
一六七一	一一	7・28 琉球使節（謝恩使）、家綱に謁見。7月 河村瑞賢が東回り航路開通に成功。10月 幕府、宗門人別改帳の作成を命じる。
一六七二	一二	閏6・25 幕府、長崎奉行に海外渡航の禁、キリシタン禁制を下令。7月 河村瑞賢が西回り航路開通に成功。寛文年中、樽廻船始まる。
一六七三	延宝 元	5・9 京都大火、禁裏炎上。5・25 イギリス船リターン号が長崎に来航し、通商復活を要求。この年、江戸で初代市川団十郎が『四天王稚立』（荒事）に出演。同年、山鹿素行の『武家事紀』成る。
一六七四	二	4・10～11 京都大風雨。この年、各地で風水害。また、役者評判記『野郎評判蚰蜒』が刊行される。関孝和の『発微算法』、北村季吟の『枕草子春曙抄』成る。
一六七五	三	この年、諸国飢饉。
一六七八	六	9・14 徳川綱重死去。10・16 幕府、館林藩主徳川綱吉の家老大久保正朝を処罰。11・7 幕府、甲府藩主徳川綱豊の家老新見正信らを処罰。この年、大坂で初代坂田藤十郎が歌舞伎『夕霧名残の正月』に出演。
一六七九	七	7・10 堀田正俊、老中となる。10・19 越後高田藩での御家騒動により家臣が処分される。
一六八〇	八	5・6 綱吉、将軍家綱の養子となる。5・7 綱吉、正二位権大納言に叙任。5・8 家綱死去。5・26 上野寛永寺で家綱葬儀。7・10 牧野成貞ら神田御殿家臣の十数名が幕臣となる。7・21～23 代替わりの祝儀。8・18 神田御殿勘定頭石原政勝・留守居山口光久、小納戸になる。8・23 綱吉に将軍宣下、五代将軍となる。閏8・3 代官の服務規程七か条布達。11・3 神田御殿の小性組組頭美濃部貞恒、小性組番士柳沢保明（吉保）ら五名が小納戸になる。12・9 大老酒井忠清免職。この年、貝原益軒『本草綱目和名目録』を作成。

一六八一	天和 元	1・12 幕府、評定所規則を定める。2・7 綱吉、護国寺の創建を命ずる。2・18 綱吉、勘定役に、全代官の年貢未進会計調査を命ずる。6・21～26 綱吉、越後高田藩の御家騒動を再審理のうえ親裁、藩主松平光長を改易。8・22 奥右筆を新設。12・11 牧野成貞、綱吉の側用人となり、老中の堀田正俊が大老となる。天和期、東海地方で農書「百姓伝記」が著される。
一六八二	二	3・13 幕府、不正代官を処罰、以後多数の代官・元代官が処分される。4・11 琉球使節（慶賀使）、綱吉に謁見。4・22 寛文の役料制を廃止。6・14 勘定吟味役を新設。7・28 木下順庵を幕府儒者に任ずる。8・27 朝鮮通信使、綱吉に謁見。10月 井原西鶴『好色一代男』刊行。この年、出雲地方で岸崎佐久治が農書「田法記」を著す。
一六八三	三	5月 三井高利が江戸に両替見世を設ける。閏5・28 綱吉嫡子徳松、死去。6・19 西の丸側衆と徒・坊主を除く神田御殿家臣団が無役の小普請に組み入れられる。7・25 幕府、武家諸法度を改訂、末期養子に関する条文を加える。8月 対馬藩、朝鮮と癸亥条約を締結。
一六八四	貞享 元	2・30「服忌令」を御三家と甲府家（徳川綱豊）に伝達。3・1～2「服忌令」を諸大名と旗本に伝達。3・3 宣明暦を大統暦に改める。3月 会津地方で佐瀬与治右衛門が「会津農書」を著す。4月 間部詮房、桜田御殿に出仕、徳川綱豊（家宣）の小性となる。6月 東大寺大喜院僧の公慶が大仏殿再興の勧進を開始。8・28 大老堀田正俊が江戸城本丸御殿で、若年寄稲葉正休に刺殺される。10・21 徳川源六（頼方、吉宗）が紀州和歌山藩主徳川光貞の四男として誕生。11・13 幕府、諸大名に判物・朱印状を下賜。12・1 幕府、渋川春海を初代天文方に任じる。12・26 幕府、長崎貿易の市法商法を廃止し、糸割符制度を再興する。
一六八五	二	正月 井原西鶴『西鶴諸国ばなし』刊行。3・26 幕府、住吉具慶を御用絵師に任じる。7月 最初の生類憐みの令が発令される。9月 馬の筋のべの禁止。11月 幕府台所での鳥類・貝類・海老の使用禁止。
一六八六	三	6・18 幕府、寺社に朱印状を下賜（四六四九通）。6月 井原西鶴『好色一代女』刊行。秋、三井高利が京都に両替店を設ける。

西暦	和暦	事項
一六八七	四	2月 幕府、江戸町中の飼犬の数・毛色などを帳簿に記載するよう命ずる。4月 捨子養育などの趣旨を掲げた生類憐みの令が出される。6・21 綱吉、再度勘定組頭に総代官の会計監査を命ずる。11月 幕府、勘定組頭・代官に年貢勘定・諸普請などに関する二一か条の条目を下す。この年、『大学或問』を著した熊沢蕃山が処罰される。
一六八八	元禄元	正月 井原西鶴『日本永代蔵』刊行。11・12 柳沢保明（吉保）、若年寄上座の側用人となる。この年、幕府、長崎来航の中国船の船数を七〇隻に制限。また、幕府は大坂堂島を開発。（～一七〇三）元禄年間、紀伊の大畑才蔵が農書「地方の聞書」を著す。
一六八九	二	3・2 奥御詰衆に大名五人が初めて任命される（綱吉政権期のみの職）。3月 松尾芭蕉、「おくのほそ道」の旅に出立。10・26 幕府、奥右筆組頭を創置。この年から元禄五年にかけて役料制の再開（元禄の役料制）。
一六九〇	三	12・22 湯島孔子廟、落成。この年、三井高利が大坂高麗橋一丁目に呉服店と両替店を開く。同年、幕府が江戸の両替町・駿河町の両替商に、大坂金蔵にある金銀の為替手形による送金御用を命じる。
一六九一	四	2月 東大寺大仏の補修事業完成。3・22 綱吉、柳沢保明（吉保）邸へ初めての御成（生涯で五八回、柳沢邸へ御成）。5・9 幕府、住友友芳に伊予国別子銅山の採掘を許可。
一六九二	五	正月 井原西鶴『世間胸算用』刊行。3・8 東大寺大仏殿仮殿建設、大仏開眼供養。
一六九三	六	10・15 御三家および甲府の徳川綱豊、鷹場を返上。12・16 新井白石、師の木下順庵の推挙により、甲府藩主徳川綱豊の侍講となる。
一六九四	七	9月 関東一〇か国の幕領村を勘定役が検分。12・9 柳沢保明（吉保）が老中格となる。この年、井原西鶴『西鶴織留』刊行。
一六九五	八	2・21 幕府、関東郡代管轄の関東幕領の検地を酒井忠挙らに命ずる。3月 西川如見『華夷通

一六九六	九	商考』刊行。8月 幕府、長崎貿易の定額超過分の銅支払いを許可。9・18 綱吉、知足院を護持院と改称、僧隆光を大僧正、真言新義の僧録に任じる。9月 勘定吟味役荻原重秀を所管として貨幣改鋳を執行。11・29 牧野成貞、隠居。11月 中野に一六万坪の犬小屋完成。
一六九七	一〇	1・15 京都・大坂の町奉行を増員。4・11 荻原重秀を勘定頭に任じる。4・26 幕府、古金銀の通用期限を示し、新貨への交換を命ずる。7・26「御蔵米地方直し令」(元禄の地方直し)が出される。7月 宮崎安貞が「農業全書」を著し、刊行される。この年、江戸で市川団十郎が『兵根元曾我』を上演。
一六九八	一一	3・9 河村瑞賢、旗本になる。7・12「御蔵米地方直し」執行担当者褒賞。7・21 柳沢保明(吉保)、少将に任ぜられ大老格となる。11・11 美作国津山藩で一揆が起こる。12月 幕府、二〇年以上の小作地を永小作とし、奉公人の年季制限を撤廃する。
一六九九	一二	6・28 幕府、長崎奉行を増員し四名とする。10・23 幕府、大奥に倹約令を出す。12・21 幕府、勘定吟味役を廃止(正徳二年まで)。
一七〇〇	一三	11・8 幕府、九〇年ぶりに公定相場を金貨一両＝銀貨六〇匁に改定。11・21 綱吉、元禄六年開講の『易経』講義(二四〇回)を終了。この年、幕府、長崎来航のオランダ船翌年より四、五艘と定める。
一七〇一	一四	3・14 江戸城本丸御殿の松之大廊下で浅野長矩が吉良義央を斬りつける(赤穂事件)。この年、幕府、銀座加役として銅座を設置。
一七〇二	一五	閏8月 相対済し令が出される。11・28 幕府、堺奉行を再設置。12・15 赤穂浪士四七士、吉良邸に討ち入り。
一七〇三	一六	2・4 赤穂浪士四六士、切腹。吉良家改易。11・23 伊豆大島近海震源の元禄大地震発生。
一七〇四	宝永 元	1～3月 浅間山噴火。12・5 徳川綱豊、将軍綱吉の養嗣子となり、江戸城西の丸に移り諱を家宣に改める。12月 新井白石、幕臣となり、「寄合」(無役)のまま家宣へ進講を行う。この年、向井去来『去来抄』成る。

西暦	和暦	事項
一七〇五	二	1・7 幕府、間部詮房を西の丸側衆とする。4〜8月 御蔭参り流行。10・6 徳川頼方、紀州和歌山藩主となる。12・1 徳川頼方、諱を吉宗に改める。
一七〇六	三	2・18 近衛基熙、幕府の招請により下向。この年、赤穂浪士討ち入りを題材とした人形浄瑠璃『碁盤太平記』(近松門左衛門作)が竹本座で上演される。
一七〇七	四	10・4 宝永大地震発生、大坂近辺の被害大。11・23 富士山噴火、武蔵・相模・駿河の被害甚大。
一七〇八	五	閏1・7 幕府、富士山噴火による降灰地救済のため、全国に国役金賦課。3・8 京都大火、禁裏・仙洞御所など炎上。この年、東大寺大仏殿完成。
一七〇九	六	1・10 綱吉死去。1・20 生類憐みの令の停止。1月、常陸国水戸藩で一揆が起こり、宝永の藩政改革中止。2・30 大赦。3・25 家宣の側用人間部詮房直属の「御用方右筆」を新設。4・2〜5 代替わり御礼の式。4・16 間部詮房、老中格の側用人となる。5・1 家宣に将軍宣下、六代将軍となる。6・3 柳沢吉保、側用人を辞任。11月 新井白石、本丸御殿中之口に部屋を与えられる。この年、家宣、側用人の間部詮房らに本丸・大奥普請御用を命じる。
一七一〇	七	4・15 改定武家諸法度の発布(新井白石起草)。4月 近衛基熙、江戸に招かれ、正徳二年四月まで神田御殿に滞在。4月 宝永金銀発行、銭相場急騰。8月 閑院宮家創設。11・18 琉球使節、江戸城本丸御殿の大広間にて将軍家宣に謁見。11月 中御門天皇の即位式、元服式が行われる。12月 公家の久我通名の子堀川広益が旗本に取り立てられ、家宣の御側高家に任命される。
一七一一	正徳元	3・25 幕府、三宅観瀾・室鳩巣を儒者として任用。11・1 朝鮮通信使、家宣の将軍襲職慶賀のため来日、謁見。
一七一二	二	7・1 勘定吟味役を再置。8・16 全国の幕府領一〇か所に御料巡見使が派遣される。9・10

		新井白石、間部詮房へ「荻原重秀弾劾書」を提出。9・11 勘定奉行荻原重秀、罷免。9月 新井白石の意見により、幕府、評定所改革を開始、奉行へ訓戒状を出す。10・7 加賀国大聖寺藩で一揆が起こる。10・13 家宣死去。12・18 代替わり御礼が行われ、家宣の子鍋松（数え四歳）を家継と称する。この年、伊藤仁斎の『論語古義』が刊行される。
一七一三	三	3・24 幕府、長崎奉行を減員、三人制とする。3・26 家継元服。4・2 家継に将軍宣下、七代将軍となる。4・23 幕府、代官に一三か条の法令を出し、小検見や大庄屋制の廃止を命ずる。閏5・15 本所～麻布あたりの代官支配地内の町屋二五九町を町奉行支配に編入し、大江戸九三三町（千住から品川まで）となる。6月 新井白石、間部詮房に「改貨議」を上申。9・26 荻原重秀死去。この年、貝原益軒の『養生訓』成る。
一七一四	四	3・5 大奥で絵島事件が起こる。5・15 正徳金銀貨の鋳造発行を通達。9月 銭貨鋳造。12・2 琉球使節（恩謝使）、家継に謁見。
一七一五	五	1・11「海舶互市新例」が発令され、長崎貿易が制限される。5・20 東山天皇第三子の公寛法親王、日光門主・寛永寺住持に就任。
一七一六	享保元	4・30 将軍家継、死去。吉宗、将軍家を相続。5・16 吉宗、間部詮房、本多忠良、新井白石らを解任。同日、吉宗、大名役の側用人を廃止。旗本役側衆のなかに御用取次を新設し、有馬氏倫・加納久通らを任命。7・1 享保に改称。7月 代官に政務精勤を命じる。8・13 吉宗に将軍宣下、八代将軍となる。9・11 幕府、鷹場を復活。
一七一七	二	2・3 大岡忠相、江戸の町奉行に任命される。3・11 幕府、武家諸法度を天和令に復す。3・12 諸士法度を布令。6・28 幕府、通信使の待遇を天和の例に復す。この年、幕府、大名に藩邸周辺の火災には消火に出動するよう義務づける（近所火消）。同年、幕府、長崎の中国貿易額を増額。
一七一八	三	10月 大岡忠相、各町に町火消を設置。11・13 琉球使節（慶賀使）、吉宗に謁見。
一七一九	四	1・15 幕府、松前矩広を万石以上に列し、蝦夷地の渡海・通商に関する条規を定める。4・

西暦	和暦	事項
		14 幕府、江戸町奉行を二名に減らす。5・27 吉宗、諸役人・諸番頭に諸法度・諸制度の見直しを指示。9月 吉宗、勘定奉行に代官の所替えや新規任命を指示。11月 幕府、相対済し令を発令。この年、本所・深川が町奉行支配となる。同年、幕府、長崎の中国貿易額を減額。
一七二〇	五	1・26 吉宗、寺社奉行・町奉行・勘定奉行の三奉行に、刑罰基準を定めるよう命ずる（公事方御定書の淵源）。8月 町火消組合の再編成が行われ、四七組となる。11・26 陸奥国会津郡南山の幕領にて御蔵入一揆が起こる。12月 幕府、オランダ船の貿易額を減額。（〜六年頃）、吉宗、江戸の飛鳥山に桜を一二〇〇本ほど植樹。
一七二一	六	2・28 吉宗、オランダ商館長を接見。2月 田中丘隅の『民間省要』成る。4・4 吉宗、江戸城吹上の庭で、寺社奉行・町奉行・勘定奉行による裁判を見学。6・21 幕府、大名と旗本に田畑の面積と人口調査を命ずる。閏7月 勘定方を公事方と勝手方に分ける。8・2 目安箱が評定所門前腰掛の上に設置される。8・17 幕府、小石川薬園設置。9・15 吉宗、荻生徂徠に『六諭衍義』の和訳を命じる。9月 幕府、三都の金銀引替所を廃し、金座・銀座のみの引き替えとする。この年、西川如見『百姓嚢』と、山崎闇斎『垂加草』成る。
一七二二	七	4・6 幕府、質流地禁止令を出す。5・15 老中水野忠之が勝手掛となる。6月 大岡忠相、関東の代官を指揮する「地方御用」を勤める（以後二四年間）。7・3「上米の制」の開始。7・26 幕府、日本橋に新田開発奨励の高札を立てる。8月 吉宗、紀州藩より治水技術専門家の井沢弥惣兵衛為永を「在方御普請御用」に取り立てる。12・4 幕府、小石川薬園内に養生所を設置。この年、幕府、定免法と有毛検見法を施行。同年、町火消に武家屋敷の消火活動を認める。
一七二三	八	6・18 足高の制を制定、人材登用をはかる。7月 勘定所吏僚の定員を定め、勘定奉行による一元的代官統制を実現する。8・26 幕府、質流地禁止令を撤廃。11月 幕府、全代官の負金の

		書き出しと年賦返済を命ずる。この年、幕府、元禄以降発行の金銀貨の通用停止を命ずる。
一七二四	九	2・15 米価下落のため、酒・酢・醤油・味噌などの物価引き下げ令が出される。3・21 大坂大火、市街の大半（四〇八町）が焼ける。7・4 幕府、甲府勤番を創置。この月、幕府、浅草蔵前の札差を一〇九人とする。
一七二五	一〇	7・1 幕府、代官に武蔵国多摩・高麗両郡の開墾を命じる。9・10月 代官所経費の財源を口米支給から、必要経費別途支給方法に改める。10・6 幕府、享保大判を新鋳。11・25 井沢弥惣兵衛為永、勘定吟味役格に昇進（一六年10・5本役）。
一七二六	一一	2月 お庭番を設置。6・7 幕府、大坂の懐徳堂を公許する。8月 幕府、新田検地条目三一ヵ条を定める。12月 津山藩で、山中百姓一揆起こる。この年、人口の全国調査が行われる（以後、六年ごとに弘化三年まで行われる）。
一七二七	一二	6月 井沢弥惣兵衛為永、新田開発政策実務責任者となる。この年、武蔵国見沼溜井新田が干拓される。
一七二八	一三	2月 武蔵国見沼用水路が完成。春、下総国飯沼新田が完成。
一七二九	一四	8月 蓑笠之助正高、大岡忠相配下となる。12月 相対済し令廃止。この年、中川の大改修。同年、岩代国信夫・伊達郡の幕府領で強訴・一揆。
一七三〇	一五	1・5 四七の町火消組合を大組一〇組に改正。1・14 幕府、宝永金の再通用を認める。3・1 田中休蔵善乗（田中喜古〔休隅〕の子）、支配勘定格になる。4・15 幕府、上米の制を停止し、参勤交代を旧に復する。6・12 幕府、老中水野忠之を免職。8月 幕府、諸大名に囲米を命ずる。11・10 吉宗、次男宗武に田安邸を与える（田安家創設）。
一七三一	一六	2・28 幕府、米価下落のため3か年の倹約令を出す。6・24 幕府、大坂の富商に買米を命ずる。
一七三二	一七	5・25 吉宗、名古屋藩主徳川宗春の奢侈を叱責。6月 上坂安左衛門政形が代官となり、武蔵野新田の支配にあたる。7～8月 九州にいなご・うんか発生、九州・西国で大凶作となる。

西暦	和暦	事項
		餓死人一万二一七二人以上（享保の大飢饉）。
一七三三	一八	1月 米価高騰、幕府、江戸町民に施米を行う。同月、建部賢弘・中根元圭、『暦算全書』を校訂する。
一七三四	一九	8・26 幕領の一揆に隣接藩の出兵を認める軍役動員令が発布される。この年、蓑笠之助正高、農書『農家慣行』を著し、支配村に配布、読み聞かせを行う。
一七三五	二〇	2月 青木昆陽の『蕃薯考』が刊行、頒布される。10・4 幕府、米価下落のため、諸国払米の買値を定める。11~12月 幕府、米価を引き上げる。
一七三六	元文 元	5・12 元文の貨幣改鋳が行われる。6月 貨幣改鋳により金公事が増加、金公事を月2回に制限。また、幕府、銅産出減少のため、長崎来航の中国船を年間二五艘に限定。8・12 大岡忠相、寺社奉行となる。
一七三七	二	2月 中御門天皇の第二子公遵法親王、輪王寺宮法嗣として関東下向。3月 桜の名所の江戸飛鳥山一万六五〇〇坪、幕府に収公。6・1 勘定吟味役の神尾春央が勘定奉行に就任、年貢増徴策を推進。6・14 松平乗邑、勝手掛老中となる。閏11・9 幕府、御定書の編纂を開始。12月 治水技術専門家の井沢弥惣兵衛為永、病のため勘定吟味役を免職。
一七三八	三	3・21 幕府、諸役人の足高を規定。12・16 但馬国生野銀山一揆が起こる。
一七三九	四	1・12 吉宗、名古屋藩主徳川宗春に蟄居を命ずる。2・8 田中休蔵善乗・蓑笠之助正高、代官となる。2・20 鳥取藩で因伯一揆起こる。3・8 青木昆陽、幕臣に取り立てられる。5月 陸奥・安房はじめ諸国沿岸に異国船出没。6・8 幕府、沿岸の諸大名・代官に、異国船来航時の対処方を示す。この年、石田梅岩が『都鄙問答』を刊行。
一七四〇	五	5・11 幕府、防火対策のため、三二大名に藩邸の瓦屋改修を命じる。11・18 吉宗、四男宗尹に一橋門内に宅地を与える（一橋家創始）。

一七四二	寛保 二	4月「公事方御定書」が完成する。7・5 幕府、『御触書集成』の編纂開始。7・28～8・1 台風により畿内で大水害。8・1～2 関八州・北国筋で大洪水。9・1 被害調査にお庭番を関東五カ国へ派遣。10・6 一〇名の大名に、利根川・渡良瀬川・鬼怒川など河川の手伝い普請を命ずる。11月 幕府、産銅不足のため長崎貿易額を半減。
一七四三	三	11・17 幕府、勘定所の勝手方・公事方の職掌を定める。
一七四四	延享 元	6月 幕府、田畑永代売買禁令を緩和し、罰則を軽減。9・12 幕府、米価引き上げのため、江戸・大坂町人に買米を命ずる。11月 吉宗に、「御触書寛保集成」が提出される。この年、江戸時代最高の年貢収納高となる。
一七四五	二	9・1 吉宗、家督を家重に譲る。10・9 老中松平乗邑を罷免。11・2 家重、将軍宣下を受け、九代将軍となる。閏12 寺社門前地四四〇か所、境内二二七町が町奉行支配に組み込まれ、江戸の総町数一六七八町に達する。
一七四六	三	3・21 幕府、武家諸法度を頒布。10・11～12 幕府、領知判物・朱印状を下賜。
一七四七	四	1・23 幕府、天文方の渋川則休・西川正休らに貞享暦の改正を命じる。4・16 江戸城二の丸御殿炎上。町火消が江戸城内に入ることを許可。9・15 田沼意次、小性組番頭格御用取次見習となる。11月 幕府、江戸札差を九組とする。この年、幕府、半田銀山を幕領に編入。
一七四八	寛延 元	6・1 朝鮮通信使、家重に謁見。8月 大坂竹本座で、二代目竹田出雲・三好松洛・並木千柳合作の人形浄瑠璃「仮名手本忠臣蔵」が上演され大成功を収める。その後、歌舞伎「仮名手本忠臣蔵」が初演。閏10・1 大岡忠相、将軍家重より大名に取り立てられ、奏者番に任命される。
一七四九	二	1月 幕府、長崎貿易の中国船を一五隻に増加する。5月 幕府、定免制の全面施行を令す。
一七五〇	三	10・1 幕府、老中堀田正亮を勝手掛に任じる。
一七五一	四	6・20 吉宗死去。10・27 宝暦に改元。12・19 大岡忠相死去。

あとがき

綱吉〜吉宗時代の通史を執筆するように、というお話を本シリーズの企画編集委員である藤田覚氏からいただいたときまず思ったのは、果たして自分に書けるのかということであった。何しろ、この時期については膨大な業績が蓄積され、それらを利用した多くの通史も刊行されているので、これをうまくまとめるのは無理ではないかと思った次第である。そこで、いろいろ悩んだあげく、自分なりに三つの方針を立てて、不充分ながら責任の一端を果たそうと考えた。

一つは、側用人や御側御用取次など将軍側近役の政務への係わり方を、少し詳しく叙述するよう心がけたことである。同じ側用人でも、綱吉時代の柳沢吉保と、家宣・家継時代の間部詮房の職務権限は異なるし、吉宗時代の御側御用取次に至っては、旗本役に格下げされたにもかかわらず、むしろ実務権限は拡大したかにみえる。その違いを明らかにしようと努めた。二つ目は、大岡忠相を例に、高級役人の日常の職務上の人間関係を描いたことである。大岡は、その「日記」に、将軍・側近・老中・同僚・部下などとの職務上のやりとりをじつに詳細に記載している。一般的に、将軍吉宗との関係がよく知られているが、実際には老中との接触が主であり、その職務上の人間関係を叙述することで、当時の行政のあり方を示した。三つ目は、将軍の生活空間や役人の職場である江戸城本丸御殿の構造と、そこで行われる殿中儀礼について書き、将軍の存在の大きさと、江戸幕府の政治のあり方を、立体的にとらえようとしたことである。

したがって、右の特色を出すために、限られた紙数のなかでは、多くのすぐれた業績を割愛せざるをえなかった。この点、ご海容をお願いしたい。

最後に、通史の執筆者に加えていただいた藤田覚氏と藤井譲治氏にお礼を申し上げたい。こうした機会でもないと、多くの先学の研究成果に学ばせていただくことはなかったと思う。また、遅筆の筆者に、辛抱強く付き合っていただいた吉川弘文館編集部の方々にも感謝申し上げる。

二〇一二年一月二二日

深井雅海

著者略歴

一九四八年　広島県に生まれる
一九七一年　国学院大学文学部卒業
一九九二年　国学院大学博士（歴史学）
現　　在　徳川林政史研究所副所長

〔主要著書・論文〕

『徳川将軍政治権力の研究』（吉川弘文館、一九九一年）
『江戸城御庭番』（中央公論社、一九九二年）
『図解 江戸城をよむ』（原書房、一九九七年）
『日本近世人名辞典』（共編、吉川弘文館、二〇〇五年）
『江戸城』（中央公論新社、二〇〇八年）
『刀剣と格付け』（吉川弘文館、二〇一八年）

日本近世の歴史

日本近世の歴史3
綱吉と吉宗

二〇一二年（平成二十四）三月十日　第一刷発行
二〇一九年（平成三十一）四月一日　第二刷発行

著　者　深《ふか》井《い》雅《まさ》海《うみ》
発行者　吉川道郎
発行所　株式会社　吉川弘文館
郵便番号一一三―〇〇三三
東京都文京区本郷七丁目二番八号
電話〇三―三八一三―九一五一〈代表〉
振替口座〇〇一〇〇―五―二四四
http://www.yoshikawa-k.co.jp/
印刷＝株式会社　三秀舎
製本＝誠製本株式会社
装幀＝河村　誠

ISBN978-4-642-06431-6

日本近世の歴史

刊行のことば

本シリーズは、織豊政権から始まり明治維新で終わる近世の歴史を、政治の流れを中心に最新の成果に基づいて叙述した通史である。

近世史研究は、政治史、社会史、経済史、対外関係史、思想史などの各分野ごとに深化、発展し大きな成果をあげてきた。ところが、政治史は政治史、社会史は社会史、経済史は経済史などと、あたかも独立した研究分野であるかのように没交渉であり、かつ他の分野の研究成果に無関心のまま研究を進めている。また政治史分野の研究は、いままでの通説的な理解を覆す多くの新たな成果を生みだしてきたが、近世前期と後期とが別個に行われ、近世全史を見通して研究がなされているとは思えない。その状況は、他の分野でも同様であるようにみえる。日本近世を対象とした現在の研究は、いくつもの部門史の管の寄せ集めでしかなく、しかも前期と後期では管が途中で詰まっているのが現状である。

これでは、部門史は発展してもいくつもの要素が有機的に結びついて成り立っている近世の全体像を描くことなどとてもできない。近世史研究の発展を図るためには、各部門史の研究の到達点を踏まえた総合的で通史的な書物が求められる。本シリーズは、対外関係史は当然のこととして、なるたけ社会史や経済史などの成果にも目配りしながらも、近世政治史研究の最新の到達点を平易に伝えることを目指して企画された。研究者のみならず一般読者が日本近世の全体像を豊かにするうえで、大きな寄与ができれば幸いである。

企画編集委員　藤田　覚
藤井讓治

日本近世の歴史

1 天下人の時代　藤井讓治著　2800円
2 将軍権力の確立　杣田善雄著　2800円
3 綱吉と吉宗　深井雅海著　2800円
4 田沼時代　藤田　覚著　2800円
5 開国前夜の世界　横山伊徳著　2800円
6 明治維新　青山忠正著　2800円

吉川弘文館（表示価格は税別）